Der Verkauf unter Einstandspreis nach § 20 Abs. 4 Satz 2 GWB

Europäische Hochschulschriften
Publications Universitaires Européennes
European University Studies

Reihe II
Rechtswissenschaft

Série II Series II
Droit
Law

Bd./Vol. 3511

PETER LANG
Frankfurt am Main · Berlin · Bern · Bruxelles · New York · Oxford · Wien

Dietrich Kamlah

Der Verkauf unter Einstandspreis nach § 20 Abs. 4 Satz 2 GWB

PETER LANG
Europäischer Verlag der Wissenschaften

Bibliografische Information Der Deutschen Bibliothek
Die Deutsche Bibliothek verzeichnet diese Publikation in der Deutschen Nationalbibliografie; detaillierte bibliografische Daten sind im Internet über <http://dnb.ddb.de> abrufbar.

Zugl.: Erlangen, Nürnberg, Univ., Diss., 2002

D 29 (n 2)
ISSN 0531-7312
ISBN 3-631-39879-4

www.peterlang.de

Meinem Taufpaten
Dr. Dieter Zech

Vorwort

Das Thema dieser Arbeit ist die Neuregelung des Verkaufs unter Einstandspreis mit der 6.GWB-Novelle 1998. Da die Bewertung dieser Neuregelung in der Praxis noch nicht abgeschlossen ist, sind ständig neue Entscheidungen und Stellungnahmen zu erwarten. Mit der Arbeit verbindet sich daher die Hoffnung, durch Gedanken zur praktischen Anwendung der Norm zu Einsichten zu gelangen, die über die aktuelle Rechtsprechung und Verwaltungspraxis hinaus Gültigkeit beanspruchen können.

Die Arbeit lag der Universität Erlangen-Nürnberg Anfang Oktober 2001 als Dissertation vor. Die Literatur wurde so vollständig wie möglich berücksichtigt, soweit sie bis dahin erschienen war. Die Verfügung des BKartA gegen Wal Mart, die den Anlaß zu dieser Arbeit gegeben hat, wurde mittlerweile vom OLG Düsseldorf aufgehoben. Diese Entscheidung konnte an den wesentlichen Stellen noch eingearbeitet werden.

Bedanken möchte ich mich besonders bei meinem Doktorvater Prof. Dr. Veelken, der mich bei meiner Arbeit in jeder Hinsicht so betreut und unterstützt hat, wie man es jedem Doktoranden nur wünschen kann. Mein Dank gilt auch dem Zweitgutachter Prof. Dr. Herrmann für die zügige Erstellung des Zweitgutachtens, meinem Kollegen Dr. Frank Bayreuther für viele nützliche Anregungen und meinen Eltern, ohne die diese Arbeit niemals entstanden wäre.

Widmen möchte ich diese Arbeit meinem Taufpaten Dr. Dieter Zech, der mein Interesse am Wettbewerbsrecht überhaupt erst geweckt hat und mir wertvolle Einblicke in die Praxis dieser Rechtsmaterie ermöglicht hat.

Inhaltsübersicht

2. Kapitel: Die Entwicklung im Kartellrecht

3. Kapitel: Die Grundzüge und der Zweck der Neuregelung

4. Kapitel: Die Bestimmung des Einstandspreises

Literaturverzeichnis

Abel, Nico: Die wettbewerbsrechtliche Beurteilung von Zugaben, Frankfurt a. M. 1999

Ahlert, Dieter: Niedrigpreisstrategien und Untereinstandspreise, Markenartikel 1986, 268 und 1986, 332

–: Die Bedeutung der offensiven Untereinstandspreispolitik im Handel für die Hersteller hochwertiger Markenartikel des aperiodischen Bedarfs, WRP 1983, 459

Ahrens, Hans-Jürgen: "Kostenloser" Vertrieb meinungsbildender Tagespresse, WRP 1999, 123

Ahrens, Sönke: Der Irreführungsbegriff im deutschen Wettbewerbsrecht, WRP 1999, 389

Albach, Horst, Finanzkraft und Marktbeherrschung, Tübingen 1981

Althammer, Werner/**Ströbele,** Paul/**Klaka,** Rainer: Markengesetz, 5. Auflage 1997

Andersen, Eduard: Lockvogelangebote für Markenspirituosen aus der Sicht des Verbrauchers und des Einzelhandels, WRP 1978, 427

Areeda, Phillip/**Turner,** Donald F.: Antitrust Law Bd. III, Boston 1978

Areeda, Phillip/**Kaplow,** Louis: Antitrust Analysis, 5th Ed., New York 1997

Arndt, Helmut: Macht und Wettbewerb, in Cox Helmut/Jens Uwe/Markert Kurt, Handbuch des Wettbewerbs, München 1981, S.49 ff

Baron, Michael: Kartellgesetznovelle: Die wesentlichen Änderungen, in Schwerpunkte des Kartellrechts 1998, S.1

–: Meinungen zur 6. GWB-Novelle, WuW 1998, 651

Baudenbacher, Carl: Machtbedingte Wettbewerbsstörungen als Unlauterkeitstatbestände, GRUR 1981, 19

Baumbach, Adolf/**Hefermehl,** Wolfgang: Wettbewerbsrecht, 21. Aufl., München 1999 (zitiert B/H)

Baumbach, Adolf/**Hopt,** Klaus J.: Handelsgesetzbuch, 30. Auflage, München 2000

Bayreuther, Frank: Wirtschaftlich-existenziell abhängige Unternehmen im Konzern-, Kartell- und Arbeitsrecht, Berlin 2001

–: Rechtsprobleme im Zusammenhang mit dem Schutz von Vertriebsbindungssystemen nach Markenrecht, WRP 2000, 349

Beater, Axel, Anmerkung zu BGH JZ 2000, 1011 Orient-Teppichmuster, JZ 2000, 973
Bechtold, Rainer: Kartellgesetz Gesetz gegen Wettbewerbsbeschränkungen, 2.Aufl., München 1999
Berlit, Wolfgang: Auswirkungen der Aufhebung des Rabattgesetzes und der Zugabeverordnung auf die Auslegung von § 1 UWG und § 3 UWG, WRP 2001, 349
Bernecke, Wilhelm: Zum Lauterkeitsrecht nach einer Aufhebung von Zugabeverordnung und Rabattgesetz, WRP 2001, 615
Borck, Hans-Günther: Sachfremde Vorspannangebote, WRP 1975, 1
Brandner, Hans Erich: Der stumme Verkäufer am Laternenmast, GRUR 1996, 531
Brinkhoff, Günter: Gebotsverfügungen im objektiven Untersagungsverfahren nach § 37a GWB, Hamburg 1983
Bruglacher, Ingrid: Das Bestimmtheitsgebot im Rahmen der kartellrechtlichen Preismißbrauchsaufsicht, München 1987
Budde, Wolfgang Dieter u.a.: Wirtschaftsprüfer-Handbuch 1996, Institut der Wirtschaftsprüfer in Deutschland e.V., Düsseldorf 1996
Budde, Wolfgang Dieter u.a.: Beck´scher Bilanzkommentar, 2.Aufl., München 1990
Bülow, Peter: Psychologischer Kaufzwang – ein Schlagwort? GRUR 1971, 64
Bunte, Hermann-Josef: Die Beurteilung von Lockvogel- und Sonderangeboten nach § 1 UWG, GRUR 1981, 397
–: Die 5. GWB-Novelle, BB 1990, 1001
Carlhoff, Ulrich: Das Diskriminierungsverbot nach § 26 II GWB in der Rechtsprechung des Bundesgerichtshofs, Köln 1988
Coenenberg, Adolf: Jahresabschluß und Jahresabschlußanalyse, 16. Aufl., Landsberg/Lech 1997
Cordes, Christoph: Die Gewährung von Zugaben und Rabatten und deren wettbewerbsrechtlichen Grenzen nach Aufhebung von Zugabeverordnung und Rabattgesetz, WRP 2001, 867
Dichtl, Erwin, **/Issing,** Otmar (Hrsg.): Vahlens Großes Wirtschaftslexikon, 2.Aufl., München 1994
Diller, Herrmann: Die Preispolitik als Wettbewerbswaffe in der Marktwirtschaft, WRP 1981, 63
–: Markenschädigung durch Untereinstandspreisverkäufe? MA 1983, 52
Diller, Herrmann/**Schneider,** Karl-Heinz: Die Wirkung von Verkäufen unter Einstandspreis auf den Wettbewerb – Ergebnisse einer empirischen Studie im Lebensmittel-Einzelhandel, WRP 1981, 243

Dobler, Christian: Entscheidungspraxis des Bundeskartellamts – Kartellverbot, Fusionskontrolle, Mißbrauchsaufsicht, in Schwerpunkte des Kartellrechts 1999, S.35
Dreher, Meinrad: Die 6.GWB-Novelle, in Schwerpunkte des Kartellrechts 1998, S.111
Ebel, Hans-Rudolf: Schwerpunkte einer Weiterentwicklung des Kartellrechts, ZRP 1988, 66
Ekey, Friedrich u.a.: Wettbewerbsrecht, Heidelberg 2000
Emmerich, Volker: Kartellrecht, 7. Aufl. 1994
–: Kartellrecht, 9. Aufl. 2001
–: Fusionskontrolle und überragende Marktstellung unter besonderer Berücksichtigung der Unternehmenskonzentration bei der öffentlichen Hand, in Wirtschaftsordnung und Staatsverfassung, Festschrift für Franz Böhm zum 80.Geburtstag, 1975, S.119
–: Die höchstrichterliche Rechtsprechung zum GWB, ZHR 140 (1977) S.97
Engelhardt, Hanns/**App,** Michael: Verwaltungs-Vollstreckungsgesetz Verwaltungszustellungsgesetz, 3. Aufl. München 1992
Ensthaler, Jürgen (Hrsg.) Gemeinschaftskommentar zum HGB, 6. Aufl., Neuwied 1999
Erdmann, Willi: Schwerpunkte der markenrechtlichen Rechtsprechung des Bundesgerichtshofs, GRUR 2001, 609
Erichsen, Hans-Uwe (Hrsg.): Allgemeines Verwaltungsrecht, 11. Auflage, Berlin 1998
Eser, Gisbert: Warenverkauf unter Einstandspreis aus wettbewerbs- und kartellrechtlicher Sicht, BB 1985, 699
Fezer, Karl-Heinz: Markenrecht, 2. Aufl., München 1999
–: Anmerkung zu BGH GRUR 1979, 55, GRUR 1979, 60
–: Kumulative Normenkonkurrenz im Kennzeichenrecht, WRP 2000, 863
Fischötter, Werner: Zum erweiterten Diskriminierungsverbot nach § 26 II GWB, WuW 1974, 379
Forster, Karl Heinz (Hrsg.): Adler/Düring/Schmaltz, Rechnungslegung und Prüfung der Unternehmen, 5. Aufl. Stuttgart 1987 ff
Friedrich, Manfred: Die neuen Mißbrauchstatbestände in der 4. Novelle zum GWB BB 1980, 1553
Gaedertz, Alfred-Carl: Lockvogelangebote unter Berücksichtigung von § 1 UWG, GRUR 1980, 613
–: "Lockvogel-Angebote" im Widerstreit zwischen der Rechtsprechung des BGH und der 6. Novelle zum GWB?, WRP 1999, 31
Gesellenstetter, Catrin: Rechtliche Probleme bei der unentgeltlichen Verteilung meinungsbildender Tagespresse, GRUR 2001, 707

Glade, Anton: Praxishandbuch der Rechnungslegung und Prüfung, 2.Aufl., Herne 1995
Glassen, Helmut u.a. (Hrsg.): Frankfurter Kommentar zum Kartellrecht, Köln 1982 ff
Gloy, Wolfgang: Zur Beurteilung gezielter Kampfpreise nach Kartell- und Wettbewerbsrecht, in Gisela Wild u.a. (Hrsg.), Festschrift für Alfred-Carl Gaedertz zum 70. Geburtstag, München 1992, S.209 ff
–: Neuere Rechtsprechung zu unlauteren Vertriebsmethoden auf dem Pressemarkt, GRUR 1996, 585
Götting, Horst-Peter: Die neuere Entwicklung des Zugaberechts in Deutschland, Belgien, Frankreich und Schweden, Köln 1986
Gröner, Helmut: Dumping – Ein Störfall der Wettbewerbsordnung?, in Wernhard Möschel/ Manfred E. Streit/ Ulrich Witt (Hrsg.), Marktwirtschaft und Rechtsordnung, Festschrift zum 70. Geburtstag von Erich Hoppmann, Baden-Baden 1994, S.55
Großfeld, Bernhard: Bilanzrecht, 2.Aufl., Heidelberg 1990
Hahn, Rüdiger: Behinderungsmißbräuche marktbeherrschender Unternehmen, Frankfurt a.M. 1984
–: Vorspannwerbung ohne rechtliche Kopplung und ihre Beurteilung nach § 1 UWG, WRP 1984, 59
–: Die Beurteilung von Niedrigpreispolitik und Mischkalkulation marktbeherrschender Unternehmen im Rahmen der Mißbrauchsaufsicht nach § 22 IV S2 Nr.1 GWB, WuW 1984, 285
Häntze, Cordula: Ist eine Definition des Einstandspreises möglich?, GRUR 1988, 881
Hauptkorn, Berndt: Preisrecht, Berlin 2000
Heermann, Peter W.: Rabattgesetz und Zugabeverordnung ade!, WRP 2001, 855
Heermann, Peter W. /**Ruess,** Peter: Verbraucherschutz nach RabattG und ZugabeVO – Schutzlücke oder Freiheitsgewinn?, WRP 2001, 883
Hefermehl, Wolfgang: Werbung mit Vorspannangeboten, GRUR 1974, 542
–: Anmerkung zu BGH Bliestal-Spiegel GRUR 1985, 883
Helm, Marianne: Die Beurteilung von Niedrigpreisgestaltungen im deutsch-französischen Rechtsvergleich, Konstanz 2000
–: Zur ergänzenden Anwendung wettbewerbsrechtlicher Bestimmungen auf markenrechtliche Tatbestände, GRUR 2001, 291
Herdzina, Klaus: Wettbewerbspolitik, 5. Aufl., Stuttgart 1999
Hermanns, Ferdinand: Marktmacht und ihr Missbrauch, WRP 1976, 745
Herschel, Wilhelm: Die zivilrechtliche Bedeutung des strafrechtlichen Analogieverbotes, NJW 1968, 533

Heuchert, Karsten: Die Normadressaten des § 26 II S2 GWB – Eine ökonomische Analyse des Rechts, Heidelberg 1987
Hintze, Gerhard: Die "überragende Marktstellung", WuW 1977, 18
Hinz, Hans Werner: Die Fortschreibung der gemeinsamen Erklärung zur Sicherung des Leistungswettbewerbs, WRP 1984, 653
–: Die Fortschreibung der gemeinsamen Erklärung zur Sicherung des Leistungswettbewerbs, MA 1985, 18
Hirtz, Bernd: Die Werbung mit dem Angebot branchenfremder Artikel, BB 1979, 450
Hootz, Christian: Anmerkung zu BGH "Vitamin B12", BB 1976, 1240
–: Anmerkung zu BGH "Valium", BB 1977, 765
Hoppmann, Erich: Behinderungsmißbrauch (Walter Eucken Institut Vorträge und Aufsätze 73), Tübingen 1980
–: Behinderungsmißbrauch und Nichtleistungswettbewerb, WuW 1980, 811
–: Marktmacht und Wettbewerb (Recht und Staat Heft 471), Tübingen 1977
–: Marktbeherrschung und Preismißbrauch, Baden-Baden 1983
–: Wirtschaftsordnung und Wettbewerb, Baden-Baden 1988
Hucko, Elmar: Die neue Beweisregelung im Behinderungstatbestand der fünften GWB-Novelle, WuW 1990, 618
Ikas, Klaus: Zum ständigen Gratisvertrieb von Presseerzeugnissen, insbesondere Stadtmagazinen, WRP 1997, 393
Immenga, Ulrich/**Mestmäcker,** Ernst-Joachim: Gesetz gegen Wettbewerbsbeschränkungen, 1. Aufl., München 1981 (zitiert I/M 1.A.)
–: Gesetz gegen Wettbewerbsbeschränkungen, 2. Aufl., München 1992 (zitiert I/M 2.A.)
–: Gesetz gegen Wettbewerbsbeschränkungen 3. Aufl., München 2001 (zitiert I/M)
Ingerl, Reinhard/**Rohnke,** Christian: Markengesetz, München 1997
Jebens, Philipp: Der Ausbeutungsmißbrauch nach § 22 IV GWB, Frankfurt a. M. 1995
Jickeli, Joachim: Marktzutrittsschranken im Recht der Wettbewerbsbeschränkungen, Baden-Baden 1990
Jungk, Robert: Die Ausübung wirtschaftlicher Macht als unlauterer Wettbewerb?, Berlin 1997
Jüngst, Rainer: Marktbeherrschungsbegriff "überragende Marktstellung" (§22 I Nr.2 GWB) und Diversifikation, Berlin 1980
Kahlenberg, Harald: Novelliertes deutsches Kartellrecht, BB 1998, 1593
Kalveram Gerhard: Der Verkauf unter Einstandspreis, MA 1985, 29

Kantzenbach, Erhard/**Kallfass,** Hermann H.: Das Konzept des funktionsfähigen Wettbewerbs – workable competition, in Cox Helmut/ Jens Uwe/ Markert Kurt (Hrsg.), Handbuch des Wettbewerbs München 1981, S. 103 ff
Kemper, Rainer/**Rosenow,** Jörg: Der Irreführungsbegriff auf dem Weg nach Europa WRP 2001, 370
Kicker: Anmerkung zu BGH GRUR 1978, 649 Elbe-Markt, GRUR 1978, 651
Kirchhof, Paul: Die Bestimmtheit von Ermächtigungsgrundlage und Inhalt eines Verwaltungsakts nach § 37a III GWB, ZHR 150 (1986), 301
Kleinknecht, Theodor/, **Meyer-Goßner,** Lutz: Strafprozeßordnung, 45. Aufl., München 2001
Klette: Anmerkung zu BGH GRUR 1984, 204 Verkauf unter Einstandspreis II, GRUR 1984, 207
Knöpfle, Robert: Die Machtstellungen nach § 22 I Nr.2 und nach § 37 a III GWB, DB 1983, 430
–: Ist es für die Beurteilung, ob ein Unternehmen eine marktbeherrschende Stellung hat, notwendig, den relevanten Markt zu bestimmen?, DB 1990, 1385
–: Kann der Inhalt des Wettbewerbs i. S. des GWB bestimmt werden?, DB 1991, 1433
–: Das Verständnis der überragenden Marktstellung nach der Änderung des § 22 I Nr. 2 GWB durch die 5. Kartellgesetznovelle, BB 1991, 219
Köhler, Helmut: "Verkauf unter Einstandspreis" im neuen GWB, BB 1999, 697
–: Wettbewerbs- und verfassungsrechtliche Fragen der Verteilung unentgeltlicher Zeitungen, WRP 1998, 455
Köhler, Helmut/**Piper,** Henning: Gesetz gegen den unlauteren Wettbewerb, 2. Aufl., München 2001
Kopp, Ferdinand O./**Ramsauer,** Ulrich: Verwaltungsverfahrensgesetz, 7. Aufl. München 2000
Kouker, Ludwig: Die Normadressaten des Diskriminierungsverbots (§ 26 II und III GWB), Berlin 1984
Kraft, Alfons: Unlauterer Wettbewerb durch Werbung mit der Preiswürdigkeit?, WRP 1975, 83
Krause, Nils/**Oppolzer,** Sebastian: Anwendungsprobleme des § 20 IV GWB hinsichtlich des Verkaufs unter Einstandspreis, WuW 2000, 17
Kretschmer, Friedrich: Meinungen zur 6. GWB-Novelle, WuW 1998, 654
Kreuzer, K.: Wettbewerb um jeden Preis? Zur Problematik des Verkaufs zu Verlustpreisen im Einzelhandel, WRP 1985, 467
Kroitzsch, Hermann: Anmerkung zu BGH GRUR 1985, 883
Krüger-Nieland, Gerda: Schwerpunkte der wettbewerbsrechtlichen Rechtsprechung des Bundesgerichtshofs, WRP 1979, 1

–: Schwerpunkte der wettbewerbsrechtlichen Rechtsprechung des Bundesgerichtshofs, WRP 1980, 311
Kurz, Rudi/**Rall,** Lothar: Behinderungsmißbrauch, Tübingen 1983
Küting, Karlheinz/**Weber,** Claus-Peter: Handbuch der Rechnungslegung Band Ia, 4. Auflage, Stuttgart 1995
Lademann, Rainer: Schutzzweck- und Rechtstatsachenprobleme bei der Untersagung von Verkäufen unter dem Einstandspreis nach § 37 III GWB, DB 1984, 758
–: Erfahrungswissenschaftliche Ansatzpunkte bei der Marktabgrenzung in Kartellverfahren, in Schwerpunkte des Kartellrechts 1999, S. 67
Langen, Eugen/**Bunte,** Hermann-Josef: Kommentar zum deutschen und europäischen Kartellrecht, 8. Aufl., Neuwied 1998
–: Kommentar zum deutschen und europäischen Kartellrecht, 9. Aufl., Neuwied 2000
Leffson, Ulrich: Die Grundsätze ordnungsgemäßer Buchführung, 7. Aufl., Düsseldorf 1987
Lehmann, Michael: Schutz des Leistungswettbewerbs und Verkauf unter Einstandspreis, GRUR 1979, 368
–: Wettbewerbs- und warenzeichenrechtliche Bemerkungen zur Entscheidung des Bundesgerichtshofs vom 6. Oktober 1983 – Verkauf unter Einstandspreis II, GRUR 1984, 313
Leibold, Jochen: Behinderungswettbewerb durch Marktbeherrschende Unternehmen, Ulm 1986
Leo, Hans-Christoph: Behinderung mittelständischer Unternehmen durch "überlegene" Wettbewerber – § 26 IV GWB im Regierungsentwurf der 5. GWB-Novelle, in Wettbewerb als Herausforderung und Chance, Festschrift für Werner Benisch, 1989, S. 347
–: Das Überlebensrisiko des § 22 I Nr.2 GWB in einer "großen" Reform dieses Gesetzes, in Festschrift für Ernst Steindorff, 1990, S. 1005
Lindacher, Walter F.: Lockvogel- und Sonderangebote, Köln 1979
Lindow, Klaus-Peter: Marktstörung als UWG-Tatbestand, Bochum 1995
Lohaus, Ulrich: Telefonieren zum Nulltarif und unlauterer Wettbewerb, Frankfurt a. M. 1995
Löwisch, Manfred (Hrsg.): J. v. Staudingers Kommentar zum BGB 12.A. 1979 ff
Lubberger, Andreas: Die neue Rechtsprechung des Bundesgerichtshofs zum Vertriebsschutz – praktische Konsequenzen, WRP 2000, 139
Luber, Isabelle: Verkauf unter Einstandspreis und Dumpingpreis im französischen Recht, WuW 2001, 686
Mann, Roger: Einbindung von preisgebundenen Produkten in Kopplungsangebote, WRP 1997, 1139

–: "Kostenloser" Vertrieb von Presse – Eine Gefährdung der Pressefreiheit?, WRP 1999, 740
Mann, Roger/**Smid,** Jörg F.: Preisunterbietung von Presseprodukten, WRP 1997, 139
Markert, Kurt: Die Wettbewerberbehinderung im GWB nach der vierten Kartellnovelle (Beihefte der Zeitschrift für das gesamte Handelsrecht und Wirtschaftsrecht, Heft 55), Heidelberg 1982
–: Die Mißbrauchsaufsicht über marktbeherrschende Unternehmen, in Cox Helmut/Jens Uwe/ Markert Kurt, Handbuch des Wettbewerbs München 1981, S. 297 ff
Medicus, Dieter: Bürgerliches Recht, 17. Aufl., Heidelberg 1996
Mees, Hans-Kurt: Unbillige Behinderung durch Preis- und Rabattgestaltung, in Schwerpunkte des Kartellrechts 1988/89, S.9
–: Preisunterbietungen als Behinderungen aus wettbewerbsrechtlicher und kartellrechtlicher Sicht in der Rechtsprechung des Bundesgerichtshofs, WRP 1991, 223
Mellerowicz, Konrad: Die wirtschaftliche Bedeutung der Lockvogelwerbung im Einzelhandel, MA 1969, 43
–: Umstrittene Stabilität preisgebundener Markenartikel, MA 1969, 418
Menke, Burkhart: Die Voraussetzungen der Ausnahmsweisen Zulässigkeit von Vorspannangeboten nach § 1 UWG, WRP 1997, 532
Merz, Andreas: Die Vorfeldthese, Baden-Baden 1987
Mestmäcker, Ernst-Joachim: Der verwaltete Wettbewerb, Tübingen 1984
Meyer, Justus: Rabatt- und Zugabe-Regulierung auf dem Prüfstand, GRUR 2001, 98
Möhring, Philipp: Die Analogie im Kartellrecht, GRUR 1968, 541
Möschel, Wernhard: Recht der Wettbewerbsbeschränkungen, Köln 1983
–: Abschreckungstheorie und Fusionskontrolle, in Schwerpunkte des Kartellrechts 1984/85, S. 1 ff
–: Anforderungen an eine kartellbehördliche Mißbrauchsverfügung bei Verkäufen unter Einstandspreis, BB 1986, 1785
–: Gefahren einer erweiterten Kontrolle marktstarker Unternehmen (§ 37a III GWB), BB 1987, 2104
Mueller, Dennis C.: Das Antitrustrecht der Vereinigten Staaten am Scheidewege, WuW 1986, 533 ff
Müller-Henneberg, Hans/**Schwartz,** Gustav: Gesetz gegen Wettbewerbsbeschränkungen und Europäisches Kartellrecht Gemeinschaftskommentar, 4. Aufl. Köln u.a.1980 ff
Nacken, Gert: Fahrpreiserstattung, WRP 1991, 212

Nees, Helmut/**Sauberschwarz,** Werner: Verkaufseinheiten – Komplettangebote-Kopplung, WRP 1993, 369
Nette, Claus-Georg: Die kartell- und wettbewerbsrechtliche Beurteilung der Preisunterbietung, Köln 1984
Nordemann, Wilhelm: Wie sich die Zeiten ändern – Der Wandel der Rechtsprechung zum Verbraucherleitbild in § 3 UWG, WRP 2000, 977
Ohlgart: Anmerkung zu BGH GRUR 1978, 652 mini-Preis, GRUR 1978, 654
Oppermann, Thomas: Europarecht, 2. Aufl., München 1999
Ostler, Anton M.: Einkaufskooperationen des Handels im Deutschen Kartellrecht, München 1994
Pastor, Wilhelm/**Ahrens,** Hans-Jürgen: Der Wettbewerbsprozess, 4. Aufl., Köln 1999
Pfeffer, Friedrich: § 37a III GWB als Waffe gegen die Kampfpreisunterbietung, Konstanz 1987
Pieroth, Bodo/**Schlink,** Bernhard: Grundrechte, 15. Aufl., Heidelberg 1999
Reese, Ulrich: Das "6-Korn-Eier"-Urteil des EuGH – Leitentscheidung für ein Leitbild?, WRP 1998, 1035
Reimer, Dietrich: Lockvogelwerbung und Sonderangebote, GRUR 1974, 568
Riechmann, Volkhard: Fünf Jahre 4. Kartellgesetz-Novelle – Eine Bestandsaufnahme zur Rechtsprechungs- und Verwaltungspraxis, WRP 1985, 323
Sachs, Michael (Hrsg.): Grundgesetz Kommentar, 2. Auflage, München 1999
Sack, Rolf: Zur Zulässigkeit von Vorspannangeboten, WRP 1975, 65
–: Der Verkauf unter Selbstkosten im Einzelhandel, WRP 1983, 63
–: Das Verbraucherleitbild und das Unternehmerleitbild im europäischen und deutschen Wettbewerbsrecht, WRP 1998, 264
Sambuc, Thomas: Monopolisierung als UWG-Tatbestand, GRUR 1981, 796
Schäfer, Karl: § 37a III GWB und die Berücksichtigung marktstarker Konkurrenten des "Normadressaten", München 1986
Scherer, Inge: Divergenz und Kongruenz der Rechtsprechung des EuGH und des BGH zur Verbraucherwerbung, WRP 1999, 991
Schmeding, Jörg: Kopplungsangebote als Mittel der Wertreklame, WRP 1974, 305
Schoening, Manfred: Zur kartellrechtlichen Mißbräuchlichkeit unrentabler Energiepreise, BB 1993, 1463
Schmid, Wolfgang: Zur wettbewerbsrechtlichen Beurteilung der unentgeltlichen Verteilung anzeigenfinanzierter Zeitungen, WRP 2000, 991
Schmidt, Ingo: Wettbewerbspolitik und Kartellrecht, 6. Aufl., Stuttgart 1999
–: Handelskonzentration, Nachfragemacht und 6.GWB-Novelle, WuW 1997, 101
Schmidt, Ingo/**Wuttke,** Jürgen: Leistungswettbewerb und unbillige Behinderung i. S. des § 26 IV GWB, BB 1998, 753

Schmitz, Rudolf: Preisunterbietung als Problem des GWB, WuW 1992, 209
Schönke, Adolf/**Schröder,** Horst (Hrsg.): Strafgesetzbuch Kommentar, 26. Aufl., München 2001
Scholz, Ulrich: Verkauf unter den Selbstkosten oder zurück zur Verordnung über Wettbewerb von 1934?, WRP 1983, 373
Schüller, Renate: Verkäufe unter Einstandspreis, Pfaffenweiler 1988
Schwalba, Michael: Die wettbewerbsbezogenen Abgrenzung des relevanten Marktes, Frankfurt a. M. 2000
Schwarz, Dieter: Wettbewerbspolitische Problematik des Predatory Pricing, WuW 1987, 93
Seydel, Helmut: Zugabeverordnung und Rabattgesetz Kommentar, 4. Aufl., München 1993
Sölter, Arno: Der Januskopf des Preiswettbewerbs, Heidelberg 1984
–: Nachfragemacht und Wettbewerbsordnung, 2. Aufl., Düsseldorf 1960
–: Vom Leistungswettbewerb zum Verdrängungswettbewerb, DB 1983, 1241
Sonneberg, Ralf: Belieferungszwang für Markenartikelhersteller und seine Durchsetzung, Hamburg 1993
Spary, Peter: Sicherung des Leistungswettbewerbs durch UWG-Novellierung, Markenartikel 1985, 306
Storch: Anmerkung zu BGH GRUR 1979, 116 Der Superhit, GRUR 1979, 118
Streit, Michael: Der Verlustpreisverkauf im Einzelhandel als Form des unzulässigen Nichtleistungswettbewerbs, Gießen 1986
–: Der Verlustpreisverkauf im Einzelhandel als Form des unzulässigen Nichtleistungswettbewerbs, Markenartikel 1987, 404
Teplitzky, Otto: Wettbewerbsrechtliche Ansprüche, 7. Aufl., Köln 1997
–: Zur Frage der wettbewerbsrechtlichen Zulässigkeit des (ständigen) Gratisvertriebs einer ausschließlich durch Anzeigen finanzierten Zeitung, GRUR 1999, 108
Thomas, Heinz/**Putzo,** Hans: Zivilprozeßordnung, 22. Aufl., München 2000
Tilmann, Winfried: Finanzierungshilfen an Letztverbraucher aus wettbewerbsrechtlicher Sicht, WRP 1992, 215
Treis, Bartho/**Eggers,** Marita: Überragende Marktstellung aufgrund von Finanzkraft (§ 22 I S 2GWB), GRUR 1988, 745
Treis, Bartho/**Lademann,** Rainer: Die Abgrenzung des sachlich relevanten Marktes im Lebensmitteleinzelhandel, GRUR 1987, 262
Trube, Moritz: Preisangaben nach dem Wegfall des RabattG, WRP 2001, 878
Ule, Carl Herrmann/**Laubinger,** Hans-Werner: Verwaltungsverfahrensrecht, 4. Aufl., Köln 1995
Ulmer, Peter: Die neuen Vorschriften gegen Diskriminierung und unbillige Behinderung (§ 26 II S3 und III, § 37a III GWB), WuW 1980, 474

–: Wettbewerbsrechtliche Schranken für die Händlerwerbung mit bekannten Herstellermarken, WRP 1987, 299
–: Brauchen wir eine Kartellgesetznovelle?, Markenartikel 1987, 326
–: Kartellrechtliche Schranken der Preisunterbietung nach § 26 IV GWB – Zum Verhältnis des kartellrechtlichen Verbots unbilliger Behinderung zur Generalklausel des § 1 UWG, in Erdmann, Willi u.a. (Hrsg.), Festschrift für Otto-Friedrich Frhr. v. Gamm, Köln 1990, S. 677
van Dorp, Thomas A.: Die Erfassung von Beeinträchtigungen des Wettbewerbs als unlauterer Wettbewerb nach § 1 UWG, München 1993
Veelken, Winfried: Nationales Lauterkeitsrecht und Europäisches Gemeinschaftsrecht, ZVglRWiss 1993, 241
Verannemann-Watervliet, Peter: Die marktbeherrschende Gruppe, Regensburg 1993
Wendland, Hanfried: Zur sachlichen und räumlichen Abgrenzung der Angebotsmärkte des Lebensmittelhandels durch die Rechtsprechung, WRP 1988, 147
Wenzel, Frank: Nochmals: Fahrpreiserstattung, WRP 1991, 545
Westen, Heinz: Unbillige Behinderung von Wettbewerbern durch Verkäufe unter Einstandspreis, Berlin 1986
Wiedemann, Gerhard (Hrsg.): Handbuch des Kartellrechts, München 1999
Wirtz, Karl-Ernst: Niedrigpreise und Qualitätsimage, WRP 1984, 671
Wirz, Hanns Bernhard: Marktbeherrschung und Preismißbrauch im GWB nach neuester Rechtsprechung, WRP 1977, 244
Wolter, Matthias/ **Lubberger,** Andreas: Wo steht die Lückenlosigkeit?, GRUR 1999, 17
Wrage, Heide: UWG-Sanktionen bei GWB-Verstößen?, Heidelberg 1984
Wrage-Molkenthin, Heidi: Zur kartellrechtlichen Erfassung des Verkaufs unter Einstandspreis (§ 26 IV, V GWB), wistra 1990, 183
Wuttke, Jürgen: Sicherung des Leistungswettbewerbs durch das Verbot der unbilligen Behinderung in § 26 IV GWB, Köln 1995
Zimmer, Daniel: Die Werbung mit oder Gewährung von Niedrigzinssätzen beim "B-Geschäft", ZHR 1993, 401

Einleitung

Ausgangspunkt dieser Arbeit sind die drei Untersagungsverfügungen, die das Bundeskartellamt am ersten September 2000 gegen Wal Mart, Lidl und Aldi-Nord wegen des Verkaufs unter Einstandspreis erlassen hat[1]. Der Anlaß für die Verfügungen war der Einstieg des amerikanischen Großkonzerns Wal-Mart in den deutschen Lebensmitteleinzelhandel. Um nach der Übernahme von ca. 90 ehemaligen Wertkauf- und Spar-Standorten schnell Marktanteile zu gewinnen, begann Wal-Mart einen "Preiskrieg", der in der allgemeinen Presse viel Aufsehen erregte. Wal-Mart begleitet diese Aktion mit dem aggressiven Werbespruch „Warum für diese Produkte zu Aldi gehen? Wir sind günstiger!!!"[2]. Die Antwort der großen deutschen Discounter ließ nicht lange auf sich warten. Aldi-Nord und Lidl senkten ebenfalls auf breiter Front die Preise. Dies rief wiederum das BKartA auf den Plan, das sich veranlaßt sah, die Preisbildung im Lebensmittelhandel zu untersuchen und die besagten Untersagungsverfügungen auszusprechen[3]. Dabei stützte sich das BKartA erstmals auf den neuen Satz 2 in § 20 IV GWB. Dieser Satz 2, der mit der 6.GWB-Novelle 1998 eingeführt wurde, ergänzt den § 20 IV S1 GWB, der dem § 26 IV GWB a.F. wortgleich entspricht, um ein Regelbeispiel, das den Verkauf unter Einstandspreis ausdrücklich verbietet.

Die Vorgeschichte der neuen Verbotsnorm ist lang. Kaum ein Thema des Wettbewerbsrechts hat die Literatur so intensiv beschäftigt, wie der Verkauf unter Einstandspreis. Dies liegt daran, daß bei der Diskussion über die Grenzen der Preisfreiheit grundlegend verschiedene Ansichten über Zweck und Grenzen der hoheitlichen Kontrolle des freien Wettbewerbs unversöhnlich aufeinanderprallen. Da der Preis unter den Parametern, die den Gewerbetreibenden im Wettbewerb zur Verfügung stehen, die wichtigste Rolle spielt[4], sind regelnde Eingriffe in die-

1 BKartA Verfügungen vom 1.9.2000, Wal-Mart Az.: B 9 – 74/00 (auszugsweise abgedruckt in WuW/E DE-V 316); Lidl B 9 – 84/00; Aldi-Nord B 9 – 85/00 (auszugsweise abgedruckt in WuW/E DE-V 314)

2 siehe BKartA Wal-Mart S.2

3 parallele Verfahren gegen Aldi-Süd, Tengelmann/Plus und Norma wurden eingestellt: BKartA Tätigkeitsbericht 1999/2000 (BT Drucksache 14/6300) S.148

4 Bunte in Langen/Bunte 9. Aufl. Einf. Rn 44; Ingo Schmidt, Wettbewerbspolitik S.62

sem Bereich besonders problematisch. Die freie Preisbildung erfüllt eine Vielzahl gesellschaftlicher Funktionen und gehört zu den Grundlagen der freien Marktwirtschaft[5]. Hier spielen daher auch die zugrundeliegenden Vorstellungen der Autoren über das Wesen der sozialen Marktwirtschaft eine Rolle.

In der Rechtsprechung beginnt die Geschichte des Verkaufs unter Einstandspreis mit dem Urteil des Reichsgerichts im Benrather Tankstellenfall[6]. Ein freier Tankstellenbetreiber in Benrath hatte sich geweigert, die damals zulässigen Preisabsprachen des reichsweiten Kartells der Mineralölgesellschaften zu befolgen. Um den Außenseiter zu disziplinieren, beschloß das Kartell daher, ihn in der Umgebung von Benrath systematisch zu unterbieten, bis er sich unterordnen würde oder aufgeben müßte. Als dieser Sachverhalt vor das Reichsgericht gelangte, legte das Kartell ein umfassendes Rechtsgutachten Nipperdeys vor, in dem dieser klar zwischen erwünschtem Leistungswettbewerb und unerwünschtem Nichtleistungswettbewerb trennte, das Verhalten des Kartells jedoch dem Bereich des Leistungswettbewerbs zuordnete. Das Gericht übernahm zwar die von Nipperdey vorgenommene dogmatische Differenzierung, ordnete die Preisunterbietung in Vernichtungsabsicht jedoch dem Bereich des Nichtleistungswettbewerbs zu und sprach ein Verbot nach § 1 UWG aus. In der Tat stellt der Einsatz überlegener Ressourcen zur Vernichtung eines bestimmten Wettbewerbers geradezu einen Paradefall des Nichtleistungswettbewerbs dar, der in dieser extremen Form in der Rechtsprechung auch seitdem nicht mehr aufgetreten ist.

Heute sind es andere Formen der Preisunterbietung, die die Gerichte beschäftigen. Besonders seit dem Verbot der Preisbindung für Markenartikel 1973 treten vermehrt Sonderangebote auf, die unter Einstandspreis kalkuliert sind. Diese Sonderangebote haben nicht den Zweck, die Konkurrenz durch den vorübergehenden Einsatz überlegener Finanzkraft zu vernichten, sondern dienen dazu die Kunden in das Geschäft zu locken, um sie dort dann auch zum Kauf anderer, normal kalkulierter Waren zu bringen. Außerdem geht es den Händlern, die unter Einstandspreis verkaufen auch darum, den Kunden allgemein den Eindruck zu vermitteln, ihr Handelsbetrieb sei besonders günstig. Diese Mischkalkulation wird einerseits mit ständig wechselnden intensiv beworbenen Sonderangeboten betrieben und andererseits mit einem dauerhaft billigen Grundsortiment häufig gekaufter Waren (vor allem Grundnahrungsmittel), die von den Kunden typischerweise zum Preisvergleich zwischen verschiedenen Händlern benutzt werden. Der entscheidende Unterschied zur Konstellation des Benrather Tankstellen-

5 Überblick über die Preisfunktionen bei Oberender in Vahlens Großes Wirtschaftslexikon S.1684

6 RGZ 134, 342

falls liegt darin, daß der laufende Geschäftsbetrieb trotz einzelner Verlustpreise Gewinn abwirft.

Rechtsprechung und Literatur sahen das Problem dieser Sonderangebote zunächst vor allem in einer möglichen Irreführung der Verbraucher. Spätestens seit einem Aufsatz von Mellerowicz aus dem Jahr 1969[7] sind auch die Aspekte der Wertreklame und des Schmarotzens an der Leistung der Markenhersteller in die Diskussion eingeführt. Der BGH hat es jedoch bereits in den siebziger Jahren abgelehnt, die Sonderangebote des Handels als unlauteren Wettbewerb zu bewerten. Dabei standen zunächst die von Mellerowicz bereits herausgearbeiteten Aspekte im Vordergrund.

Nach den Mißerfolgen der auf § 1 UWG gestützten Klagen vor dem BGH unter den Gesichtspunkten der Irreführung, des übertriebenen Anlockens (Wertreklame) und des Schmarotzens am Ruf des Herstellers der billig verkauften Produkte verlagerte sich die Diskussion mit der Einführung des § 37a III GWB (1979) und der Überarbeitung in § 26 IV GWB (1989) in das Kartellrecht. Der BGH ließ jedoch auch ein kartellrechtliches Verbot der üblichen Sonderangebote unter Einstandspreis, ebenso wie ein Verbot als Behinderungswettbewerb nach § 1 UWG an dem Erfordernis der allgemeinen Gefährdung des Bestandes der Mitbewerber scheitern, die in aller Regel nicht nachzuweisen ist[8].

Mitte der achtziger Jahre gab es Versuche, das Problem des Verkaufs unter Einstandspreis außerrechtlich zu regeln. In einem Gespräch mit dem Präsidenten des Bundeskartellamts im Jahr 1984 gaben die großen Einzelhandelsunternehmen mit dem „Berliner Gelöbnis" die unverbindliche Erklärung ab, auf Verkäufe unter Einstandspreis zu verzichten. Die „Fortschreibung der Gemeinsamen Erklärung zur Sicherung des Leistungswettbewerbs" durch die wichtigsten Wirtschaftsverbände 1986 enthielt eine entsprechende freiwillige Vereinbarung. Beide Erklärungen blieben jedoch ohne anhaltende Auswirkungen und sollen daher in dieser Arbeit nicht weiter behandelt werden[9].

Durch § 20 IV S2 GWB hat nun das Kartellrecht auf dem Gebiet der Preisunterbietung mit der 6. GWB-Novelle nochmals eine wesentliche Änderung erfahren. Die in dieser Neuregelung des § 20 IV S2 GWB liegende Problematik wird im Tätigkeitsbericht des BKartA für das Jahr 1999/2000 verdeutlicht. Dort wird zunächst die Situation auf dem Lebensmittelmarkt allgemein wie folgt beschrieben[10]:

---

7 Markenartikel 1969, 43

8 BGHZ 129, 203 Hitlisten-Platten

9 ausführliche kritische Darstellung bei Schüller S. 250 ff; aus der Sicht des Handels Hinz, Markenartikel 1985, 18 ff

10 TB BKartA 1999/2000 S. 144

"Die Fusionsaktivitäten im Lebensmittelhandel boten ein uneinheitliches Bild. Sie resultierten zu einem wesentlichen Teil aus Standortbereinigungen, die zu Übernahmen vom einzelnen Filialen innerhalb der Spitzengruppe führten. Außerdem gaben Unternehmen dieser Gruppe wie z.B. Metro und Tengelmann, einzelne Vertriebsschienen auf, deren Standorte überwiegend von Unternehmen des Verfolgerfelds übernommen wurden, die damit ihre Stellung im Markt festigen konnten. Auf einzelnen räumlich relevanten Märkten kam es dadurch gleichwohl zu beachtlichen Marktanteilsadditionen, ohne daß jedoch die fusionsrechtlich kritische Grenze der Marktbeherrschung erreicht oder überschritten wurde. Auch wenn die Strukturdaten des Handels, insbesondere die anhaltende Flächenexpansion bei einem rückläufigen Anteil des Einzelhandels an den Verbrauchsausgaben, weiteres Konzentrationspotential bergen, so lassen die Wettbewerbsbedingungen auch künftig wirksame Konkurrenz erwarten. Zusätzliche Impulse sind von einer zunehmenden Internationalisierung des Handels und im Hinblick darauf von der wachsenden Bedeutung des Internets für die Beschaffung wie den Absatz von Konsumgütern zu erwarten."

Der Wettbewerb im Lebensmittelhandel erscheint also im allgemeinen gesund, so daß ein Bedarf für regulierende Eingriffe nicht bestehen sollte. Dennoch ist das BKartA auf der Grundlage des neuen § 20 IV S2 GWB eingeschritten. Dies erläutert der Tätigkeitsbericht wie folgt[11]:

"Mit der 6. GWB-Novelle ist in § 20 Abs. 4 Satz 2 das Verbot für Unternehmen mit überlegener Marktmacht in das Gesetz aufgenommen worden, Waren oder gewerbliche Leistungen nicht nur gelegentlich unter Einstandspreis anzubieten, soweit hierfür keine sachliche Rechtfertigung vorliegt. Das Bundeskartellamt ist der Auffassung, daß es weiterhin nicht berufen ist, in die freie Preisbildung eines fairen Wettbewerbs in funktionierenden Märkten einzugreifen. Es wird jedoch von den gegebenen gesetzlichen Möglichkeiten Gebrauch machen, um eine vorsätzliche und machtbedingte Verdrängung von mittelständischen Wettbewerbern im Interesse des Erhalts der langfristigen Wettbewerbsstrukturen abzuwehren."

Mit seinen Unterlassungsverfügungen hat das BKartA in einen aus seiner Sicht funktionierenden Markt eingegriffen. Nach der zitierten Erläuterung des § 20 IV S2 GWB müßte es also davon ausgehen, daß eine "vorsätzliche und machtbedingte Verdrängung" kleinerer Mitbewerber vorlag. In den Begründungen der ergangenen Verfügungen findet sich zu dieser "vorsätzlichen und macht-

11 TB BKartA 1999/2000 S. 40

bedingten Verdrängung" allerdings kein Wort. Das BKartA hat vielmehr einfach die Vorschrift des § 20 IV S2 GWB mehr oder weniger wörtlich subsumiert, in der sich kein Vorsatzerfordernis oder ähnliches findet.

Dieser rätselhafte Widerspruch und das Schweigen des BKartA in seinen Verfügungen erklären sich schnell, wenn man die Geschichte des Verkaufs unter Einstandspreis vor § 20 IV S2 GWB betrachtet. Seit der historischen Entscheidung des Reichsgerichts im Benrather Tankstellenfall ist zwar anerkannt, daß die gezielte Preisunterbietung in Vernichtungsabsicht die Grenzen des erlaubten Wettbewerbs überschreitet. Ob die vom BKartA untersagten Preisgestaltungen der genannten Lebensmittelhändler jedoch mit diesem Fall vergleichbar sind ist gerade der Kern des Streits, der in der Literatur seit über dreißig Jahren ausgetragen wird. Bei den Verkäufen unter Einstandspreis im Handel, wie sie auch Gegenstand der aktuellen Verfügungen des BKartA waren, geht es ja typischerweise nicht um eine zeitlich begrenzte, gezielte Kampfmaßnahme, sondern um eine dauerhafte Werbemaßnahme im Kampf um die Gunst der Kunden.

Wollte das BKartA § 20 IV S2 GWB tatsächlich nur anwenden, um "vorsätzliche und machtbedingte" Verdrängungspraktiken zu bekämpfen, so hätte sich durch die Einführung der Norm an der alten Rechtslage nichts geändert. Dann wären die ergangenen Verfügungen allerdings kaum zu erklären. Wenn die vorliegenden Begründungen insoweit keinen Aufschluß geben, so ist dies ein beredtes Schweigen. Unter Berücksichtigung der bisherigen Rechtsprechung hat das BKartA möglicherweise in einem klassischen Streit in der wettbewerblichen Literatur mit der Gesetzesänderung eine Position bezogen, die von der bisherigen Rechtsprechung stark abweicht. Wie problematisch dies ist, läßt sich bereits daraus ersehen, daß die Verfügung gegen Wal Mart vom OLG Düsseldorf umgehend aufgehoben wurde[12].

Ob eine neue Untersagungspraxis gegen Verkäufe unter Einstandspreis wettbewerbspolitisch sinnvoll ist, wurde in der Vergangenheit bereits ausführlich diskutiert. Thema der vorliegenden Arbeit soll daher vor allem sein, ob die Gesetzesänderung in § 20 IV S2 GWB geeignet ist, eine derart verschärfte Preiskontrolle zu rechtfertigen. Dabei soll vor allem auch die konkrete Anwendung der Norm in der Praxis untersucht werden.

12 OLG Düsseldorf WuW/E DE-R 781

1. Kapitel: Die Bewertung des Verkaufs unter Einstandspreis nach dem UWG

1. Eingrenzung

Zunächst soll die Beurteilung des Verkaufs unter Einstandspreis unter den verschiedenen lauterkeitsrechtlichen Gesichtspunkten noch einmal in Kürze dargestellt werden. Die häufig unter dem Stichwort "Preisunterbietung" abgehandelte[1] Sittenwidrigkeit einer Preisunterbietung, die sich aus dem Gesichtspunkt der unmittelbaren Übernahme einer fremden Leistung ergibt, soll hier jedoch ausgeklammert bleiben, da es sich dabei im Kern um die Frage von sittenwidrig erlangten Kostenvorteilen handelt und nicht um die Bewertung der Preisunterbietung als solcher.

2. Irreführung der Verbraucher

a. Die Rechtsprechung des BGH

Werden einzelne Artikel aus einem Sortiment besonders günstig angeboten, so besteht die Gefahr, daß der Verbraucher dadurch über die Preisgestaltung des gesamten Sortiments in die Irre geführt wird, da er annimmt, alles sei so günstig kalkuliert, wie die üblicherweise werbemäßig herausgestellten Sonderangebote. Insoweit hat sich der Ausdruck "Lockvogelwerbung" eingebürgert, der im Folgenden nur für den Fall des irreführenden Sonderangebots verwendet werden soll. Aus der Betrachtung ausgenommen werden sollen die Fälle, in denen das Angebot so gar nicht existiert, weil es an zusätzliche Bedingungen geknüpft ist, oder die Ware nicht in ausreichendem Maße vorhanden ist.

Der Grundfall zur Irreführung der Verbraucher durch Lockvögel ist die Entscheidung Lockvogel des BGH aus dem Jahr 1969[2]. Der Beklagte hatte zwei nicht preisgebundene Markenspirituosen unter Einstandspreis angeboten und dieses Angebot beworben, ohne darauf hinzuweisen, daß es sich dabei um ein aus dem üblichen herausfallendes, besonders günstiges Angebot handelte. Der BGH sah darin eine nach § 3 UWG unzulässige Irreführung der Verbraucher über das

1 siehe z.B. Baumbach/Hefermehl 21.Aufl. §1 Rn 252

2 BGHZ 52, 302

Preisniveau des gesamten Sortiments. Zugleich stellte er jedoch klar, daß diese Irreführung durch die Kennzeichnung als "Sonderangebot" zu vermeiden gewesen wäre. Ein vollständiges Verbot des Verkaufs unter Einstandspreis unter dem Gesichtspunkt der Irreführung lehnte der BGH daher auch folgerichtig ab.

Nach dem Verbot der Preisbindung für Markenartikel intensivierte sich die Diskussion um den Verkauf unter Einstandspreis. Der BGH bekam daraufhin im Jahr 1978 erneut Gelegenheit, eine solche Sonderangebotsstrategie unter dem Gesichtspunkt der Irreführung zu beurteilen. In dem Fall Elbe-Markt[3] hatte der Beklagte wiederum einzelne Markenspirituosen unter Einstandspreis angeboten. Der BGH bestätigte ausdrücklich sein Lockvogelurteil und lehnte es ab, ohne Beweisaufnahme davon auszugehen, daß nach der allgemeinen Lebenserfahrung der Verbraucher auch dann über das Preisniveau eines Geschäfts irregeführt werde, wenn das Angebot unter Einstandspreis als Sonderangebot herausgestellt ist. Insoweit sah der BGH es bereits als ausreichend an, daß das Angebot graphisch besonders hervorgehoben und mit den Hinweisen "solange Vorrat reicht" und "Abgabemenge 2 Flaschen" versehen war.

Im Fall mini-Preis [4] stellte der BGH klar, daß es für die Annahme einer Irreführung des Verbrauchers nicht ausreiche, wenn durch das Sonderangebot lediglich der diffuse Eindruck erweckt werde, das Angebot des Beklagten sei allgemein recht günstig. Eine Irreführung erfordere vielmehr die konkrete Vorstellung des Verbrauchers, das übrige Sortiment sei ebenso kalkuliert, wie die beworbenen Lockvögel. Auch in der dritten Entscheidung aus dem Jahr 1978, Superhit[5], lehnte der BGH eine Untersagung von Angeboten unter Einstandspreis auf der Grundlage des § 3 UWG ab. Er betonte dabei, daß nach seiner Ansicht aufgrund der Zunahme der Werbung mit Sonderangeboten die allgemeine Lebenserfahrung sogar dahin gehe, daß ein als Sonderangebot (im konkreten Fall als "Superhit") herausgestelltes Angebot vom Verbraucher als außergewöhnlich günstig erkannt werde und daher eine Irreführung unwahrscheinlich sei.

Im Ergebnis läßt sich festhalten, daß ein Händler, der einzelne Waren unter Einstandspreis verkauft, einen Verstoß gegen § 3 UWG durch die Kennzeichnung als Sonderangebot sehr leicht vermeiden kann. Aufgrund dieser liberalen Rechtsprechung des BGH spielte der Gesichtspunkt der Irreführung in späteren Verfahren auch keine entscheidende Rolle mehr.

---

3 BGH GRUR 78, 649
4 GRUR 78, 652
5 GRUR 79, 116

b. Kritik in der Literatur

aa. Die Studie von Andersen

In der Literatur ist der BGH mit seiner großzügigen Haltung gegenüber Lockvogelangeboten nicht auf ungeteilte Zustimmung gestoßen. Vor allem die Annahme, daß eine Irreführung der Verbraucher bei Kennzeichnung der Sonderangebote ausgeschlossen sei, ist Gegenstand der Kritik. So scheinen einige empirische Studien darauf hinzudeuten, daß die Verbraucher sich durch die besonders günstigen Angebote sehr wohl über das allgemeine Preisniveau eines Geschäfts täuschen lassen.

In diesem Zusammenhang ist zunächst die Studie von Andersen zu Sonderangeboten bei Markenspirituosen aus dem Jahre 1978 zu nennen[6]. Hier wurden in einer repräsentativen Stichprobe fast 2000 Verbraucher zu ihren Preisvorstellungen befragt. Dabei zeigte sich, daß immerhin 27,3 % der Verbraucher meinten, in einem Geschäft, das eine Spirituose besonders günstig anbietet, seien auch die übrigen Artikel "billiger". 25,7 % waren der Ansicht, daß der durch einen besonders niedrigen Sonderangebotspreis für Spirituosen entstandene Gewinnausfall nicht anderweitig wieder aufgeschlagen werde. Daran schließt sich in der Literatur die allgemeine Kritik an, daß Sonderangebote, auch wenn sie als solche gekennzeichnet sind, sehr wohl eine Irreführung der Verbraucher bewirken könnten, weil der Verbraucher grundsätzlich nicht rational entscheide und daher für suggestive Werbemaßnahmen empfänglich sei. Er schätze das Preisniveau eines Geschäftes allgemein anhand der herausgestellten Angebote ein und komme daher insoweit zu einer relevanten Fehlvorstellung.[7]

Letzten Endes kann die Studie von Andersen den Beweis für eine Irreführung jedoch nicht erbringen. Der allgemeine Eindruck, man kaufe in einem Geschäft "billiger" ein, stellt nach den vom BGH in der mini-Preis-Entscheidung herausgearbeiteten Grundsätzen gerade keine relevante Irreführung dar. Hier ist auch zu bedenken, daß die Sonderangebote bevorzugt von den größeren Einzelhandelsbetrieben ("Verbrauchermärkte/Supermärkte") ausgehen, die von 43,3% der Verbraucher allgemein für günstiger gehalten wurden.

Auch die Aussage, der Verlust werde nicht durch anderweitige Aufschläge wettgemacht, ist nicht von vornherein falsch [8], da die Händler in der Regel damit

6 WRP 78, 427

7 Nachweise bei Schüller S.123; Streit S.106, Schüller S.128, die jedoch i.E. § 3 UWG nicht anwenden will

8 so aber Streit S.110, Krüger-Nieland WRP 79, 1,4

rechnen, den Verlust durch erhöhten Umsatz mit normal kalkulierter Ware wettmachen zu können und daher das übrige Sortiment nicht überhöht kalkulieren [9].

Erhebliche Skepsis gegenüber den empirischen Befunden von Andersen ist auch deshalb angebracht, weil auf die Frage "Was meinen Sie, werden Sie persönlich mehr durch den Namen des Geschäftes oder mehr durch die Herausstellung des niedrigen Preises und der Marke zum Kauf einer Bestimmten Spirituose veranlaßt?" immerhin 21,2 % mit "mehr durch den Namen des Geschäftes" antworten, was kaum einen Sinn ergibt. Warum sollte man eine "bestimmte Spirituose" wegen des "Namens des Geschäftes" kaufen? Das legt nahe, daß ein Teil der Befragten entweder nicht genau geantwortet hat oder durch die Art der Fragestellung beeinflußt war.

Weiterhin ist zu berücksichtigen, daß die Studie mittlerweile bereits über 20 Jahre alt ist und sich die Einstellung und das Wissen der Verbraucher seitdem verändert haben. So ging der BGH bereits in der "Superhit" Entscheidung 1978 davon aus, daß sich die Verbraucher an die Sonderangebote zunehmend gewöhnen.

bb. Die Studie von Diller/Schneider

Eine weitere in Zusammenhang mit § 3 UWG häufig zitierte Studie ist die Untersuchung von Diller/Schneider [10]. Die Studie ist zwar aufgrund der zu schmalen Stichprobe nicht wirklich statistisch abgesichert, läßt jedoch einige vorsichtige Schlüsse zu. So schätzten immerhin 80% der Befragten auch bei Untereinstandspreisen, daß der Verkäufer noch einen Gewinn mache, was isoliert betrachtet für eine Irreführung sprechen könnte. Die konkrete Schätzung der Gewinnspanne des Händlers durch die Verbraucher läßt allerdings vermuten, daß die allermeisten Verbraucher gar keine Vorstellung von den im Handel üblichen Gewinnspannen haben. Bei einem mit 10% Aufschlag kalkulierten Angebot schätzten 71,5% der Befragten die Spanne des Händlers auf über 20%. Diese Zahl nahm bei einer Kalkulation mit 10% Verlust zwar auf 57,2 % ab, doch zeigt dies, daß die meisten Verbraucher von der im Einzelhandel üblichen Kalkulationsweise keine Vorstellung haben und daher insoweit auch nicht irregeführt werden können. Auch hier ist natürlich das erhebliche Alter der Studie zu berücksichtigen.

---

9 Merz S.174; Schüller S.39 m. w. Nachw.

10 WRP 81, 243

cc. Änderungen durch das neue Verbraucherleitbild des EuGH

Zuletzt reicht es für die Anwendung des § 3 UWG auch nicht aus, Fehlvorstellungen eines (relativ) kleinen Teils der Verbraucher nachzuweisen. § 3 UWG verlangt darüber hinaus immer eine Interessenabwägung. Dabei ist auch in die Abwägung einzustellen, daß der EuGH aufgrund seines Verbraucherleitbildes regelmäßig höhere Anforderungen an eine Irreführung stellt. So hat der EuGH in mehreren Entscheidungen dargelegt, daß er grundsätzlich von einem durchschnittlich informierten, verständigen und aufmerksamen Verbraucher ausgeht und nicht wie der BGH von einem unaufmerksamen und flüchtigen Verbraucher[11]. Dabei bestimmt der EuGH die Irreführung normativ und nicht wie die deutsche Rechtsprechung empirisch, auch wenn der EuGH in besonderen Ausnahmefällen Gutachten und Umfragen zulassen will[12].

Dieses Verbraucherleitbild ist für Deutschland unmittelbar nur verbindlich, soweit es um die Anwendung von EU-Verordnungen und EU-Richtlinien geht, in denen Irreführung eine Rolle spielt[13]. Die Richtlinie über irreführende Werbung[14] enthält nämlich einen ausdrücklichen Vorbehalt zugunsten strengerer nationaler Regelungen[15]. Das europäische Verbraucherleitbild ist jedoch auch zu beachten, wenn von einem Werbeverbot der innergemeinschaftliche Handel betroffen sein kann[16]. Für das Verbot des Verkaufs unter Einstandspreis greift Art. 28 EGV unmittelbar zwar nicht ein, wie der EuGH in Keck für das französische Verbot des Verkaufs unter Einstandspreis entschieden hat[17]. Wenn es z.B. um Produktgestaltungen geht, spielt das Verbraucherleitbild des EuGH bei der Anwendung des § 3 UWG aber eine Rolle, soweit das Irreführungsverbot als Handelshemmnis an den Erfordernissen der Warenverkehrsfreiheit nach Art. 28 EGV zu messen ist[18]. Daher ist umstritten, ob das Leitbild des EuGH für die deutsche Rechtsprechung nicht allgemein verbindlich sein sollte. Dafür spricht zum einen, daß ein Festhalten an der alten Rechtsprechung für Fälle ohne europäischen Bezug im schlimmsten Fall zu einer Rechtsspaltung führen könnte[19]. Zum anderen spricht für das Verbraucherleitbild des EuGH auch, daß der Unternehmer die Zulässig-

---

11 EuGH WRP 95, 677, 678 Mars; zuletzt EuGH WRP 99, 307 Sektkellerei Kessler; EuGH WRP 98, 848 Gut Springenheide
12 dazu Scherer, WRP 99, 991, Reese WRP 98, 1035
13 so in den zitierten Entscheidungen des EuGH
14 84/450/ EWG
15 so zu Recht Reese WRP 98, 1035, 1038 und Ahrens WRP 99, 389, 394
16 EuGH WRP 1995, 677 Mars, ausführlich Köhler/Piper § 3 Rn 58 ff
17 EuGHE 1993, I-6097 ff. RS C-267/91 Keck, dazu Oppermann Europarecht Rn 1293
18 EuGH WRP 1995, 677 Mars, Oppermann Europarecht Rn 1293, Scherer WRP 99, 991
19 Scherer a.a.O. 993

keit einer Werbung ex ante beurteilen können muß, was nur bei einer normativen Bestimmung der Irreführungsgefahr möglich ist.[20]

Der Einfluß des europäischen Verbraucherleitbildes ist in der Praxis mittlerweile nicht mehr zu leugnen und führt zu höheren Anforderungen an eine relevante Irreführung der Verbraucher.[21] Insbesondere Das Urteil PVC-frei des BGH[22] spricht dagegen, eine allgemeine Irreführungsgefahr durch Lockvogelangebote zu bejahen. Der BGH hat hier ausdrücklich klargestellt, daß sich eine Irreführungsgefahr nicht damit begründen läßt, daß ein Teil der Verbraucher eine Werbung falsch versteht, weil er zu dem fraglichen Sachverhalt von Haus aus gar keine Vorstellung, oder nur diffuse Fehlvorstellungen hat. Da offenbar der Großteil der Verbraucher von der Preiskalkulation des Einzelhandels keine Ahnung hat, kann es nach diesen Grundsätzen nicht als Beleg einer Irreführung gelten, wenn die Verbraucher in Umfragen zu einer bestimmten Art der Werbung mit Sonderangeboten ihre von allgemeinem Unwissen geprägten Fehlvorstellungen wiedergeben.

dd. Ergebnis zur Irreführung

Im Ergebnis spricht alles dafür, die Abwägung im Rahmen des § 3 UWG auch dann, wenn eine Irreführung bestimmter Verbraucher durch die übliche Sonderangebotsstrategie doch einmal nachgewiesen werden sollte, zugunsten der Preisfreiheit ausfallen zu lassen, um so den besonders aufmerksamen und flexiblen Verbrauchern die Chance zum günstigen Einkauf nicht zu nehmen. Fragen des Schutzes der Mitbewerber und der Marktstruktur sind in die Abwägung nach § 3 UWG nicht einzustellen, da sie mit der Frage der Irreführung nichts zu tun haben und daher bei anderen Verbotstatbeständen besser berücksichtigt werden können. Daher sollte sich auch die Neuregelung in § 20 IV S 2 GWB an dieser Stelle nicht auswirken.

---

20 Scherer a.a.O. 994; im Ergebnis auch Reese a.a.O.; Ahrens a.a.O., Ekey UWG § 3 Rn 57 ff, dagg. Sack WRP 98, 264; WRP 99, 399

21 BGH JZ 2000, 1011 Orient-Teppichmuster mit Anm. Beater S.973; dazu auch Anm. Nordemann WRP 2000, 977; weitere Nachw. bei Kemper/Rosenow WRP 2001, 370, 374; in der Tendenz auch BGH NJW 96, 2161 Der meistverkaufte Europas; Frankfurt NJW-RR 99, 1347, Bremen WRP 99, 945; offen OLG Köln WRP 99, 1198

22 GRUR 96, 985

3. Übertriebenes Anlocken und Wertreklame

a. Ausnutzen von Dankbarkeit und Verlegenheit der Verbraucher

Bedenken gegen den Verkauf unter Einstandspreis wurden auch unter dem Gesichtspunkt des übertriebenen Anlockens (Wertreklame) geltendgemacht. Zunächst fallen in diese Kategorie im weiteren Sinn alle Versuche, den Kunden durch Dankbarkeit für ein Geschenk oder Verlegenheit zu weiteren unüberlegten Käufen zu veranlassen. Der Kunde soll emotional an das Geschäft gebunden werden, so daß es ihm geradezu peinlich ist, nichts zu kaufen, nachdem ihm der Geschäftsinhaber eine Wohltat erwiesen hat. Der BGH hat in der Entscheidung Verkauf unter Einstandspreis[23] jedoch zurecht darauf hingewiesen, daß der Kunde in der Regel gar nicht weiß, daß der Händler beim Verkauf einer bestimmten Ware Verlust macht. Zwar nimmt tatsächlich ein Teil der Verbraucher an, daß der Händler an bestimmten Sonderangeboten "nichts mehr verdient"[24], doch läßt das noch keinen Schluß darauf zu, daß die Verbraucher sich in irgendeiner Weise beschenkt fühlen. Bei anonymen Supermärkten scheiden solche emotionalen Aspekte wohl auch grundsätzlich aus, da die Kunden nicht davon ausgehen, daß ihnen aus Altruismus Wohltaten erwiesen werden, sondern sie bereits mit dem scharfen Wettbewerb im Handel rechnen. Insoweit ist es den Kunden in der anonymen Atmosphäre auch nicht peinlich, nur das Sonderangebot zu kaufen[25].

b. Übertriebenes Anlocken im engeren Sinn (Wertreklame)

Ein weiterer Aspekt der Wertreklame ist allerdings nicht so leicht von der Hand zu weisen. Dies ist der Umstand, daß von den Sonderangeboten eine besonders hohe Anlockwirkung ausgeht, die nach der Rechtsprechung des BGH[26] schon an sich als übertriebenes Anlocken sittenwidrig sein kann, wenn der Kunde "geradezu magnetisch in das Geschäftslokal" des Werbenden gezogen wird[27]. Ob dies der Fall ist und ob sich daraus sofort die Sittenwidrigkeit der Werbemaßnahme ergibt, ist jedoch erst anschließend in einer Abwägung festzustellen[28]. Sittenwidrig ist schließlich nicht das starke Anlocken, sondern nur das übertriebene Anlocken.

---

23 GRUR 79, 321
24 Diller/Schneider WRP 81, 243, 246
25 so auch Streit S.28
26 BGH GRUR 73, 418 Das goldene A; B/H § 1 Rn 91 b
27 Nette S.64
28 Schüller S.165

Entgegen Nette [29] ist der Verkauf unter Einstandspreis aber nicht als sittenwidrig übertriebene Lockmaßnahme zu werten. Zwar werden die Verbraucher durch Sonderangebote irrational beeinflußt, doch wäre es ohnehin utopisch, anzunehmen, daß die Entscheidungsprozesse der Verbraucher streng rational ablaufen. Ansonsten wären allen Maßnahmen, die in der Betriebswirtschaft unter dem Begriff Marketing zusammengefaßt werden mehr oder weniger sinnlos. Für streng rationale Verbraucher gäbe es auch kein relevantes Marken-/ Herstellerimage etc. Nicht jede emotionale Beeinflussung z.B. wie Sympathiewerbung ist daher sogleich wettbewerbswidrig.

Auch ist hier wie bei der Irreführung zu berücksichtigen, daß die Tendenz zum Leitbild eines aufgeklärten, informierten und vernünftigen Verbrauchers geht. Dies muß sich auch außerhalb des § 3 UWG auswirken, wenn es darum geht, den Verbraucher vor unsachlicher Beeinflussung zu schützen. Mit zunehmender Gewöhnung an neue Werbeformen werden die Verbraucher abgeklärter und lassen sich nicht so leicht von scheinbaren Vorteilen blenden. Werden die Verbraucher durch das attraktive Angebot ins Geschäft gelockt und kaufen dann aus bloßer Bequemlichkeit dort noch andere Artikel, so kann das einen Sittenverstoß des Herstellers nicht begründen [30]. Zwar ist die bewußte Ausnutzung der Bequemlichkeit der Verbraucher streng gesehen kein Element eines Leistungswettbewerbs, doch ist das Wettbewerbsrecht nicht dazu da, die Verbraucher vor ihrer eigenen Bequemlichkeit zu schützen, wenn diese nicht dazu benutzt wird, den Verbrauchern anderweitig zu schaden (z.B. die Bequemlichkeit, Kleingedrucktes nicht genau zu lesen). Solange der Händler nicht über seine Preiswürdigkeit täuscht, sondern nur auf höheren Umsatz mir normal kalkulierter Ware hofft, wird der Verbraucher nicht unlauter beeinflußt, da die Anlockwirkung der Sonderangebote nicht direkt zu Käufen aus dem übrigen Sortiment führt. Ebenso geht auch der BGH in seiner neueren Rechtsprechung zur Wertreklame davon aus, daß es entscheidend darauf ankommt, ob der Verbraucher, der die Vergünstigung in Anspruch nimmt, durch andere unlautere Umstände dazu gebracht wird, weitere Waren zu kaufen. Die bloße Gewährung einer Vergünstigung ohne zusätzliche sittenwidrige Beeinflussung ist daher in der Regel keine Wertreklame[31].

Auch der Gesetzgeber zeigt neuerdings eindeutig das Bestreben, den Schutz der Verbraucher zugunsten der Wettbewerbsfreiheit zurückzunehmen. Mit der Abschaffung von Rabattgesetz und Zugabeverordnung hat der Gesetzgeber die Werbung nämlich genau in dem Bereich liberalisiert, dem auch die Wertreklame

29 a.a.O. S.65

30 so aber Streit S.103

31 BGH WRP 98, 727 Schmuck-Set; GRUR 92, 621 Glücksball-Festival

zuzuordnen ist. Rabatte und Zugaben waren gerade wegen der großen Anlockwirkung auf die Verbraucher verboten, die auch die Wertreklame sittenwidrig macht. Wenn daher der Verkauf unter Einstandspreis als Wertreklame sittenwidrig sein soll, dann müßte eine kostenlose Zugabe erst recht sittenwidrige Wertreklame sein. Die Grenzen der richterlichen Auslegung des § 1 UWG wären jedoch überschritten, wenn nach Abschaffung des Rabattgesetzes und der Zugabeverordnung über § 1 UWG genau die Art von Werbung verboten werden würde, die der Gesetzgeber nun ausdrücklich erlaubt hat[32]. In diesem neuen wettbewerbsrechtlichen Umfeld wäre ein Verbot des Verkaufs unter Einstandspreis als Wertreklame ein absoluter Fremdkörper.[33]

4. Ausbeutung der Leistung des Markenherstellers

a. Interessenlage

Ein weiteres Argument, das für die Unlauterkeit des Verkaufs unter Einstandspreis ins Feld geführt wird, ist die Verletzung der Interessen der Hersteller der verkauften Produkte. Da die unter Einstandspreis verkauften Artikel einerseits eine möglichst große Anlockwirkung auf die Verbraucher entfalten sollen und andererseits ein positives Preisimage vor allem dann entsteht, wenn gängige, leicht vergleichbare Produkte billig angeboten werden, eignen sich vor allem bekannte Markenartikel für Sonderangebote. Bei diesen kommt noch hinzu, daß aufgrund der gleichbleibenden Qualität allein der Preis über das Angebot des Handels entscheidet.

Die Markenhersteller sind jedoch in der Regel aus mehreren Gründen mit Sonderpreisaktionen nicht einverstanden. Zunächst bringt eine Sonderangebotsaktion unter Einstandspreis Unruhe in das Vertriebssystem, da andere Händler vermuten, der niedrige Preis der Konkurrenz werde durch Vorzugskonditionen im Einkauf ermöglicht.

Auch gegenüber den Endverbrauchern kann sich die Sonderpreisaktion negativ auswirken. Nicht selten wird nämlich nach Ansicht der Hersteller vom hohen Preis auf die Qualität eines Produktes geschlossen[34]. Taucht dieses Produkt plötzlich zu einem wesentlich niedrigeren Preis im Handel auf, so könnten die Verbraucher an der Hochwertigkeit des Markenartikels zweifeln. Außerdem erfüllt der hohe Preis selbst bei gewissen Markenprodukten eine Funktion, da er

32 so Bernecke WRP 2001, 615, 617 f
33 Berlit WRP 2001, 349, 351 ff
34 Wirtz WRP 1984, 671, 674

dem Erwerber des Artikels unter Umständen ein besonderes Prestige vermitteln soll. Auch die Eignung des Markenartikels als Geschenk kann beeinträchtigt sein, wenn er häufig zu niedrigen Preisen angeboten wird und der Beschenkte davon ausgehen könnte, der Schenker habe ein "Schnäppchen" gemacht. Zuletzt sinkt ganz allgemein die Bereitschaft der Verbraucher, den üblichen Preis für einen Markenartikel zu zahlen, der häufig zu Sonderpreisen angeboten wird.

b. Rechtsprechung des BGH

In der Mehrzahl der vom BGH entschiedenen Fälle zum Verkauf unter Einstandspreis waren es daher Markenhersteller, die gegen Sonderpreisaktionen geklagt haben.[35] Dabei wurde vorgetragen, der Verkäufer nutze die Leistung und den Ruf des Markenherstellers in unlauterer Weise aus, um für seine eigene Preiswürdigkeit und Leistungsfähigkeit zu werben. Dies verstoße unter dem Gesichtspunkt des Schmarotzens gegen §1 UWG.

Der BGH hat diese Argumentation in der Entscheidung Verkauf unter Einstandspreis II[36] zurückgewiesen und sich dabei auf das Verbot der Preisbindung für Markenartikel in der GWB-Novelle 1973 gestützt. Der Gesetzgeber habe sich damals grundsätzlich für Preisfreiheit entschieden und daher sei es der Rechtsprechung verwehrt, auf dem Umweg über § 1 UWG wieder eine faktische Preisbindung einzuführen[37]. Die Markenhersteller sollten nach dem Willen des Gesetzgebers keine Kontrolle über die Preise beim Weiterverkauf ihrer Artikel haben.[38] Für die Anwendung des § 1 UWG hat der BGH zwar ein Hintertürchen offengelassen, doch hat er die Anforderungen für den Beweis eines konkreten Imageschadens besonders hoch angesetzt[39]. Das damals vorgelegte allgemeine Gutachten von Ahlert[40] zur Frage der Rufschädigung ließ der BGH jedenfalls nicht ausreichen[41].

---

35 BGH NJW 69, 2143 Lockvogel; GRUR 78, 649 Elbe-Markt; GRUR 78, 652 mini-Preis; GRUR 79, 116 Der Superhit; GRUR 84, 204 Verkauf unter Einstandspreis II
36 GRUR 84, 204
37 siehe auch Reimer GRUR 74, 568; Lindacher Lockvogel, S.26
38 Die Kläger scheiterten also nicht nur daran, daß der Nachweis einer Rufschädigung nicht gelang. So aber B/H §1 Rn 271
39 BGH a.a.O. 205; dazu ausführlich Wirtz WRP 1984, 671
40 veröffentlicht in WRP 1983, 459
41 BGH a.a.O. 205 f

c. Kritik in der Literatur

Scharfe Kritik hat die liberale Haltung der Rechtsprechung zum Teil in der Literatur erfahren. So wendet Streit[42] ein, das Benutzen einer Markenware zur Steigerung des eigenen Rufs, sei grundsätzlich leistungsfremdes Schmarotzen an der Leistung des Markenherstellers. Der Handel trete nicht durch eine eigenen Leistung hervor, sondern beute lediglich die Herstellerleistung aus, um eigene Leistungsfähigkeit zu simulieren. Der durch Fleiß und Innovation erarbeitete Ruf der Markenware finde letztlich auch im Preis seinen Ausdruck[43]. Dies mache sich der Händler ohne eigene Leistung zunutze.[44]

Diese Argumentation ist logisch nicht zwingend. Zunächst setzt Streit einfach voraus, daß der hohe Endabgabepreis in den rechtlich geschützten Interessenbereich des Markenherstellers fällt.[45] Dies gilt es jedoch gerade zu untersuchen. Auch daß der Handel keine eigene Leistung erbringe, kann so nicht stehenbleiben. Die Leistung des Markenherstellers liegt in der Produktion einer Markenware, die sich im Wirtschaftsleben einen guten Ruf erworben hat. Dies kommt sicher auch im Preis zum Ausdruck. Jedoch in erster Linie in dem Preis, den der Markenhersteller von seinen Kunden, also von den Händlern verlangen kann. Auch erbringt der Handel durchaus eine Leistung. Die Distribution an den Endverbraucher ist die ureigene Domäne des Handels. Wenn es gelingt, eine hochwertige Markenware besonders günstig an den Endverbraucher zu bringen, so liegt darin zunächst eine Leistung des Handels. Wenn dieser sich dabei eine gewisse Quersubventionierung leisten kann, schmarotzt er nicht automatisch an der Herstellerleistung, sondern vor allem an seiner eigenen mit anderen Artikeln erbrachten Leistung. Ein Imagetransfer vom Markenhersteller auf den Händler, der den Vorwurf der "Image-Piraterie"[46] rechtfertigen könnte, findet in der Regel überhaupt nicht statt, da der Kunde den Handelsbetrieb nicht mit der dort verkauften Markenware identifiziert, die ja in anderen Geschäften ebenfalls erhältlich ist.[47] Etwas anderes wäre nur bei Handelsmarken denkbar, bei denen allerdings der Vorwurf der "Image-Piraterie" von vornherein ausscheidet. Die Argumente, die in der Literatur gegen den BGH vorgebracht werden, sind daher im Ergebnis nicht zwingend.

42 a.a.O. S.115-117, siehe auch Streit MA 1987, 404 ff
43 Streit S.116
44 Ulmer WRP 1987, 299, 305 f
45 auch Ulmer WRP 87, 299, 305
46 Streit S.116 unter Berufung auf Sölter, DB 83, 1241, 1245
47 das ist gegen Ulmer WRP 1987, 306 der Unterschied zu den Fällen "Dimple" (BGHZ 93, 96) und "Rolls Royce" (BGHZ 86, 90)

d. Argumentation aus der Erschöpfung im Markenrecht

Die auf das Verbot der Preisbindung für Markenware gestützte Argumentation des BGH ist zwar unwiderlegt und in sich schlüssig, doch kann sie allein nicht ausreichen. Eine Kontrolle des Verkaufs unter Einstandspreis nach § 1 UWG zugunsten des Herstellers schließt sie nämlich nicht unter allen Umständen aus. Lediglich einem per se Verbot des Verkaufs unter Einstandspreis nach § 1 UWG steht die grundsätzliche Preisfreiheit für Markenware zwingend entgegen. Es sind hier daher weitere Gesichtspunkte zu suchen, anhand derer eine Entscheidung über die Unlauterkeit von Sonderangeboten unter Einstandspreis aus der Sicht der Markenhersteller für den Einzelfall zu treffen ist[48].

Dabei ist festzustellen, daß sich eine Verletzung der Herstellerinteressen ausschließlich dann ergeben kann, wenn markierte Ware billig verkauft wird. Bei unmarkierter oder unter Handelsmarken vertriebener Ware können die genannten negativen Folgen für den Hersteller nicht eintreten. Betroffen von der möglichen Rufschädigung und Verunsicherung der Verbraucher ist also nicht der Hersteller selbst, sondern ausschließlich seine Marke. Daher liegt es nahe, nach einer Lösung des Interessenkonfliktes zuerst im Markenrecht zu suchen, das bestimmt, wie weit der Schutz einer Marke reicht und wo er endet. Was markenrechtlich unbedenklich ist, kann zwar gemäß § 2 Markengesetz immer noch aus anderen Gründen unzulässig sein. Jedoch müssen dafür dann besondere Gründe vorliegen, die im Markengesetz nicht berücksichtigt wurden[49]. Wie der BGH für den Schutz der berühmten Marke dargelegt hat, ist nämlich ein Rückgriff auf das allgemeine Lauterkeitsrecht ausgeschlossen, soweit ein Fall im Markengesetz bewußt und abschließend geregelt wurde[50].

Vorliegend geht es um die Frage, welche Kontrollrechte dem Inhaber einer Marke beim Weiterverkauf der Waren zustehen sollen, die er bereits durch Verkauf an den Händler in den Verkehr gebracht hat. Hier ordnet das Markengesetz in § 24 grundsätzlich die Erschöpfung des Markenrechts an. Geschützt ist nur das erste Inverkehrbringen der Ware durch den Markeninhaber. Danach ist sein Recht erschöpft und die Markenware grundsätzlich frei handelbar. § 24 II MarkenG enthält allerdings eine Ausnahme für den Fall, daß sich der Markeninhaber dem Weitervertrieb der Ware "aus berechtigten Gründen widersetzt". Dies soll insbesondere bei Verschlechterung der Ware gelten[51]. Zu untersuchen ist damit,

48 so auch Schüller, S. 167

49 Helm GRUR 2001, 291 f; Erdmann GRUR 2001, 609, 610; a.A. Fezer WRP 2000, 863, 869

50 BGH GRUR 99, 161 MAC DOG; so auch Ingerl/Rohnke § 14 Rn 523, Altham-mer/Ströbele/Klaka §14 Rn 61 a.A. Fezer § 14 Rn 411 f

51 siehe dazu BGH GRUR 96, 271 Gefärbte Jeans

ob ein Weiterverkauf unter Einstandspreis den Markeninhabern aus "berechtigten Gründen" widerstrebt.

Allgemein sind die "berechtigten Gründe" aus den Funktionen des Markenrechts abzuleiten[52]. Wird die Marke durch den Verkauf unter Einstandspreis in ihren rechtlich geschützten Funktionen betroffen, so ist das Markenrecht ausnahmsweise nicht erschöpft. Die rechtliche Relevanz der verschiedenen Markenfunktionen ist allerdings heftig umstritten. Die klassische Funktion einer Marke und damit Kern des Markenschutzes liegt aber unstreitig in der Herkunftsfunktion[53]. Danach bürgt der Markenname dafür, daß die Ware, so wie sie jetzt im Verkehr ist, von einem bestimmten Hersteller stammt, oder zumindest maßgeblich kontrolliert wurde. In dieser Funktion ist die Marke sicher beeinträchtigt, wenn die Ware so stark verändert wurde, daß sie nicht mehr dem entspricht, was der Hersteller unter seiner Marke in den Verkehr gebracht hat. Durch die Preisgestaltung des Handels wird die Herkunftsfunktion jedoch nicht beeinträchtigt. Zwar mag der eine oder andere Käufer an der Echtheit der Markenware zweifeln, doch wird keinerlei markierte Ware verbreitet, für deren Herkunft der Hersteller mit seiner Marke insoweit nicht einstehen kann.

Die weiteren Markenfunktionen sind letztlich aus der Herkunftsfunktion abgeleitet. Die Werbefunktion, die Qualitäts- und Garantiefunktion beruhen zumindest teilweise darauf, daß der Verbraucher die Ware einem seiner Ansicht nach vertrauenswürdigen Hersteller gleichbleibender Qualität zuschreibt. Auch diese Funktionen sind durch die Preisgestaltung des Handels zunächst nicht betroffen. Allenfalls könnte man vermuten, daß einige Verbraucher bei niedrigem Preis Zweifel an der Qualität bekommen.

Da dem Markeninhaber aber ansonsten keinerlei Kontrolle über den Preis seiner Ware zugestanden wird, erscheint es fraglich, ob er rechtlich schutzwürdig ist, wenn er über den Endabgabepreis Qualitätsvorstellungen erzeugen will. Hätte das Markengesetz dem Markeninhaber diese Möglichkeit zugestehen wollen, hätte es dies vor allem auch vor dem kartellrechtlichen Hintergrund explizit regeln müssen[54].

Darüber hinaus stellt das deutsche Markenrecht im wesentlichen die Umsetzung der europäischen Markenrechtsrichtlinie dar, die auch die Erschöpfung in Art.7 MRRL[55] praktisch abschließend geregelt hat, so daß für die Frage der Preiskontrolle durch den Markeninhaber auch der Wille des europäischen Richtliniengebers maßgeblich ist. Der deutsche Gesetzgeber wollte schließlich mit der

---

52 Althammer/Ströbele/Klaka § 24 Rn 28

53 Nachweise bei Ingerl/Rohnke Einl Rn 33 und § 24 Rn 18. Die Autoren selbst stehen der Funktionenlehre grundsätzlich skeptisch gegenüber: Einl Rn 35

54 i.E. Ingerl/ Rohnke § 24 Rn 5, zum WZG Lehmann GRUR 1984, 313, 315

55 Nr. 89/104 EWG

fast wörtlichen Umsetzung des Art.7 II MRRL in § 24 II MarkenG ersichtlich den Anforderungen der Richtlinie gerecht werden[56]. Das europäische Recht mißbilligt vertikale Preisbindungen in Art. 81 EGV jedoch explizit[57]. Auch der europäische Richtliniengeber deutet in der MRRL an keiner Stelle an, daß er von diesem Grundsatz der Preisfreiheit im europäischen Kartellrecht in irgendeiner Form abgehen wollte. Daher wollen weder Art.7 II MRRL, noch § 24 II MarkenG eine Preiskontrolle beim Weiterverkauf zulassen. Sie betreffen nur Fälle, in denen die Ware oder die Marke selbst beeinträchtigt ist und nicht die Frage der Umstände der Weiterverbreitung[58].

Über das Markengesetz hinaus ist ein Schutz der Markenhersteller durch das UWG nach § 2 MarkenG zwar ausdrücklich zugelassen, doch darf dieser Schutz den Wertungen des MarkenG nicht zuwiderlaufen. Da aber der Gesetzgeber die Frage der Erschöpfung und damit der Kontrolle des Markenherstellers über die Weiterverbreitung seiner Ware in § 24 MarkenG abschließend geregelt hat, ist für eine Preiskontrolle durch den Hersteller beim Weiterverkauf kein Raum mehr, soweit es nur um Schäden geht, die durch einen niedrigen Weiterverkaufspreis entstehen[59].

5. Behinderung der Mitbewerber durch Kampfpreise und Marktstörung

a. Die Preisunterbietung als gezielte Kampfmaßnahme

Gegen den Verkauf unter Einstandspreis wurde aus wettbewerbsrechtlicher Sicht zuletzt ins Feld geführt, daß es sich hier um eine unlautere Form des Behinderungswettbewerbs handele. Der stärkere Wettbewerber versuche den schwächeren durch den Einsatz wirtschaftlicher Macht zu verdrängen, anstatt sich durch die bessere Leistung gegenüber den Kunden durchzusetzen. Seit der Entscheidung des Reichsgerichts im Benrather Tankstellenfall ist diese Argumentation geradezu ein klassisches Beispiel für die Unterscheidung zwischen Leistungs- und Nichtleistungswettbewerb, die damals durch Nipperdey in die Diskussion eingeführt wurde.[60] Das Reichsgericht sah die Grenze der Preisfreiheit dort erreicht, wo der Preis gezielt als Waffe zur Vernichtung oder Disziplinierung eines be-

56 BGH GRUR 97, 629, 632 Sermion II, Ingerl/Rohnke §24 Rn 3
57 Langen/Bunte 8. Aufl. Art.85 Rn 63
58 Ingerl/Rohnke § 24 Rn 10, diffus Fezer § 24 Rn 57a
59 a.A. zum WZG Ulmer WRP 1987, 299, 307; a.A. zum MarkenG offenbar Helm S. 172 f
60 RGZ 134, 343, 352; siehe dazu Jungk S.89

stimmten Wettbewerbers eingesetzt wurde[61]. Aufgrund des in der Einleitung dargestellten Sachverhalts konnte das Reichsgericht diese Zielrichtung der Preiskalkulation eindeutig feststellen, da damals die Beklagten zugestanden hatten, daß es ihnen darum ging, den Kläger in ihr Kartell zu zwingen und daß sie zu diesem Zweck den Kläger fortlaufend gezielt unterboten hatten. Auf den Einstandspreis kam es bei dieser Bestimmung des unzulässigen Kampfpreises nicht an. Vielmehr stellte das Reichsgericht vornehmlich darauf ab, ob dem fraglichen Preis eine dauerhafte kaufmännische Kalkulation zugrunde lag, oder ob es sich nur um eine vorübergehende Kampfmaßnahme handelte. Die Unlauterkeit ergab sich aus Sicht des Reichsgerichts daraus, daß die Preise des Kartells nur mit Blick auf ihre Wirkung gegenüber dem Kläger sinnvoll waren. Lauter sollten dagegen alle Preismaßnahmen sein, die dazu dienten, den eigenen Absatz zu steigern, ohne daß es dabei auf eine bestimmte Wirkung gegenüber Mitbewerbern ankam.

b. Behinderungswettbewerb in der jüngeren Rechtsprechung

Ein Fall wie der Benrather Tankstellenfall, in dem die beklagte Partei ihre Behinderungsabsicht freimütig einräumte, kam in der Rechtsprechung nie wieder vor. Der BGH begann daher in der Entscheidung Verkauf unter Einstandspreis[62] die Grenzen der Preisfreiheit etwas enger zu ziehen. Als sittenwidrig sei eine Preisgestaltung unter Einstandpreis auch dann anzusehen, wenn sie dazu führen könne, Mitbewerber allgemein vom Markt zu verdrängen und dadurch den Wettbewerb auf dem betroffenen Markt ganz aufzuheben. Wann dies der Fall sei, hänge von der Intensität und Häufigkeit der Verkäufe unter Einstandspreis ab. In der Entscheidung Verkauf unter Einstandspreis lehnte der BGH die Sittenwidrigkeit bei nur gelegentlichen Sonderangeboten eines Getränkemarktes jedoch ab.

In der Entscheidung Preiskampf[63] sah der BGH die Grenze der Sittenwidrigkeit in einem Fall als erreicht an, der auch in der allgemeinen Presse unter dem Stichwort "Preiskrieg" Aufsehen erregte. In kurzen Abständen reagierten zwei Wettbewerber auf einem örtlichen Markt auf die Preissenkung des jeweils anderen mit einer entsprechenden Preissenkung für dieselben Schallplatten. Auf diese Weise sank der Preis für einige in den Hitlisten führende Schallplatten in wenigen Wochen auf weniger als die Hälfte und damit auch weit unter den Einstandspreis. Da die Beklagte wirtschaftlich schwächer war als die Klägerin, schied die Vermutung von Vernichtungsabsicht aus. Der BGH sah die Sittenwidrigkeit je-

61 RGZ 134, 343, 355
62 GRUR 79, 321
63 GRUR 90, 371

doch darin, daß andere kleinere Plattenhändler in dem Preiskrieg der beiden großen unterzugehen drohten. Dies begründe vorliegend eine wettbewerbswidrige Marktstörung.

Die Grenzen dieser Rechtsprechung zeigte der BGH in der Entscheidung Hitlisten-Platten[64] auf, die sich zwar vornehmlich mit § 26 IV GWB befaßt, aber am Ende für § 1 UWG dieselben Schlüsse zieht. Auch hier ging es um den Verkauf von Spitzentiteln unter dem Einstandspreis. Da der klagende Verband nicht in der Lage war, eine konkrete Gefahr der Vernichtung der kleinen Plattenläden darzulegen, wies der BGH die Klage auch unter dem Gesichtspunkt des § 1 UWG ab. Ein Unterschied zum Sachverhalt des Preiskampf-Urteils lag jedoch darin, daß ein großer Elektromarkt die billigen Preise einzelner Schallplatten als dauerhaftes Werbeinstrument verwendete und nicht nur vorübergehend einen Preiskampf führte, der langfristig nicht durchzuhalten war. Auch dieser Umstand mag bei der Bewertung durch den BGH eine Rolle gespielt haben.

Aus der späteren Rechtsprechung der Instanzgerichte sind noch zwei Urteile des OLG Hamburg[65] und des OLG Naumburg[66] zu erwähnen. In beiden Fällen ging es um den Vertrieb einer TV-Zeitschrift zu einem Preis von einer Mark anstelle von 2,30 DM, obwohl die Verlustgrenze für den Verlag bei 1,80 DM erreicht war. Die von vornherein auf drei Monate beschränkte Aktion galt der Steigerung der Auflage von 700.000 auf eine Million durch Erhöhung der Bekanntheit des Titels. Beide OLG sahen in der Aktion keine sittenwidrige Behinderung der Konkurrenz, da eine Gefährdung des Wettbewerbs auf dem TV-Zeitschriftenmarkt als solchem ausgeschlossen schien. Zwar lag es durchaus nahe, daß durch die Aktion kleine Konkurrenten in Schwierigkeiten kommen könnten, doch bestand für die beiden übermächtigen Mitbewerber der Beklagten keine Gefahr. Diese Urteile liegen auf der Linie der Hitlisten-Platten Entscheidung, die eine Gefährdung des gesamten Wettbewerbs gerade auf dem Markt mit dem betroffenen Produkt verlangt.

c. Vergleich zur Fallgruppe Marktstörung

Die relativ zurückhaltende Rechtsprechung zum Verkauf unter Einstandspreis erscheint letzten Endes als konsequente Fortsetzung der früheren Rechtsprechung des BGH zur Marktstörung[67] durch kostenloses Verteilen von Warenproben und

---

64 BGHZ 129, 203
65 WRP 97, 212
66 WRP 97, 222
67 BGHZ 23,365 Suwa, BGHZ 43,278 Kleenex

Originalware. Das kostenlose Verteilen von Handelsware ist schließlich die extremste Form der Abgabe unter Einstandspreis. Auch in diesen Fällen nahm der BGH in den Urteilen Suwa und Kleenex einen Verstoß gegen § 1 UWG erst dann an, wenn durch die kostenlose Verteilung eine so schwerwiegende Marktstörung auftrat, daß der Bestand des Wettbewerbs in Gefahr war[68]. Die spätere Kleenex-Entscheidung stützt das Verdikt der Sittenwidrigkeit auch auf die Gefahr der Nachahmung der Werbemaßnahme, ist dabei jedoch im Ergebnis deutlich liberaler als das Suwa-Urteil, da der BGH der Beklagten einen sehr weitgehenden Erprobungszweck für die kostenlose Verteilung der Ware zugestand. Auch weist der BGH in Kleenex ausdrücklich darauf hin, daß die Verteilung nicht deswegen sittenwidrig ist, weil kleinere Wettbewerber bei dieser Werbeform nicht mithalten können[69]. Große Wettbewerber brauchen danach also gerade nicht darauf zu verzichten, ihren größenbedingten Vorteil im Wettbewerb auszuspielen. Insoweit ist die Entscheidung Hitlisten-Platten im Lichte der Rechtsprechung zur Marktstörung besehen absolut folgerichtig.

d. Kritik in der Literatur

In der Literatur ist die liberale Zurückhaltung des BGH auf heftige Kritik gestoßen. Der BGH verkenne, daß der Verkauf unter Einstandspreis grundsätzlich ein leistungsfremder Einsatz von Marktmacht und Finanzkraft sei und daher sittenwidriger Behinderungswettbewerb[70]. Dies wird damit begründet, daß eine Sonderangebotsstrategie nur Händlern mit einem breiten Sortiment offenstehe, die durch Quersubventionierung die Verlustpreise ausgleichen könnten. Insofern hat der BGH in Hitlisten-Platten auch auf den Wettbewerb auf dem Plattenmarkt abgestellt.

Diese Sichtweise wäre sicher richtig, wenn es bei Sonderangeboten darum ginge, den Wettbewerb gerade für den preisgünstigen Artikel durch Quersubventionierung zu beeinflussen. Dann läge tatsächlich ein leistungsfremder Einsatz von anderweitig erworbener Finanzkraft vor. Liegt die verdrängende Wirkung der Sonderangebote allerdings darin, daß es großen Einzelhändlern gelingt, ihren Absatz insgesamt zu steigern und dabei im laufenden Geschäft unter dem Strich Gewinn zu machen, so ist dies nicht ohne weiteres auf den Einsatz von Marktmacht und Finanzkraft zurückzuführen. Hier geht es vielmehr um den Einsatz von größenbedingten Vorteilen, die mit Finanzkraft und Marktmacht nichts

68 BGHZ 23, 371; BGHZ 43, 285
69 BGHZ 43, 283
70 Streit S.95 f, Schmidt/Wuttke BB 98, 753, 755

zu tun haben. Schließlich bedarf die Quersubventionierung der Sonderangebote keiner besonderen Finanzkraft. Wenn durch ausgewählte Sonderangebote aus einem allgemeinen Lebensmittelsortiment im laufenden Geschäft Gewinn erwirtschaftet wird, so erfordern die Sonderangebote nicht den Einsatz besonderer finanzieller Reserven. Damit steht diese Strategie aber auch einem finanziell schwachen Supermarkt mit dem gleichen Sortiment offen.

Auch der Einsatz von Macht zur Einwirkung auf einen Markt ist in den Sonderangeboten nicht zu erblicken, da der Erfolg der Sonderangebotsstrategie von der Marktstellung des Händlers und der unmittelbaren Auswirkung auf die Konkurrenz und den Gesamtmarkt völlig unabhängig ist. Der Einsatz von strukturbedingten Vorteilen, die sich aus der größeren Sortimentsbreite und dem größeren Umsatz ergeben, ist jedoch nicht per se leistungswidrig, da Leistungswettbewerb immer auch der Wettbewerb der verschiedenen Unternehmensformen und Betriebsgrößen ist.

e. Beurteilung anhand des Leitbildes des Leistungswettbewerbs

aa. Ursprung des Begriffs "Leistungswettbewerb"

Um die Frage der Behinderung abschließend zu beurteilen, ist es daher erforderlich, alle Aspekte der Sonderangebotsstrategie mit Blick auf die unterlegenen Wettbewerber zu beleuchten. Dabei spielt die Frage des Leistungswettbewerbs eine entscheidende Rolle. Die Unterscheidung zwischen Leistungs- und Nichtleistungswettbewerb wurde im Benrather Tankstellenfall durch ein von Nipperdey erstelltes Privatgutachten der Beklagten eingeführt. Dieser differenzierte genau, daß ein Verhalten im Wettbewerb dann als sittenwidriger Nichtleistungswettbewerb zu definieren ist, wenn es nicht darauf gerichtet ist, sich mit einer besonders guten Leistung bei den Kunden durchzusetzen, sondern darauf, den Mitbewerber gezielt zu vernichten[71]. Das Reichsgericht übernahm diese Abgrenzung, folgte Nipperdey aber nicht in der Bewertung der gezielten Kampfpreisunterbietung als Leistungswettbewerb, die wohl nur aus der Art des Gutachtens als Parteigutachten zu erklären ist. Die gezielte Kampfpreisunterbietung gilt heute vielmehr als das geradezu klassische Beispiel des Nichtleistungswettbewerbs.

---

71 siehe RGZ 134, 342, 352

bb. Begriffsklärung

Seit dem Benrather Tankstellenfall ist die Diskussion um den Begriff des Leistungswettbewerbs sowohl im Wettbewerbsrecht, als auch im Kartellrecht nicht abgerissen. An dieser Stelle ist es daher angebracht, grundsätzlich zu der Frage Stellung zu nehmen, ob die Untereinstandspreise, wie sie seit Jahren die Gerichte und Behörden beschäftigen, dem Leistungswettbewerb zuzurechnen sind, oder nicht. Die Abgrenzung von Leistungs- und Nichtleistungswettbewerb spielt nämlich sowohl für § 1 UWG, als auch für die unbillige Behinderung im Rahmen der kartellrechtlichen Kontrolle eine entscheidende Rolle. Manche Autoren wollen die Frage der Zulässigkeit von Untereinstandspreisverkäufen sogar grundsätzlich oder zumindest maßgeblich an einer Einordnung unter die Begriffe Leistungs-/ Nichtleistungswettbewerb festmachen[72]. Auch das Bundeskartellamt ließ sich bei der Verfügung Coop Bremen von dieser Einteilung leiten[73].

Zunächst gilt es jedoch, den Begriff des Leistungswettbewerbs kurz zu erläutern. Zwar gibt es bis heute keine allgemein anerkannte Definition,[74] doch sind die Grundzüge des Gedankens vom Leistungswettbewerb durchaus erkennbar.[75] Diesem liegt (stark vereinfacht) die Annahme zugrunde, daß ein Wettbewerbssystem nur dann für das Gemeinwohl gewinnbringend funktioniert, wenn sich am Markt die jeweils beste Leistung durchsetzt.[76] Dies setzt voraus, daß sich die Marktteilnehmer frei entscheiden können, was sie anbieten, beziehungsweise erwerben wollen[77]. Nichtleistungswettbewerb liegt dann vor, wenn der Wettbewerb durch leistungsfremde Mittel, wie die Beschränkung der Handlungsfreiheit der anderen Marktteilnehmer, verfälscht wird. Da Wettbewerb sich nicht auf Preis und Qualität beschränkt, sondern als "Entdeckungsverfahren" auch ein Wettbewerb der verschiedenen Unternehmensformen und der neuen Vertriebs- und Werbearten ist[78], liegt die Schwierigkeit darin, zu bestimmen, welches neuartige Verhalten am Markt nun Ausdruck besonderer Innovation und Leistungsfähigkeit ist und welches nicht[79].

---

72 Streit, S.95 ff; Pfeffer, S.136; Westen S.128, kritisch dagegen Jungk S.93

73 WuW/E 2029, 2036

74 Merz S.268

75 Jungk S.92 f

76 siehe z.B. Wrage, UWG-Sanktionen bei GWB-Verstößen? S.20 m. w. Nachw.

77 siehe Hoppmann Marktmacht und Wettbewerb S. 13 m. w. Nachw.; auch Hoppmann Wirtschaftsordnung und Wettbewerb S.341

78 Dies erkennen auch Vertreter des Leistungswettbewerbskonzepts an: siehe z.B. Heermann WRP 2001, 855, 859

79 Ein Beispiel findet sich bei Heermann WRP 2001, 855, 865: Die Zugabe eines Fahrradträgers mit zwei Fahrrädern zu einem Neuwagen soll bei einem Wagen der Ober-

Wenn ein bestimmter Betriebszuschnitt oder eine bestimmte Unternehmensform oder -größe Vorteile mit sich bringt, die kleinere Wettbewerber nicht ausgleichen können, so liegt im Ausnutzen dieser Vorteile nicht automatisch ein unbilliger Einsatz von Marktmacht. Hier geht es vielmehr darum, die im Wettbewerb an sich erwünschte Selektion, die in letzter Konsequenz auch mit dem Ausscheiden nicht wettbewerbsfähiger Betriebsformen aus dem Markt verbunden ist, von der unbilligen Verdrängung leistungsfähiger Konkurrenten durch Marktmacht zu unterscheiden. Es reicht also nicht aus, festzustellen, daß kleine Händler im Preiswettbewerb nicht mithalten können. Die Schwierigkeit besteht vielmehr darin, dies als Wettbewerbsbeschränkung einzuordnen, die eben nicht auf der erwünschten natürlichen Selektionsfunktion des Wettbewerbs beruht[80]. Die hier zu treffende Wertentscheidung kann jedoch nicht anhand einer Subsumtion unter den Begriff des Leistungswettbewerbs getroffen werden, da sie ja dazu dient, die Grenzen des Leistungswettbewerbs zu bestimmen[81]. Der Begriff Leistungswettbewerb ist also ein Oberbegriff, unter den sich bestimmte, durch eine wertende Entscheidung gefundene Verhaltensweisen zusammenfassen lassen[82].

Der Gegensatz zum Leistungswettbewerb ist zunächst der Behinderungswettbewerb. So werden unlautere Praktiken bezeichnet, die lediglich dazu dienen, die Mitbewerber am Markt zu stören. Solche Verhaltensweisen sind in aller Regel nach § 1 UWG verboten. Nach einer von Hefermehl erarbeiteten Differenzierung soll es dazwischen noch eine Grauzone des Nichtleistungswettbewerbs geben, in die Verhaltensweisen einzuordnen sind, die zwar nicht schlechthin unzulässig sind, aber den "echten" Leistungsvergleich stören und daher bei negativer Auswirkung auf den Markt und die Gesamtheit der Mitbewerber unzulässig sein können.[83]

Allgemein anerkannt ist seit dem Benrather Tankstellenfall, daß der gezielte Einsatz von Finanzkraft und wirtschaftlicher Macht zum Schaden der Konkurrenz nicht dem Konzept des Leistungswettbewerbs entspricht[84]. Der bloße Besitz wirtschaftlicher Macht ist an sich völlig unbedenklich. Auch sind Maßnahmen von marktmächtigen Unternehmen nicht wegen der bloßen Tatsache der Marktmacht

---

klasse unbedenklicher sein, als bei einem Kleinwagen. Aus dem Gedanken des Leistungswettbewerbs ist dieses Ergebnis kaum abzuleiten.

80 Kurz/Rall S. 79

81 Hoppmann, Behinderungsmißbrauch und Nichtleistungswettbewerb WuW 80, 811 f Anmerkung zu Ulmer WuW 80, 474 ff.; Jungk S.88; Merz S. 275

82 Markert, Die Wettbewerberbehinderung S. 54; Merz Die Vorfeldthese, 1988, S. 172 m. w. Nachw.

83 Baumbach/Hefermehl Einl Rn 96; Kritik bei Merz S. 272

84 dazu Hoppmann, Marktmacht und Wettbewerb S. 15 und Hoppmann Wirtschaftsordnung und Wettbewerb S. 342 f

strenger zu bewerten.[85] Im UWG sind vielmehr alle Wettbewerber gleich zu behandeln, wenn auch Großunternehmen de facto genauer aufpassen müssen, was sie tun, weil sie grundsätzlich in der Lage sind, größere Störungen des Wettbewerbs zu verursachen[86]. Die gegenteilige Ansicht, die ihm Rahmen der Vorfeldthese darauf abzielte, Maßnahmen von Unternehmen, die noch nicht Normadressaten der Verbote GWB sind, nach § 1 UWG strenger zu überprüfen[87], hat sich in der Praxis nicht durchsetzen können[88]. Etliche Autoren sehen in der Normierung der unbilligen Behinderung im GWB sogar eine abschließende Regelung, die einer Anwendung des § 1 UWG gegen unerwünschte Marktfolgen nach Interessenabwägung entgegensteht.[89] Die Grenze wäre danach für § 1 UWG erst erreicht, wenn es um den gezielten Einsatz der Finanzkraft gegen die Wettbewerber geht. Dies müßte also für den Verkauf einzelner Artikel unter Einstandspreis gegeben sein.

cc. Bewertung der typischen Sonderangebotsstrategie unter Leistungsaspekten

Die entscheidende Vorfrage ist auf jeden Fall, ob der Verkauf unter Einstandspreis überhaupt den Einsatz von Macht und Finanzkraft voraussetzt. Dabei soll davon ausgegangen werden, daß die typische Strategie, einzelne besonders beworbene Artikel unter Einstandspreis zu verkaufen, nicht zu Verlusten im laufenden Geschäft führt, sondern der Gewinn aus dem Verkauf des übrigen Sortiments die Verluste bei den Sonderangeboten ausgleicht.

Eine Einordnung der Untereinstandspreisverkäufe als leistungsfremden Einsatz von wirtschaftlicher Macht und Finanzkraft nimmt das Bundeskartellamt beispielhaft in der Coop Bremen Verfügung[90] im Rahmen der Billigkeitsabwägung nach § 37a III GWB (Stand 4. Novelle) vor. Dabei läßt es sich von mehreren Argumenten leiten, die auch für § 1 UWG relevant sein können[91]:

---

85 Dies ist der Kern der Arbeit von Jungk (siehe S.175 f); siehe auch Lindow S.69; a.A. Sambuc GRUR 1981, 796, 801

86 Lindacher, Lockvogel- und Sonderangebote S. 41; Merz Die Vorfeldthese S. 248

87 P. Ulmer GRUR 1977, 565, 577; Darstellung bei Merz a.a.O. und Veelken, ZVglRWiss 1992, 241, 254 jeweils m. w. Nachw.

88 Merz S.177

89 Merz S.252 m. w. Nachw.; Lindow S. 33 f; a.A. Baudenbacher GRUR 81, 19, 27; Sambuc GRUR 1981, 796, 799; Literaturübersicht bei van Dorp S. 7 ff

90 WuW/E BKartA 2029

91 Nach Sambuc GRUR 1981, 796, 799 ist in diesem Zusammenhang der Begriff "Leistungswettbewerb" des UWG mit dem des GWB identisch.

1. Die Untereinstandspreisstrategie steht kleinen Wettbewerbern nicht offen, da sie den Ausgleich der Verluste durch anderweitigen Mehrabsatz aufgrund schmaler Sortimente nicht schaffen.[92]
2. Der Ausgleich der entstehenden Verluste setzt Finanzkraft voraus, die durch anderweitig erzielte Gewinne vermittelt wird.[93]
3. Die Sonderangebotsstrategie kann nur in Verbindung mit entsprechender Werbung funktionieren, die nur für Unternehmen mit großen Umsätzen sinnvoll ist.[94]
4. Kleine Einzelhändler haben in der Regel schlechtere Einkaufskonditionen und können daher im Preiswettbewerb ohnehin nur beschränkt mithalten.[95]

Es ist allerdings sehr fraglich, ob sich aus diesen Gesichtspunkten eine Einordnung der Untereinstandspreisverkäufe als Nichtleistungswettbewerb rechtfertigen läßt. Zunächst ist es wichtig, bei der Bewertung dieses Marktverhaltens nur Aspekte zu berücksichtigen, die auch wirklich mit dem Verkauf unter Einstandspreis zu tun haben. Zwar ist im Rahmen der Interessenabwägung im Kartellrecht, wie auch bei der Bewertung im Lauterkeitsrecht grundsätzlich alles zu berücksichtigen, doch dürfen dabei nicht völlig verschiedene Gesichtspunkte miteinander vermischt werden, die zu dem eigentlichen Fehlverhalten keinen Bezug haben. Die Nachfragemacht der großen Händler spielt bei der Frage des Weiterverkaufs der Ware nämlich keine Rolle, da die Großen durch ihre Nachfragemacht den Einkaufspreis drücken können und dadurch von vornherein einen Wettbewerbsvorteil haben, der ganz unabhängig davon ist, wie die Ware weiterverkauft wird. Daß die großen Märkte in der Lage sind, auch dann noch Gewinn zu machen, wenn sie zu niedrigeren Preisen anbieten hat mit den Wirkungen des Verkaufs unter Einstandspreis nichts zu tun. Es sind andererseits auch gerade die Unternehmen, die teuer einkaufen, die als erste ihre Einstandspreise unterschreiten müssen, wenn sie eine allgemeine Preissenkung mitmachen wollen[96].

Auch der Umstand, daß sich Angebote unter Einstandspreis nur rechnen, wenn sie entsprechend beworben werden und daß um umfassend Werbung zu betreiben der Einsatz erheblicher finanzieller Mittel erforderlich ist, die kleinen Händlern nicht zur Verfügung stehen, ist nicht unbedingt Ausfluß von Wirtschaftsmacht. Darin liegt in erster Linie der Ausdruck eines strukturbedingten Größenvorteils. Werbung ist allgemein ein sehr effektives Mittel im Wettbewerb und in der Regel recht kostspielig. In den allgemeinen Medien ist Werbung auf-

---

92 BKartA WuW/E BKartA 2037, 2041
93 a.a.O. 2037
94 a.a.O. 2037, 2042
95 a.a.O. 2041
96 deutlich Hinz WRP 1984, 653, 655

grund der auftretenden Streuverluste grundsätzlich nur für größere Unternehmen sinnvoll. Das heißt jedoch nicht, daß in der Werbung der Einsatz von Marktmacht liegt. Denn daß es für einen lokalen Händler mit kleinem Einzugsgebiet nicht sinnvoll ist, in Medien mit wesentlich größerer Verbreitung zu werben, liegt in er Natur der Sache. Andererseits braucht der kleine Händler insgesamt wesentlich weniger Werbeaufwand zu betreiben, um seinen Einzugsbereich abzudecken. Es ist also nicht zutreffend, den Werbeaufwand des großen Marktes für sein gesamtes Einzugsgebiet den möglichen Aufwendungen eines kleinen Einzelhändlers für Werbung gegenüberzustellen, wenn der kleine Händler nur einen Bruchteil des Einzugsgebietes abdecken muß. Insoweit bedeutet aufwendige räumliche breit gestreute Werbung nicht den Einsatz von wirtschaftlicher Macht. Daß bestimmte Medien nur für denjenigen in Frage kommen, der räumlich weit verbreitet werben will, ist wiederum ein Strukturvorteil, den der größere Betriebszuschnitt unabhängig von der Frage der finanziellen Möglichkeiten und der konkreten Marktmacht mit sich bringt. Auch andere Maßnahmen, die im Wettbewerb erhebliche Vorteile bringen, wie z.B. ein flächendeckender bundesweiter Kundendienst für technisch aufwendige Produkte setzen zwar wirtschaftliche Größe voraus, sind aber unter dem Gesichtspunkt der unlauteren Behinderung ganz unbedenklich. Dasselbe muß für die Möglichkeit der breit gestreuten Werbung gelten.

Zuletzt bleibt die Behauptung, daß der Einsatz von Sonderangeboten angeblich erst ab einer bestimmten Sortimentsbreite sinnvoll sei[97]. Hier bestehen schon an der Richtigkeit der tatsächlichen Annahme große Zweifel. Nach den vom BKartA im Coop-Verfahren getroffenen Feststellungen[98] hat ein kleiner Händler ein Sortiment von durchschnittlich 2500 bis 4000 Artikeln. Die übermächtigen Märkte der Coop AG hatten Sortimente von bis zu 50 000 Artikeln, davon 9000 bzw. 12 000 aus dem Lebensmittelbereich. Wal-Mart hat in seinen Ladenlokalen sogar bis zu 70 000 Artikel im Angebot[99]. Die ebenfalls als übermächtig eingestuften großen Discounter Aldi Nord und Lidl haben jedoch Sortimente von bloß ca. 1000 Artikeln (Lidl 1250 Artikel[100]) und in der Regel vor Ort auch flächenmäßig nur relativ kleine Filialen. Dennoch wenden sie die Sonderangebotsstrategie ebenfalls mit Erfolg an. Die Sortimentsgröße und die Größe des Handelsbetriebes vor Ort scheinen also nicht wirklich entscheidend für den Erfolg der Werbung mit Sonderangeboten zu sein. Darüber hinaus ist die Sortimentsbreite auch nicht unbedingt mit wirtschaftlicher Macht gleichzusetzen. Die Sortimentsbreite

---

97 siehe z.B. auch Hinz WRP 1984, 653, 654
98 BKartA WuW/E 2029, 2033
99 BKartA Wal-Mart S. 2
100 BKartA Lidl S. 2

ist ein strukturbedingter Vorteil großer Handelsformen, der mit dem Marktanteil oder der Stellung gegenüber den Mitbewerbern nichts zu tun hat. Das Ausnutzen von Vorteilen, die sich aus einer bestimmten Betriebsgröße ergeben, ist jedoch nicht sogleich Einsatz von Wirtschaftsmacht.

Auch die Tatsache, daß angeblich nur Händler mit breitem Angebot in der Lage sind, die Verluste aus den Sonderangeboten mit anderweitigen Gewinnen aufzufangen, beruht nicht unbedingt auf überlegener Finanzkraft. Solange ein bestimmter Markt nämlich im laufenden Betrieb trotz Sonderangeboten Gewinne erzielt, ist keine besondere Finanzausstattung erforderlich, um Angebote unter Einstandspreis zu machen. Der große Supermarkt erzielt mit demselben Grundsortiment wie der kleine Einzelhändler im laufenden Geschäft Gewinn, ohne dafür finanzielle Ressourcen einzusetzen, die in anderen Geschäftsbereichen erzielt wurden. Soweit es also um den Wettbewerb von Händlern mit ähnlichem Sortiment geht, ist der Verkauf einzelner Artikel unter Einstandspreis im Wettbewerb auf dem Markt für das gesamte Lebensmittelsortiment nicht Ausdruck überlegener Finanzkraft.

Die Voraussetzungen für die erfolgreiche Anwendung der Sonderangebotsstrategie im Einzelhandel sind letzten Endes nicht machtbedingt. Wie bereits von Mellerowicz in seiner grundlegenden Arbeit 1969 dargelegt wurde[101], muß der Kaufmann bei der Anwendung der Sonderangebotsstrategie eine Vielzahl von Punkten beachten, um überhaupt erfolgreich zu sein[102]. So ist es absolut entscheidend, die richtigen Artikel für die Werbekampagne auszuwählen, die zugkräftig sind und im Preisbewußtsein der Verbraucher verankert[103]. Zum anderen muß auch die Anzahl der Sonderangebote abgestimmt werden, um einerseits eine ausreichende Publikumswirkung zu entfalten und andererseits den kalkulatorischen Ausgleich nicht zu gefährden[104]. Zuletzt muß die Aktion auch in zeitlicher Hinsicht genau kalkuliert werden, da ein zu langfristiges Sonderangebot zwar zusätzliche Kosten verursacht, aber kaum noch einen Imagegewinn bringt. Wer hier nicht das erforderliche Geschick und die nötige Erfahrung mitbringt, läuft Gefahr, mit seinen Sonderangeboten entweder trotz der Inkaufnahme von Verlusten keine positive Wirkung zu erzielen, oder wegen zu großen Erfolges des Sonderangebots die Kontrolle über die Kosten der Aktion zu verlieren (wenn z.B. die ganze Stadt kommt, um ganz gezielt von den Sonderangeboten zu profitieren). Wichtig ist auch, die Auswirkung des Sonderangebots auf das übrige Sortiment zu beachten, da ein Sonderangebot, das mit anderen Artikeln im eigenen Sorti-

---

101 Die wirtschaftliche Bedeutung der Lockvogelwerbung im Einzelhandel MA 1969, S.43 ff

102 a.a.O. S.54

103 a.a.O. S.50 f

104 a.a.O. S.50

ment konkurriert oft anstatt zu Mehrumsätzen nur zu schwer kalkulierbaren und kostspieligen Umsatzverlagerungen innerhalb des Sortiments führt[105]. Der keineswegs garantierte Erfolg der Sonderangebotsstrategie beruht also zumindest zum Teil auf der überlegenen Marktkenntnis und Erfahrung (Marketingkompetenz) der größeren Handelsunternehmen und damit auf Kriterien, die durchaus etwas mit Leistung zu tun haben.

dd. Die Grenzen der zulässigen Mischkalkulation

Anders stellt sich die Situation dar, wenn die Verlustpreisstrategie an einem Standort durch Gewinne anderer Standorte aufgefangen wird. In diesem Fall wird die gesamte Geschäftstätigkeit an einem Standort durch die anderweitig erwirtschafteten Gewinne erst ermöglicht. Darin liegt dann nicht mehr normale gewinnorientierte Geschäftstätigkeit, sondern der Einsatz von wirtschaftlicher Macht, der erst mit Blick auf die Auswirkung der Sonderangebote auf den lokalen Markt Erfolg bringen kann.

Soweit der Markt für das einzelne Produkt betroffen ist, kann die Beurteilung ebenfalls anders ausfallen. Bricht der Markt für ein bestimmtes Produkt zusammen, so können spezialisierte Händler dies nicht durch Mischkalkulation ausgleichen. Auf dem Markt für das von den Sonderangeboten betroffene Produkt stellt der durch anderweitige Gewinne finanzierte Verkauf unter Einstandspreis in der Tat den Einsatz wirtschaftlicher Macht dar.

Ein solcher Sachverhalt liegt zum Beispiel dem Preiskampfurteil des BGH[106] zugrunde. Große Elektromärkte mit Schallplattenabteilung lieferten sich einen Kampf um das billigste Sonderangebot für besonders aktuelle Schallplatten[107], um sich so das Image besonderer Preisgünstigkeit zu verschaffen und Kunden dadurch in ihre Elektromärkte zu locken. Die Möglichkeit dies durch Mischkalkulation auszugleichen stand allerdings den von dem Preiskrieg ebenfalls betroffenen spezialisierten Schallplattenhändlern nicht offen. Auf dem Schallplattenmarkt war daher eine sinnvolle Teilnahme am Wettbewerb nicht mehr möglich. Dies beruhte auf dem Einsatz der anderweitig verdienten Finanzmittel der Elektromärkte. Insoweit lag mit Bezug auf den Schallplattenmarkt die Verdrängung der kleinen Händler durch überlegene wirtschaftliche Macht vor, da die Elektromärkte bei ihrem Auftritt auf dem Plattenmarkt aus Finanzquellen schöpfen konnten, die ihren spezialisierten Mitbewerbern nicht zur Verfügung standen.

---

105 a.a.O. S.54
106 GRUR 90, 371
107 ähnlich BGHZ 129, 203 Hitlisten-Platten

Im Wettbewerb zwischen den Elektromärkten stellen die regelmäßigen Sonderangebote danach keinen Einsatz von besonderer Finanzkraft dar. Damit ist ein und dieselbe Wettbewerbshandlung unter Umständen im Verhältnis zu verschiedenen Wettbewerbern unterschiedlich zu beurteilen. Für die Frage der Zulässigkeit des Verkaufs unter Einstandspreis kann es daher darauf ankommen, ob es für die regelmäßig betroffenen Produkte einen eigenen Markt mit spezialisierten Anbietern gibt oder nicht. Im Lebensmittelbereich wird ein insbesondere für Markenwaren ein besonderer Markt für einzelne Waren (mit Ausnahme von Backwaren und Frischfleisch) in der Regel nicht vorhanden sein.

ee. Ergebnis

Damit bleibt im Ergebnis festzuhalten, daß eine sittenwidrige unbillige Behinderung durch laufend gemacht einzelne Sonderangebote eigentlich nur dann denkbar ist, wenn für die unter Einstandspreis angebotenen Produkte ein gesonderter Markt mit spezialisierten Händlern besteht und die Sonderangebote auf diesem Markt Auswirkungen haben[108]. Die unbillige Behinderung ist also produktbezogen zu beurteilen, wie dies der BGH in seinen Entscheidungen Hitlisten-Platten und Preiskampf auch getan hat. Damit ist der Bezug zur Rechtsprechung zur Marktstörung gewahrt. Andererseits hat der BGH in Verkauf unter Einstandspreis II aber auch der Annahme, Kaufleute müßten bei jedem Artikel einen Stückgewinn erzielen eine klare Absage erteilt, wenn der Gesamtumsatz zu einem Gewinn führt[109]. Darin liegt nur scheinbar ein Widerspruch. Im Wettbewerb zwischen Händlern mit ähnlichen Sortimenten sind vereinzelte Sonderangebote unter Einstandspreis, die den laufenden Gewinn nicht gefährden nichts weiter, als eine besonders effektive Form der Werbung, die nicht auf besonderer Marktmacht oder dem Einsatz zusätzlicher Finanzmittel beruht[110]. Hier kommt es folgerichtig nicht auf den Gewinn aus dem einzelnen Geschäft an, sondern auf den Gesamtgewinn.

Zwischen Händlern, die auf der gesamten Breite des Sortiments miteinander konkurrieren, wird der Bereich des Leistungswettbewerbs erst dann verlassen, wenn ein Wettbewerber unter Einsatz anderweitiger Finanzmittel einen Preiskampf beginnt, der für die gesamte Tätigkeit auf einem Markt keine Gewinne mehr zuläßt und daher zur Vernichtung von Wettbewerbern führen muß, die diesen Preiskrieg mangels entsprechender finanzieller Ressourcen nicht durchhalten können. Dann nämlich geht es darum, durch vorübergehende Niedrigpreise den

---

108 auch Emmerich Kartellrecht 7.A. S. 265
109 GRUR 84, 204, 206
110 so auch Möschel BB 1785, 1791

Markt zu verändern, um anschließend bei geringerem Wettbewerb wieder Gewinne zu erzielen. Ein entscheidendes Kriterium zur Beurteilung solcher Strategien ergibt sich nach wie vor aus dem Urteil im Benrather Tankstellenfall. Eine ernsthafte kaufmännische Kalkulation im Wettbewerb liegt nicht mehr vor, wenn das Preisverhalten eines Wettbewerbers nur im Hinblick auf Einwirkungen auf die Mitbewerber sinnvoll sein kann[111]. Gradmesser kann hier die Frage sein, ob die Preiskalkulation dauerhaft durchzuhalten ist, oder nur eine vorübergehende Maßnahme sein kann. Auch in der Entscheidung Abwehrblatt I[112] stellt der BGH folgerichtig darauf ab, ob der für Anzeigen in dem fraglichen Anzeigenblatt gewählte Preis dauerhaft kostendeckend sein kann. Wendet man diese Kriterien auf die Sonderangebotsstrategie der Lebensmittelmärkte an, so ergibt sich keine Wettbewerbswidrigkeit, da den Sonderangeboten eine ernsthafte, auf Dauer angelegte Kalkulation zugrunde liegt. Somit liegt hier kein sittenwidriger Behinderungswettbewerb vor.

111 RGZ 134 342, 354
112 GRUR 85, 883, 885

2. Kapitel: Die Entwicklung im Kartellrecht vor § 20 IV S2 GWB

1. Überblick

Nachdem der Verkauf unter Einstandspreis zunächst als lauterkeitsrechtliches Problem gesehen worden war, verlagerte sich der Schwerpunkt der Diskussion in den achtziger Jahren ins Kartellrecht. Nachdem ein Teil der Literatur den Verkauf unter Einstandspreis als sittenwidrige Behinderung kleiner Wettbewerber auffaßte, lag es nahe, den Fall unter dem Gesichtspunkt der unbilligen Behinderung i.S.v. § 22 I GWB a.F. zu untersuchen.

Lindacher hatte bereits 1979 zutreffend darauf hingewiesen, daß Verkäufe unter Einstandspreis in der Regel nur dann gefährlich für den Wettbewerb sein können, wenn sie von marktmächtigen Unternehmen ausgehen[1]. Praktisch relevant wurde die Anwendung des § 22 I GWB a.F. allerdings wohl deshalb nicht, weil aufgrund des scharfen Wettbewerbs auf dem Lebensmittelmarkt kein Wettbewerber Normadressat des § 22 I GWB a.F. war.

Der Gesetzgeber reagierte auf diese vermeintliche Schutzlücke im Jahre 1980 mit dem Erlaß des § 37a III GWB a.F. Diese Norm verbot erstmals auch Unternehmen, die nicht marktbeherrschend waren, sondern lediglich marktstark, die unbillige Behinderung der Mitbewerber. Die Norm war als Eingriffsermächtigung für die Kartellbehörden ausgestaltet und enthielt kein unmittelbar wirkendes Verbot. Daher konnten auf § 37a III GWB a.F. auch keine Klagen von Mitbewerbern oder Verbänden gestützt werden. Die neue Vorschrift fand bald nach Erlaß in zwei großen Kartellverfahren Anwendung (Coop Bremen; Kaufmarkt). Diese Verfahren blieben jedoch vereinzelt, da erhebliche praktische Anwendungsschwierigkeiten auftraten.

Der Gesetzgeber sah sich daher in der 5. Novelle 1989 zu einer Nachbesserung genötigt. § 37a III wurde durch § 26 IV ersetzt, der auf die Tatbestandsmerkmale der "Möglichkeit, die Marktverhältnisse wesentlich zu beeinflussen" und der Eignung, "den Wettbewerb nachhaltig zu beeinträchtigen" verzichtete und außerdem als unmittelbar wirkendes Verbot ausgestaltet war und somit auch Anspruchsgrundlage iVm § 35 GWB a.F. sein konnte. Zudem war ein vorsätzlicher Verstoß gegen § 26 IV auch eine Ordnungswidrigkeit (§ 38 I Nr.8 GWB a.F. iVm § 10 OWiG). Nach dem Hitlisten-Platten Urteil des BGH zeichnete sich

---

1 Lockvogel S.46 f

allerdings ab, daß auch § 26 IV GWB a.F. nicht zur generellen Verhinderung der Untereinstandspeisverkäufe geeignet war. Daraufhin erließ der Gesetzgeber in der 6.GWB-Novelle § 20 IV S2, der den mit § 26 IV GWB a.F. wortgleichen § 20 IV S1 ergänzen soll und ein Regelbeispiel enthält.

2. § 37a III GWB in der Fassung der 4. GWB-Novelle

a. Gesetzgebungsgeschichte

Mit der 4.GWB-Novelle kam § 37a III mit folgendem Wortlaut in das GWB:

"Die Kartellbehörde kann auch einem Unternehmen, das aufgrund seiner gegenüber kleinen und mittleren Wettbewerbern überlegenen Marktmacht in der Lage ist, die Marktverhältnisse wesentlich zu beeinflussen, ein Verhalten untersagen, das diese Wettbewerber unmittelbar oder mittelbar unbillig behindert und geeignet ist, den Wettbewerb nachhaltig zu beeinträchtigen."

Diese Vorschrift war zwar sehr allgemein formuliert, richtete sich jedoch nach dem Willen des Gesetzgebers ganz eindeutig gegen die Untereinstandspreisverkäufe im Einzelhandel[2].

Gesetzgebungstechnisch wurde zunächst einhellig der verfehlte Standort der Vorschrift kritisiert: Da § 37a III materielles Kartellrecht enthielt, war die Einordnung in die Verfahrensvorschrift des § 37a GWB a.F. verfehlt[3].

In der Literatur wurde § 37a III überwiegend als neue Möglichkeit gesehen, Untereinstandspreisverkäufe zu unterbinden, die nach § 1 UWG zulässig waren. Pfeffer formuliert z.B. tendenziös, § 37a III sei eine "Waffe gegen die Kampfpreisunterbietung". Aufgrund der höheren Anforderungen an die Normadressaten stelle § 37a III an die verbotene Handlung geringere Anforderungen[4].

b. Das Verfahren der LKartB Bayern gegen Kaufmarkt

Der erste Versuch einer Anwendung der Vorschrift auf Verkäufe unter Einstandspreis war das Verfahren "Kaufmarkt" der LKartB Bayern[5]: Ein Betreiber von fünf Supermärkten, zwei Warenhäusern und Import- und Exportunternehmen mit einem Gesamtumsatz von 800 Mio. DM im Raum Nürnberg eröffnete in Unter-

---

2 Pfeffer S.107
3 Pfeffer S. 27 m. w. Nachw.
4 i.E. Pfeffer S.136
5 WuW/E LKartB 223 ff

föhring bei München einen neuen Supermarkt mit 8700 qm Verkaufsfläche. Dort versuchte er durch eine aggressive Niedrigpreisstrategie Marktanteile zu erobern,indem er etliche Waren bis zu 50% unter den üblichen Preisen anbot und diese Sonderangebote in einem eigenen kostenlosen Wochenblatt kräftig bewarb. Im Laufe der Zeit erhöhte der Markt zwar die Preise der Sonderangebote schrittweise, blieb aber dennoch unter seinen Einstandspreisen. Um diesen Angriff abzuwehren, begannen andere große Supermärkte, ebenfalls etliche Waren unter Einstandspreis zu verkaufen. Dies führte zu einer erheblichen Verschärfung des Wettbewerbs im Raum München, der viele kleine Händler nicht standhalten konnten. Die LKartB untersagte nun der Betreiberin des neuangesiedelten Kaufmarktes "kleine und mittlere Wettbewerber dadurch unbillig zu behindern, daß sie Waren ... unter oder zum jeweils gültigen Einkaufspreis zuzüglich Umsatzsteuer anbietet oder verkauft."

Das OLG München hob die Verfügung als zu unbestimmt auf, ohne sich mit den materiellen Anforderungen des § 37a III zu befassen[6]. Der Einkaufspreis sei aus dem Tenor der Verfügung nicht ersichtlich, da ausweislich der Gründe die Berücksichtigung gewisser Einkaufskonditionen verboten sei[7]. Außerdem sei nicht der Verkauf unter Einstandspreis schlechthin verboten, sondern nur derjenige, welcher kleine Wettbewerber unbillig behindere. Da die Untersagungsverfügung unmittelbar wirke und ein Verstoß gegen sie sogar eine Ordnungswidrigkeit darstelle, müsse das betroffene Unternehmen aus der Verfügung zweifelsfrei feststellen können, was erlaubt sei und was nicht. Wann ein Verkauf unter Einstandspreis eine unbillige Behinderung sei und wann nicht, sei jedoch für die Betroffene nicht absehbar. Da die Verfügung jeden Verkauf unter Einstandspreis weder verbieten wolle, noch könne, sei sie auch insoweit zu unbestimmt.[8] Darüber hinaus stellte das OLG auch die Frage, ob § 37a III GWB a. F. nicht selbst zu unbestimmt und daher verfassungswidrig sei[9], konnte diese Frage jedoch letztenendes offenlassen.

Die Entscheidung des OLG München wurde vom BGH bestätigt[10], auch wenn der BGH die Bedenken des OLG bezüglich der Verfassungsmäßigkeit des § 37a III nicht teilte[11]. Damit zeigten sich Schwierigkeiten in der Anwendung des § 37a III, die mit der Unbestimmtheit der materiellen Eingriffsvoraussetzungen zu tun hatten und weiter unten ausführlich behandelt werden sollen, da sie bis heute unverändert fortbestehen.

---

6 WuW/E OLG 2942
7 WuW/E OLG 2943
8 WuW/E OLG 2944
9 a.a.O. 2942
10 WuW/E BGH 2073
11 a.a.O. 2074

Zu dem Verfahren Kaufmarkt bleibt außerdem anzumerken, daß es ein Verhalten betraf, das unter Umständen auch nach § 1 UWG zu ahnden gewesen wäre. Die extremen Niedrigpreise des Marktneulings waren nur von vorübergehender Natur und auf die Dauer nicht durchzuhalten. Dafür spricht, daß die Betroffene selbst anfing, die Preise langsam anzuheben. Damit handelte es sich jedoch um den vorübergehenden Einsatz echter Finanzkraft zur direkten Einwirkung auf die Wettbewerber. Die Niedrigpreise dienten offenbar dazu, durch temporäre Verschärfung des Wettbewerbs auf dem lokalen Markt Platz zu schaffen und dann mit höheren Preisen Gewinn zu erwirtschaften. Dies ist jedoch das typische Kennzeichen des nach § 1 UWG unzulässigen Kampfpreises. Es ging also nicht wirklich um die von vielen kleinen Händlern beklagte dauerhafte Sonderangebotsstrategie.

Zuletzt ist hier noch festzuhalten, daß das Verfahren ein kleines Nachspiel hatte. Im Rahmen des Verfahrens hatte die LKartB von einer Bierlieferantin des Kaufmarkts Auskünfte über die Einstandspreise verlangt. Nach Erledigung der Hauptsache durch Erlaß der Untersagungsverfügung gegen Kaufmarkt beantragte die Lieferantin im Rahmen der Beschwerde die Feststellung, daß sie nicht zur Auskunft verpflichtet war. Diese Beschwerde wurde vom OLG München im Verfahren Kaufmarkt II zurückgewiesen.[12]

c. Das Verfahren des BKartA gegen Coop Bremen

In einem weiteren Verfahren untersagte das BKartA der Coop Bremen (und in zwei weiteren Parallelverfahren den Firmen Real-Kauf und Kafu[13]) den Verkauf einzelner Produkte unter Einkaufspreis[14]. Dabei versuchte das BKartA, den Umfang der Untersagung genauer zu konkretisieren. Der Verkauf unter Einkaufspreis wurde zunächst für die betroffenen Warengruppen pauschal verboten und anschließend der gelegentliche Verkauf an drei Tagen im Monat, sowie der Verkauf von beschädigter oder verderblicher Ware ausgenommen[15]. Diese Vorgehensweise setzt voraus, daß der Verkauf unter Einkaufspreis grundsätzlich kleine Wettbewerber unbillig behindert und daß keine weiteren Gründe auftauchen können, die den verbilligten Abverkauf von Waren gerechtfertigt erscheinen lassen können. Außerdem war die Grenze für gelegentliche Verkäufe unter Einkaufspreis mehr oder weniger willkürlich gezogen. Die betroffenen Unternehmen leg-

12 OLG München WuW/E OLG 2872 Kaufmarkt II
13 siehe TB BKartA 83/84 S.94; Riechmann WRP 1985, 323, 326 Fn 40
14 WuW/E BKartA 2029
15 WuW/E BKartA 2029 f

ten gegen diese Verfügungen zwar Beschwerde ein, doch wurde das Beschwerdeverfahren mit Einverständnis der Beteiligten nicht durchgeführt, da die Unternehmen freiwillig auf den Verkauf unter Einkaufspreis verzichteten, solange die Konkurrenz dies auch tat[16]. Zu einer gerichtlichen Überprüfung der Untersagungsverfügung kam es daher nie. Allerdings zeigt die bei § 26 IV GWB a.F. zu behandelnde Entscheidung Hitlisten-Platten des BGH, daß der Bestand der Verfügung in Sachen Coop Bremen zumindest zweifelhaft erscheinen muß.

d. Das Verfahren des BKartA gegen Massa

Weiter ist zu § 37a III GWB a.F. noch das Massa-Verfahren zu erwähnen, das nicht zu einer formellen Untersagungsverfügung führte, da sich das Unternehmen freiwillig verpflichtete, das beanstandete Verhalten zu unterlassen[17]. In diesem Verfahren entwickelte das BKartA eine neue Definition des Einkaufspreises, die es anderen marktstarken Handelsunternehmen ebenfalls bekanntgab[18]. Das Hauptproblem in dem Verfahren war die Behandlung von Rabatten, die Massa auf bestimmte Sonderangebotsaktionen konzentrieren wollte. Dies wollte das BKartA zumindest dann nicht akzeptieren, wenn der Rabatt für die Sonderaktion nicht mit dem Lieferanten vereinbart war, sondern lediglich allgemeine Rabatte zeitlich konzentriert eingesetzt werden sollten.

e. Sonstige Verfahren nach § 37a III GWB a.F.

Zuletzt bleiben noch einige Verfahren zu berichten, die aufgrund fehlender Entscheidungen in der Sache zum Teil nur geringen Erkenntnisgewinn bringen. Hierhin gehört das Verfahren in Sachen Kathreiner: Die LKartB Bayern hatte den Betreiber eines Supermarktes aufgefordert, über bestimmte Einstandspreise Auskunft zu erteilen. Das OLG München hob diese Verfügung zum Teil auf, da sich das Auskunftsbegehren auch auf Artikel bezog, die der Verfügungsadressat nie besonders billig verkauft hatte. Insoweit bestand kein Anfangsverdacht, der das Auskunftsverlangen gerechtfertigt hätte[19]. Soweit die Verfügung bestätigt wurde, nahm das BVerfG eine dagegen gerichtete Verfassungsbeschwerde nicht an, die vor allem auf die Unbestimmtheit von § 37a III gestützt war[20]. Dieses

---

16 TB BKartA 83/84 S.94; Leo FS Benisch S. 347, 354 Fn 15
17 TB BKartA 85/86 S.82; Leo FS Benisch S. 347, 354 Fn 15
18 abgedruckt bei Möschel BB 86, 1785, 1787
19 WuW/E OLG 3949
20 WuW/VG 320

Verfahren wurde offenbar nicht mit einer Sachentscheidung abgeschlossen und brachte daher keinerlei Erkenntnisse über die Anwendung des § 37a III.

In der Sache Wertkauf ging es ebenfalls um ein Auskunftsverlangen der LKartB Bayern. Hier bestätigte das OLG im Beschwerdeverfahren, daß zumindest ein Anfangsverdacht im Sinne des § 37a III bestand, der das Auskunftsersuchen rechtfertigen könne.[21] Ein Marktanteil von bloß ca. 5 % der Adressatin im Lebensmittelsektor im Raum München stehe der Annahme überlegener Marktmacht im Rahmen der Ressourcenbetrachtung, die nach § 37a III insoweit geboten sei, nicht von vornherein entgegen. Eine Entscheidung in der Hauptsache ist auch hier allerdings nicht veröffentlicht.

Im Verfahren Trinkmilch vor dem Kammergericht ging es um eine Beschwerde gegen ein Auskunftsersuchen der LKartB Berlin. Auch hier bestätigte das KG zumindest das Vorliegen eines Anfangsverdachts nach § 37a III, wenn von einem Unternehmen mit ca. 20 % Marktanteil im Verbrauchermarktbereich Lebensmittel dauerhaft zu auffällig niedrigen Preisen angeboten werden.[22] Da auch hier die Entscheidung in der Hauptsache fehlt, ist das Verfahren ebenfalls nur von geringem Erkenntniswert.

Dasselbe gilt für die Sache Vergaserkraftstoff-Abgabepreise, in der das Kammergericht schon das Auskunftsverlangen des BKartA zurückwies.[23]

Zuletzt bleibt der Beschluß Kurfürstendamm-Filmtheater, der nur eine Kostenentscheidung nach Erledigung einer einstweiligen Anordnung betrifft und daher auch nur wenige Erkenntnisse liefern kann.[24]

Soweit einzelne Aspekte dieser Verfahren von Interesse sind, werden sie an Ort und Stelle berichtet. Mit dem Verkauf unter Einstandspreis im eigentlichen Sinne haben sie nichts zu tun.

3. § 26 IV GWB in der Fassung der 5.GWB-Novelle

a. Gesetzgebungsgeschichte

Nachdem sich § 37a III als wenig wirksam erwiesen hatte, schuf der Gesetzgeber in der 5.GWB-Novelle § 26 IV GWB[25]. Dabei trug er zunächst der Kritik am verfehlten Standort des §37a III GWB a.F. Rechnung und versuchte außerdem, die Vorschrift durch das Weglassen von Tatbestandsmerkmalen zu vereinfachen.

21 OLG München WuW/E OLG 2738
22 KG WuW/E OLG 2713 Trinkmilch
23 KG WuW/E OLG 2620 Vergaserkraftstoff-Abgabepreise
24 KG WuW/E OLG 3527 Kurfürstendamm-Filmtheater
25 dazu ausführlich Mees in Schwerpunkte des Kartellrechts 1988/89 S.9

Darüber hinaus war § 26 IV GWB a.F. als unmittelbar wirkendes Verbot und damit auch als Unterlassungsanspruch ausgestaltet. Trotz seines ebenfalls völlig allgemein gehaltenen Wortlauts war auch § 26 IV GWB a.F. gezielt gegen Untereinstandspreisverkäufe gerichtet[26]. Der Wortlaut der Vorschrift war:

"Unternehmen mit gegenüber kleinen und mittleren Wettbewerbern überlegener Marktmacht dürfen ihre Marktmacht nicht dazu ausnutzen, solche Wettbewerber unmittelbar oder mittelbar unbillig zu behindern."

b. Die Anwendung des § 26 IV GWB a.F. in der Praxis

Dem Praxistest wurde die neue Vorschrift in einem Unterlassungsprozess unterzogen, den ein Verband angestrengt hatte und der zum Hitlisten-Platten Urteil des BGH führte. Nach diesem sehr zurückhaltenden Urteil erlangte auch § 26 IV keine praktische Relevanz mehr.

Die Beklagte betrieb einen großen Elektronikmarkt, in dem sie regelmäßig ausgesuchte besonders populäre Schallplatten unter Einstandspreis anbot und diese in der örtlichen Presse besonders bewarb. Der BGH stellte auf die Unterlassungsklage des Verbandes hin zunächst klar, daß § 26 IV GWB a. F. andere Voraussetzungen habe, als die Sittenwidrigkeit nach § 1 UWG[27]. Dies ist eine Abkehr von den Entscheidungen Abwehrblatt I und II[28], wo der BGH noch darlegte, daß die Anforderungen an die unbillige Behinderung iSv § 26 II GWB a. F. im Prinzip dieselben seien, wie die an die unlautere Behinderung iSv § 1 UWG. Dabei darf man allerdings nicht außer acht lassen, daß § 26 IV erst später in das GWB eingefügt wurde mit dem erklärten Ziel, die Kontrolle der Sonderangebotspraktiken der großen Händler zu verschärfen[29]. Dies konnte der BGH nicht ignorieren[30]. Mit der Begründung, daß mit der Vereinfachung des § 37a III in § 26 IV keine materielle Rechtsänderung einhergehen sollte, verlangte der BGH jedoch auch für § 26 IV eine "nachhaltige Beeinträchtigung des Wettbewerbs"[31]. Einem grundsätzlichen Verbot des Verkaufs unter Einstandspreis erteilte der BGH eine klare Absage[32] und forderte, daß eine Ausnutzung überlegener Marktmacht vorliegen müsse, die geeignet ist, "die strukturellen Voraussetzungen für wirksamen Wettbewerb – einschließlich eines Wettbewerbs durch

---

26 Wuttke S.70 f m. w. Nachw.
27 zustimmend Kahlenberg BB 1998, 1593, 1597
28 GRUR 85, 883 und NJW 86, 1877
29 siehe auch Wuttke S.112
30 siehe BGHZ 129, 210
31 a.a.O. 211
32 a.a.O. 212

kleine und mittlere Unternehmen – nachhaltig zu beeinträchtigen." Im Preiskampfurteil zu § 1 UWG hieß es, daß sittenwidriger Preiskampf sei, was dazu führe, "allgemein die Mitbewerber vom Markt zu verdrängen und dadurch den Wettbewerb völlig oder nahezu aufzuheben"[33]. Der Unterschied im Hitlisten-Platten Urteil ist letztenendes vor allem ein gradueller, nämlich daß statt Aufhebung des Wettbewerbs nur nachhaltige Beeinträchtigung gefordert ist, und daß der BGH bei § 26 IV die kleinen und mittleren Wettbewerber ausdrücklich einschloß. In der Praxis dürften die Beweisanforderungen effektiv jedoch mehr oder weniger dieselben sein, da eine nachhaltige Beeinträchtigung des Wettbewerbs wohl immer mit einer Bestandsgefährdung für andere Wettbewerber einhergeht[34]. Der BGH wies die Klage in Hitlisten-Platten im Ergebnis folgerichtig auch ab.

Zu § 26 IV ist noch ein Urteil des OLG Hamburg nachzutragen, in dem der Nachweis, daß eine Telefonbuch-CD tatsächlich mit Verlust verkauft wurde mißlang[35] und das Verfahren gegen die Müller GmbH & Co., in dem eine Verfügung des BKartA[36] vom Kammergericht[37] aufgehoben wurde, die jedoch nicht den Verkauf unter Einstandspreis zum Gegenstand hatte.

Soweit diese Verfahren Erkenntnisse zur Auslegung des § 20 IV S2 GWB liefern können, werden sie später dargestellt. Einstweilen mag genügen, festzuhalten, daß auch § 26 IV in der Praxis alles andere als ein Erfolg war.

---

33 GRUR 90, 371 f

34 im Ergebnis auch Schmidt/Wuttke BB 98, 753, 754

35 OLG Hamburg NJW 1997, 2888

36 BKartA NJWE-RR 1998, 68

37 KG NJWE-RR 1999, 295

3. Kapitel: Die Grundzüge und der Zweck der Neuregelung in § 20 IV S2 GWB

1. Regelungszweck und Normstruktur

Auch als Reaktion auf das Urteil in Hitlisten-Platten hat der Gesetzgeber in der 6.GWB-Novelle dem § 26 IV GWB a.F. (nunmehr § 20 IV S1 GWB) einen zweiten Satz mit einem Regelbeispiel angefügt[1]. Schon im Vorfeld der 5.GWB-Novelle war diese Lösung für die Reform des § 37a III GWB a.F. vorgeschlagen worden[2]. Damals waren eine Vereinfachung des § 37a III GWB a.F., eine Umwandlung in ein unmittelbares Verbot und die Anfügung eines Regelbeispiels noch als Alternativen diskutiert worden[3]. Nachdem der Gesetzgeber die Vereinfachung und das unmittelbare Verbot bereits in § 26 IV GWB a.F. verwirklicht hatte, hat er nun mit der Anfügung des Regelbeispiels alle vorgeschlagenen Verschärfungsmöglichkeiten ausgeschöpft.

Während bei der 5.GWB-Novelle einiges dafür spricht, daß der Gesetzgeber eigentlich gar nicht gewillt war, effektiv gegen Untereinstandspreisverkäufe vorzugehen[4], finden sich in den Materialien zur 6.GWB-Novelle und im Verlauf des Gesetzgebungsverfahrens insoweit keine eindeutigen Anhaltspunkte[5]. Die Bundesregierung verweist sogar ausdrücklich auf die Rechtsprechung zu § 26 IV a.F., die die Änderung erforderlich gemacht habe[6]. Auch in der Begründung der Beschlußvorlage des Ausschusses für Wirtschaft im Bundestag findet sich der ausdrückliche Hinweis, daß § 20 IV S2 GWB die durch Hitlisten-Platten entstandene Rechtslage korrigieren soll[7]. In dem daher ernstzunehmenden Bestreben[8] des Gesetzgebers, Untereinstandspreisverkäufe in der Praxis (und sei es auch nur

---

1 Köhler BB 99, 697
2 Möschel BB1987, 2104, 2105
3 Möschel a.a.O.
4 Markert in I/M 2.Aufl. §26 Rn 355; a.A. Wrage-Molkenthin wistra 1990, 183, die die Effizienz der Neuerung aber ebenfalls bezweifelt
5 Nach Dreher hat der Gesetzgeber hier politischem Druck nachgegeben, Schwerpunkte des Kartellrechts 1998, 111, 117
6 Entwurf der Bundesregierung BR Drucksache 852/97, S.38
7 BT Drucksache 13/10633, S. 72
8 so wohl auch Baron WuW 1998, 651, 653 und Kretschmer WuW 1998, 654, 655; a.A. Schmidt/Wuttke BB 1998, 753 dazu sogleich unten

durch größere Normklarheit[9]) effektiver zu beschränken wurde dem unverändert übernommenen § 20 IV S1 ein zweiter Satz mit folgenden Wortlaut angefügt:

"Eine unbillige Behinderung liegt insbesondere vor, wenn ein Unternehmen Waren oder gewerbliche Leistungen nicht nur gelegentlich unter Einstandspreis anbietet, es sei denn, dies ist sachlich gerechtfertigt."

Dieser Satz enthält drei klar voneinander abgrenzbare Tatbestandsmerkmale. Es muß ein Anbieten unter Einstandspreis (1) vorliegen, das nicht nur gelegentlich stattfindet (2) und nicht sachlich gerechtfertigt ist (3). Auffällig ist jedoch, daß abgesehen vom relativ bestimmten Begriff des Einstandspreises zwei unbestimmte Rechtsbegriffe in Kombination auftauchen. Daher sollte im Einzelfall die Klärung, ob überhaupt ein Verkauf unter Einstandspreis vorliegt zuerst vorgenommen werden.

2. Regelbeispiel der unbilligen Behinderung

Durch die Worte "liegt insbesondere vor" zeigt der Gesetzgeber, daß es sich bei § 20 IV S2 GWB um ein Regelbeispiel handeln soll, das zur Konkretisierung des Tatbestandsmerkmals "unbillige Behinderung" in § 20 IV S1 GWB dient. Im übrigen sind die Merkmale des § 20 IV S1 GWB nach wie vor unverändert zu prüfen.

Durch die Regelbeispielstechnik, die vor allem im Strafrecht immer größere Bedeutung erlangt[10], hält der Gesetzgeber den Tatbestand in zweierlei Hinsicht offen. Einerseits stellt der Verkauf unter Einstandspreis nur dann eine unbillige Behinderung dar, wenn er nicht sachlich gerechtfertigt ist. Das unbestimmte Tatbestandsmerkmal "unbillig" wird also konkretisiert durch einen Tatbestand, der die vom Wortlaut her ebenso unbestimmte Ausnahme "sachlich gerechtfertigt" enthält. Was sachlich gerechtfertigt ist, kann aber eigentlich von vornherein nicht unbillig sein. Jedoch macht der Gesetzgeber dadurch klar, daß er den Verkauf unter Einstandspreis für in der Regel unbillig hält, wenn keine besonderen Umstände hinzutreten. Die Ausnahmen müssen sich aus den übrigen Tatbestandsmerkmalen des § 20 IV S2 GWB ergeben, deren genaue Reichweite im einzelnen abzugrenzen ist und hier daher noch offenbleiben kann[11].

Andererseits bleibt § 20 IV S1 GWB auch für andere Arten der Behinderung anwendbar und ist nicht auf den Verkauf unter Einstandspreis beschränkt. Das

---

9 dazu siehe sogleich

10 siehe dazu Stree in Schönke/Schröder vor § 38 Rn 44 ff

11 Dobler spricht von einer "prima facie Vermutung", Schwerpunkte des Kartellrechts 1999, 35, 41

Wort "insbesondere" in § 20 IV S2 GWB legt dabei nahe, daß Praktiken, die dem Anbieten von Waren unter Einstandspreis ähneln ebenfalls unbillig im Sinne des Satzes 1 sein sollen. Daher erscheint hier eine wirtschaftliche Betrachtungsweise angebracht: Was wirtschaftlich einem Verkauf unter Einstandspreis entspricht, fällt im Grundsatz ebenfalls unter § 20 IV S2 GWB.

3. Das Wesen der "sachlichen Rechtfertigung"

a. Krause/Oppolzer

Liegt ein Verkauf unter Einstandspreis vor, also ein Geschäft, bei dem der Kaufmann zusätzliche Finanzmittel einsetzen muß, weil der Verkauf seine Kosten nicht deckt, so ist nach § 20 IV S2 GWB zu fragen, ob dieses Geschäft nicht "sachlich gerechtfertigt" ist. Hierin liegt auf den ersten Blick wohl eine der bedeutendsten Änderungen, die die Einführung des § 20 IV S2 GWB gebracht hat.

Stellte nach § 26 IV GWB a.F. ein Verkauf unter Einstandspreis eine relevante Behinderung der Mitbewerber dar, so war in einer umfassenden Interessenabwägung zu prüfen, ob diese Behinderung unbillig war. Dabei waren alle Umstände des Einzelfalles zu prüfen[12]. Im Rahmen dieser Abwägung waren zunächst alle Gründe zu untersuchen, die aus Sicht des Kaufmanns für den Verkauf unter Einstandspreis sprechen und anschließend die negativen Auswirkungen dieses Verkaufs auf die Mitbewerber und auf die Allgemeinheit. Diese widerstreitenden Interessen waren dann in einer Abwägung umfassend zu gewichten. Wenn das berechtigte Interesse am Verkauf unter Einstandspreis überwog, lag keine unbillige Behinderung nach § 26 IV GWB a.F. vor. Dabei war zu beachten, daß von einer Behinderung durch einen marktstarken Wettbewerber nicht auf die Unbilligkeit geschlossen werden durfte. Aufgrund seiner uferlosen Weite hatte der allgemeine Behinderungsbegriff keine Indizwirkung für die Unbilligkeit[13].

An dieser Rechtslage nach § 26 IV GWB a.F. soll sich nach Ansicht von Krause und Oppolzer nichts geändert haben. Zwar billigen sie dem Gesetzgeber eine ernsthafte Verbotsabsicht zu, fordern aber eine "Schadensminimierung" durch Auslegung, da sie die Neuregelung für verfehlt halten[14]. Eine sachliche Rechtfertigung fehle daher nur dann, wenn der Verkauf unter Einstandspreis dem Gedanken des Leistungswettbewerbs widerspreche, was er regelmäßig nicht

12 Markert in I/M 2. Aufl. § 26 Rn 372 f; Eser, BB 85, 699, 701
13 Markert a.a.O. Rn 373
14 Krause/Oppolzer WuW 2000, 17, 23

tue[15]. Eine solche Herangehensweise an den Tatbestand des § 20 IV S2 GWB verbietet sich aber von selbst, da der Rechtsanwender den Willen des Gesetzgebers zunächst grundsätzlich zu respektieren hat. "Schadensminimierung" kann nur dort ernsthaft erwogen werden, wo sich in der Praxis unvorhergesehene Anwendungsschwierigkeiten und Unklarheiten ergeben, nicht aber, um den Zweck einer Regelung zu vereiteln.

b. Schmidt/Wuttke, Markert und Helm

Auch nach Ansicht von Schmidt/Wuttke[16] und Markert[17] soll sich durch die Novelle an der Rechtslage nichts geändert haben. Der Gesetzgeber verweise für die Frage der sachlichen Rechtfertigung nämlich auf die gleichlautenden Rechtsbegriffe in § 22 und § 26 GWB a.F. Damit sei aber genau dieselbe Interessenabwägung vorzunehmen, wie bisher auch schon. Denselben Schluß zieht Helm aus der Regierungsbegründung, wobei sie sich auf Schmidt/Wuttke beruft und noch ergänzt, es handele sich bei § 20 IV S2 GWB "lediglich um ein Regelbeispiel"[18].

Da nun der Gesetzgeber mit dem Verkauf unter Einstandspreis eine Verhaltensweise im Wettbewerb sehr konkret beschrieben und grundsätzlich als unbillige Behinderung bewertet hat, ist es mit dem Gesetzeswortlaut nur noch schwer vereinbar, in der sachlichen Rechtfertigung nach § 20 IV S2 GWB dieselbe Abwägung anzustellen, die nach § 26 IV GWB a.F. geboten war. Das neue Regelbeispiel läßt es auch kaum zu, dem Gesetzgeber wie Schmidt/Wuttke zu unterstellen, er habe nur eine "Scheinnovellierung" vorgenommen und die Rechtsprechung des BGH in Hitlisten-Platten in Gesetzesform gegossen, nachdem er mit § 26 IV GWB noch ernsthaft gegen Untereinstandspreisverkäufe vorgehen wollte, was der BGH mit Hitlisten-Platten "unterlaufen" habe[19].

c. Auslegung mit Hilfe der Gesetzesmaterialien

aa. Die Entwurfsbegründung der Bundesregierung

Die von Schmidt/Wuttke als Beleg für ihre Ansicht angeführte Entwurfsbegründung der Bundesregierung läßt tatsächlich Zweifel aufkommen, ob hier ein

---

15 Krause/Oppolzer WuW 2000, 17, 24
16 Schmidt/Wuttke BB 1998, 753, 758; im Ergebnis auch Krause Oppolzer WuW 2000, 17
17 Markert in I/M 3.A. § 20 Rn 295, 296
18 Helm S. 234
19 Schmidt/Wuttke BB 1998, 753, 758

grundsätzliches Verbot des Verkaufs unter Einstandspreis gewollt ist. Da sie eine ablehnende Bezugnahme auf die Rechtsprechung zu § 26 IV GWB a.F. enthält, ist sie jedoch nicht ganz eindeutig.

Zur Verdeutlichung der Diskussion um die Regierungsbegründung soll sie im folgenden wörtlich wiedergegeben werden, soweit sie sich mit § 20 IV S2 GWB befaßt und hier von Interesse ist[20]:

"Mit der Einfügung des in § 26 IV (bisherige Fassung) geregelten Verbotstatbestandes im Zuge der 5.GWB-Novelle war die Absicht verbunden gewesen, einen Beitrag zur Verbesserung der Wirksamkeit des Behinderungsverbots gegen Praktiken marktstarker Unternehmen zu leisten, die zum Nachteil kleiner und mittlerer Unternehmen systematisch und ohne sachlich gerechtfertigten Grund Waren unter Einstandspreis anbieten. Die Rechtsprechung hat § 26 IV auch in der Folgezeit als rechtlichen Maßstab zur Beurteilung von Untereinstandspreisverkäufen herangezogen (vgl. Urteil des BGH vom 4. April 1995, "Hitlisten-Platten" WuW/E BGH 2977).

Nach erneuter Prüfung und vor dem Hintergrund einer breit geführten Diskussion über unbillige Praktiken bei Untereinstandspreisverkäufen ist die Bundesregierung zu dem Ergebnis gelangt, daß eine angemessene gesetzliche Regelung der Thematik nicht in einer generalklauselartigen Vorschrift wie § 26 IV (bisherige Fassung), sondern besser in einem speziellen, auf diesen Behinderungssachverhalt zugeschnittenen Tatbestand erfolgen sollte. Eine derartige Präzisierung durch den Gesetzgeber selbst entspricht auch in höherem Maße dem Gebot der Normenklarheit...

Durch den neuen Satz 2 wird der Grundsatz der freien Preisbildung, der dem GWB und dem gesamten Wirtschaftsrecht zugrundeliegt, ebensowenig in Frage gestellt, wie durch die bisherige Regelung in § 26 IV. § 20 IV S2 zieht die Grenzen zulässiger Preisgestaltung dort, wo vorsätzliche Verdrängungspraktiken oder systematische Untereinstandspreisverkäufe zu einer Gefährdung des funktionierenden Wettbewerbs auf den betroffenen Märkte führen. Durch das Merkmal "ohne sachlich gerechtfertigten Grund" knüpft die Bestimmung an die gesetzliche Terminologie der Verhaltenskontrollvorschriften in den bisherigen §§ 22, 26 GWB und an die dazu ergangene Rechtsprechung an. Grundsätzlich ist deshalb auch bei § 20 IV S2 eine Interessenabwägung vorzunehmen, die sich an der auf die Freiheit des Wettbewerbs gerichteten Zielsetzung des GWB orientiert. Die Gründe, aus denen sich im Einzelfall eine sachliche Rechtfertigung ableiten läßt, die eine Anwendung des § 20 IV S2 ausschließt, lassen sich... nicht abstrakt bestimmen..."

20 Entwurfsbegründung der Bundesregierung BR Drucksache 852/97, S.38

Die Bundesregierung verweist hier für die „sachliche Rechtfertigung“ ausdrücklich auf eine Interessenabwägung, die der nach §§ 22 und 26 GWB gebotenen entsprechen soll. Dies würde gegenüber § 26 IV GWB tatsächlich keine Änderung bedeuten. Andererseits nimmt die Bundesregierung auf die Rechtslage nach Hitlisten-Platten bezug und erklärt, daß sie die Regelung des § 26 IV GWB a. F. als nicht angemessen empfinde. Die mit der Reform angestrebte "Präzisierung" dient lediglich "auch" der Normenklarheit. Damit muß sie aber auch einer materiellen Änderung dienen, nachdem der Gesetzgeber mit dem nach der 5.GWB-Novelle erreichten nicht zufrieden war. Nach der breiten Diskussion der Entscheidung Hitlisten-Platten hat der Gesetzgeber die Kontrolle von Verkäufen unter Einstandspreis im Gesetzeswortlaut eindeutig verschärft[21]. Dies ist schwerlich als Zustimmung zum Ergebnis der BGH-Rechtsprechung zu deuten[22]. Daß bloße "Präzisierung" nicht das eigentliche Handlungsmotiv des Gesetzgebers gewesen sein kann ergibt sich daraus, daß § 26 IV GWB a.F. in der Praxis nur wenig Unsicherheit verbreitet hat. Nach der Hitlisten-Platten-Entscheidung war die Vorschrift ja de facto totes Recht.

Nicht ganz so einfach von der Hand zu weisen ist der Hinweis darauf, daß der Grundsatz der Preisfreiheit nicht angetastet werden soll. Daraus schließt Markert, daß die Regelung des § 20 IV S2 GWB kein grundsätzliches Verbot enthalten soll, sondern doch nur eine dem § 26 IV GWB a.F. inhaltlich entsprechende Regelung präziser fassen. Sie sei so auszulegen, daß sie dem Grundsatz der freien Preisbildung nicht widerspreche[23].

Andererseits läßt sich diese Feststellung in der Regierungsbegründung auch ganz anders lesen. Wenn man mit einer Vielzahl von Autoren den Verkauf unter Einstandspreis schon bisher für unzulässig hielt und der Ansicht war, daß die Preisfreiheit ohnehin regelmäßig am Einstandspreis endet und in Hitlisten-Platten ein Urteil erblickte, daß der gesetzlichen Regelung in § 26 IV GWB a.F. nicht gerecht wurde, dann sieht man die Preisfreiheit im Grundsatz auch durch § 20 IV S2 GWB nicht gefährdet. Markerts Argument setzt ein bestimmtes Verständnis der Preisfreiheit voraus, das keineswegs unumstritten ist und daher vom Gesetzgeber nicht notwendigerweise geteilt werden muß. Der Verweis auf die Preisfreiheit in der Regierungsbegründung kann daher auch als Rechtfertigung des neuen Verbots gegen die Stimmen gesehen werden, die in einer verschärften Preiskontrolle einen "ordnungspolitischen Sündenfall" sehen[24]. Damit würde er aber eine Auslegung des § 20 IV S2 GWB im Sinne Markerts nicht erfordern.

---

21 Baron in Schwerpunkte des Kartellrechts 1998, 1, 20

22 Dobler in Schwerpunkte des Kartellrechts 1999, 35, 41

23 Markert in I/M 3.A § 20 Rn 296

24 sehr deutlich z.B. Hauptkorn S. 287

Die Regierungsbegründung fährt zum Abschluß fort:

"Bei der Normkonkretisierung werden behördliche Praxis und Judikatur – wie stets im Bereich der kartellrechtlichen Verhaltenskontrolle – eine wichtige Rolle spielen, wobei auch auf die von der Rechtsprechung erarbeiteten Grundsätze zu § 26 IV (bisheriger Fassung) zurückgegriffen werden kann. Durch das Merkmal nicht nur gelegentlich wird gesetzlich klargestellt, daß bestimmte Verhaltensweisen, von denen keine anhaltenden wettbewerblichen Auswirkungen ausgehen, von vornherein nicht vom Verbotstatbestand erfaßt werden."

Da es in der Rechtsprechung zu § 26 IV GWB a.F. nur das Hitlisten-Platten Urteil gibt, spricht der Hinweis des Gesetzgebers auf die bisherige Rechtsprechung tatsächlich für die Ansicht von Schmidt/Wuttke, Markert und Helm. Durch das Wort "auch" ist der Hinweis aber abgeschwächt. Es muß noch andere Dinge geben, auf die die Verwaltung zurückgreifen kann. Dies könnte vor allem ihre bisherige, deutlich restriktivere Verbotspraxis der Kartellbehörden zu § 37a III GWB a.F. sein, der durch § 26 IV GWB a.F. ersetzt wurde. Außerdem finden sich auch im Hitlisten-Platten Urteil einige "Grundsätze", die nach wie vor verwertbar sind, z.B. zur Marktabgrenzung[25] oder zur Frage, wie eine Beeinträchtigung der Mitbewerber grundsätzlich festzustellen ist[26]. Der pauschale Hinweis auf diese Grundsätze in der Regierungsbegründung ist daher insgesamt nicht geeignet, den eindeutigen neuen Gesetzeswortlaut, der für ein Verbot des systematischen Verkaufs unter Einstandspreis im Regelfall spricht, zu entkräften.

bb. Die Begründung des Ausschusses für Wirtschaft

Daß die Ansicht von Schmidt/Wuttke und Markert im Ergebnis nicht haltbar ist, zeigt sich in der Begründung des Ausschusses für Wirtschaft. Dort heißt es[27]:

"§ 20 IV S2 des Gesetzentwurfs verbietet ausdrücklich Verkäufe unter Einstandspreis, sofern diese nicht nur gelegentlich erfolgen. Mit dieser neuen Regelung wird klargestellt, daß Verdrängungsabsicht oder nachhaltige Beeinträchtigung des Wettbewerbs entgegen der bisherigen Rechtsprechung nicht mehr Voraussetzung für die Kartellrechtswidrigkeit des Untereinstandspreisverkaufs sein sollen."

---

25 BGHZ 129, 209 f
26 BGHZ 129, 203, 213
27 BT Drucksache 13/10633 S.72

Damit gibt der Ausschuß eindeutig zu verstehen, daß gerade die zwei in Hitlisten-Platten für die Klageabweisung ausschlaggebenden Kriterien[28] nun nicht mehr relevant sein sollen. Läßt der Regierungsentwurf vielleicht noch Zweifel zu, so ist die Beschlußvorlage, die aus dem gesetzgebenden Verfassungsorgan selbst kommt und unverändert angenommen wurde, in ihrer Zielsetzung unmißverständlich. Das Verbot des Verkaufs unter Einstandspreis soll nicht mehr an einer Abwägung scheitern, wie sie der BGH in Hitlisten-Platten vorgenommen hat.

Markert will dieser Ausschußbegründung keine rechtliche Relevanz zubilligen, weil sie sich nicht im Gesetzeswortlaut widerspiegele. Dies sei aber nach dem Urteil Gaspreis des BGH [29] erforderlich, um Äußerungen in den Gesetzesmaterialien bei der Auslegung berücksichtigen zu können[30]. Dieses von Markert angeführte Urteil des BGH bezieht sich auf die Änderung der Mißbrauchkontrolle für die vom Kartellverbot freigestellten Versorgungsunternehmen in §§ 103, 104 GWB (1973) durch die 4. GWB-Novelle 1980. Nach der herrschenden Rechtsprechung vor 1980 setzte die Mißbrauchsaufsicht nach § 104 I GWB (1973) keine marktbeherrschende Stellung des betroffenen Versorgungsunternehmens voraus[31]. Die Revision machte nun unter Verweis auf die Regierungsbegründung zur 4. GWB-Novelle[32] geltend, daß sich dies geändert habe. Der BGH wies diese Ansicht zurück und begründete dies damit, daß sich die Rechtsansicht der Regierungsbegründung insoweit nicht im Gesetzestext wiederfinde, was aber erforderlich sei, um die Gesetzesmaterialien zur Auslegung heranzuziehen[33]. Damit nahm der BGH darauf bezug, daß der Gesetzgeber die streitentscheidende Vorschrift des § 103 V S1 GWB (1980) absolut wortgleich aus § 104 I GWB (1973) übernommen hatte. Dem BGH ist zuzustimmen, da sich eine Rechtsänderung nicht allein aus einer Entwurfsbegründung herleiten läßt, wenn sich der Gesetzestext nicht ändert.

Vorliegend ist die Situation jedoch eine völlig andere. Der Gesetztestext hat sich mit der Einführung des § 20 IV S2 GWB erheblich geändert. Die Neuregelung greift einen Verschärfungsvorschlag auf, der schon seit langem in der Diskussion ist, sich aber in der letzten GWB-Novelle politisch nicht durchsetzen konnte. Wenn in diesem Zusammenhang die Entwurfsbegründung der Bundesregierung eher zurückhaltend ist und die Stellungnahme des Bundestages für eine eindeutige Verschärfung der Kontrolle spricht, so ist dies nicht vergleichbar mit der unveränderten Übernahme einer alten Regelung. Da der Bundestag in der Ge-

28 BGHZ 129, 203, 211
29 BGHZ 135, 323
30 I/M § 20 Rn 296 und Fn 753
31 BGHZ 135, 323, 327 f
32 WuW 1980, 337, 364
33 BGHZ 135, 323, 328

setzgebung das letzte Wort hat, sollte die Rechtsprechung im Zweifel versuchen eine Neuregelung so auszulegen, wie dies dem Willen des Bundestages entspricht. Dieser hat seinen Willen schließlich nicht nur in der Stellungnahme des Ausschusses für Wirtschaft kundgetan, sondern auch, indem er dessen Vorlage unverändert als Gesetz verabschiedet hat.

Gegen eine Fortführung der Hitlisten-Platten Rechtsprechung in § 20 IV S2 GWB spricht auch noch die Gesetzgebungsgeschichte. Der Bundesrat hatte nämlich vorgeschlagen, in § 20 IV S2 GWB noch das Merkmal der "nachhaltigen Beeinträchtigung des Wettbewerbs" einzufügen[34]. Dies hat die Bundesregierung jedoch abgelehnt[35]. Da der Vorschlag des Bundesrates ganz eindeutig eher in Richtung Hitlisten-Platten zielt, ist seine Zurückweisung durch die Bundesregierung zumindest ein weiteres Indiz für die Absicht, die Preiskontrolle materiell zu verschärfen.

Insgesamt läßt sich also aus den Gesetzesmaterialien kein eindeutiger Hinweis darauf entnehmen, daß der Gesetzgeber § 20 IV S2 GWB nicht so gemeint hat, wie er von einem unbefangenen Rechtsanwender verstanden werden muß. Ein Verbot in einem Regelbeispiel bedeutet die grundsätzliche Unzulässigkeit der beschriebenen Verhaltensweise, die nur in Fällen durchbrochen werden kann, die von der Norm abweichen. Der alte Streit, ob Verkäufe unter Einstandspreis überhaupt leistungswidrig sind, ist damit vom Gesetzgeber zumindest für das Kartellrecht entschieden. Für eine Argumentation, die im Verkauf unter Einstandspreis grundsätzlich keine unbillige Behinderung sieht ist nach der 6.GWB-Novelle kein Raum mehr[36]. Auch ist damit entschieden, daß das Eingreifen des § 20 IV S2 GWB eine ergebnisoffene allgemeine Interessenabwägung, wenn sie unabhängig von den neuen Tatbestandsmerkmalen stattfinden soll, nicht mehr gestattet. Eine Prüfung, ob Verkäufe unter Einstandspreis überhaupt dem Prinzip des Leistungswettbewerbs widersprechen ist bei der Anwendung des § 20 IV S2 nicht mehr erforderlich, ja nicht einmal mehr zulässig[37]. Der Gesetzgeber hat entschieden, daß der Verkauf unter Einstandspreis in der Regel wettbewerbswidrig sein soll, auch wenn tatsächlich einiges dagegen spricht (siehe oben). Die Zulässigkeit eines solchen Verhaltens muß sich jetzt aus einer besonderen "sachlichen Rechtfertigung" im Einzelfall ergeben, deren Reichweite noch im einzelnen abzustecken ist.

---

34 BT Drucksache 13/9720 S.74; dazu Bechtold GWB, § 20 Rn 64

35 siehe Bechtold a.a.O.

36 anders vor allem Gaedertz WRP 99, 31

37 dies wollen aber Krause/Oppolzer WuW 2000 17, 24

d. Die Praxis des Bundeskartellamts

Die Anwendung des § 20 IV S2 GWB durch das BKartA in den Verfahren gegen Wal-Mart, Lidl und Aldi-Nord entspricht im Ergebnis dem hier vertretenen Verständnis der Norm. Bei der Begründung seiner Ermessensentscheidung geht das BKartA zwar in wenigen Sätzen auf die vermeintliche Gefährlichkeit von Verkäufen unter Einstandspreis ein, es bleibt dabei aber völlig abstrakt und nimmt keinerlei Abwägung der Folgen der konkret untersagten Angebote unter Einstandspreis vor[38]. Bei bloß sechs geringfügigen Unterschreitungen des Einstandspreises aus einem Sortiment von über 70 000 Artikeln, wie im Fall Wal-Mart, wären die Folgen wohl auch kaum nachweisbar.

e. Die Ansicht des OLG Düsseldorf

Das OLG Düsseldorf hat die Verfügung des BKartA gegen Wal Mart, soweit sie den Verkauf von Zucker betraf, mit dem Argument aufgehoben, § 20 IV S2 GWB sei um das ungeschriebene Tatbestandsmerkmal der „spürbaren Beeinträchtigung der Marktverhältnisse" zu ergänzen, das vorliegend nicht erfüllt sei. Diese „spürbare Beeinträchtigung" sei erst dann gegeben, wenn die Gefahr bestehe, daß kleine und mittlere Wettbewerber „Marktanteile verlieren oder sich zu Gegenstrategien gezwungen sehen, die sie langfristig nicht durchhalten können"[39]. Dabei beruft sich das OLG Düsseldorf auf die Ansicht von Markert und die von Ihm vorgenommene Auslegung der Gesetzesmaterialien. Der Unterschied zwischen der Ansicht des OLG Düsseldorf und der Hitlisten-Platten Entscheidung ist dabei nur graduell und dürfte in der Praxis zu ganz ähnlichen Beweisschwierigkeiten führen, auch wenn das OLG Düsseldorf eine Anwendung der Kriterien aus Hitlisten-Platten verbal ablehnt[40].

4. Normadressaten

Aus § 20 IV S1 GWB ist zu entnehmen, daß das Verbot des § 20 IV S2 GWB nur für marktstarke Unternehmen gilt und voraussetzt, daß kleine oder mittlere Wettbewerber von dem Verhalten betroffen sind. Damit ergibt sich die Normadressateneigenschaft abschließend aus S.1, während das verbotene Verhalten

---

38 BKartA Wal-Mart S. 11, gleichlautend Lidl S.8 und Aldi-Nord S.11
39 OLG Düsseldorf WuW/E DE-R 781, 789
40 OLG Düsseldorf WuW/E DE-R 781, 789

aus einer Zusammenschau von S.1 und S.2 zu beurteilen ist. Es ist also zunächst zu prüfen, ob ein Unternehmen marktstark nach S.1 ist. Dazu muß es kleinen und mittleren Wettbewerbern nach S.1 überlegen sein. Soweit ein Normadressat im Sinne des S.1 vorliegt und die nach S.1 geschützten Wettbewerber betroffen sind, kommt es für die Feststellung der unbilligen Behinderung nach S.2 darauf an, einen Verkauf unter Einstandspreis festzustellen, der systematisch erfolgt und nicht sachlich gerechtfertigt ist. Die allgemeine Interessenabwägung geht dabei in der sachlichen Rechtfertigung auf, da sie im übrigen durch den Gesetzgeber bereits abschließend vorgenommen wurde.

Da die meisten Probleme bisher dabei auftraten, überhaupt einen Mißbrauch nachzuweisen, wurde die Frage der Normadressateneigenschaft noch relativ wenig diskutiert. Weil der Adressatenkreis deshalb relativ unbestimmt ist, soll zunächst geklärt werden, was eigentlich der Inhalt des neuen Verbots ist und dann erst, wer davon betroffen ist. Dabei ist auch zu beachten, daß sich aus der Art des Verbots Rückwirkungen auf die Frage der Verbotsadressaten ergeben können (dazu siehe unten).

5. Zeitliche Grenze

Weiter enthält § 20 IV S2 GWB eine zeitliche Grenze. Relevant ist nur, was "nicht nur gelegentlich" stattfindet. Diese Beschränkung ist zwar teil des Tatbestandes und daher eigentlich vor der sachlichen Rechtfertigung zu prüfen, doch erscheint es hier zweckmäßig, die sachliche Rechtfertigung vorzuziehen. Insoweit kann nämlich bereits auf eine ausführliche Diskussion in Literatur und Praxis zurückgegriffen werden. Die Frage, was "nicht nur gelegentlich" ist, ist dagegen bisher nicht relevant geworden (dazu siehe unten).

Außerdem muß man um zu bestimmen, ob etwas an sich verbotenes nicht nur gelegentlich stattfindet, zunächst wissen, was überhaupt verboten ist. Da gerechtfertigte Verkäufe unter Einstandspreis aber ein ganz alltägliches Vorkommnis sind, müssen sie bei der Frage der Häufigkeit vorab ausgeklammert werden.

6. Zusammenhang zwischen den Tatbestandsmerkmalen

Fraglich ist zuletzt, ob sich aus § 20 IV S1 GWB noch weitere Tatbestandsmerkmale ergeben. Der Wortlaut des § 20 IV S1 GWB legt nahe, daß die unbillige Behinderung gerade in Ausnutzung der überlegenen Marktmacht erfolgen muß. Dieser Zusammenhang zwischen Machtstellung und Behinderung bestand schon im alten § 26 IV GWB a.F., spielte aber in der Praxis keine große Rolle[41]. Andererseits liegt gerade in diesem Zusammenhang die Rechtfertigung des kartellrechtlichen Verbots. Die kartellrechtliche Machtkontrolle greift dort ein, wo der Wettbewerb versagt. Erst wenn ein Verhalten das Ausnutzen der durch die Marktmacht vermittelten Spielräume darstellt, ist ein kartellrechtliches Verbot gerechtfertigt. Daher müßten auch die Untereinstandspreisverkäufe das Ausnutzen von Marktmacht darstellen, da § 20 IV GWB gerade kein allgemeines Behinderungsverbot aufstellt[42]. Die unterschiedlichen Verhaltensanforderungen für die verschiedenen Marktteilnehmer sind auch mit Blick auf Art.3 I GG nur gerechtfertigt, wenn sie sich durch den Machtbezug des Verbotes ergeben[43] (dazu sogleich).

Durch den neuen § 20 IV S2 GWB könnte dieses Tatbestandsmerkmal nun für den Verkauf unter Einstandspreis seine Relevanz verloren haben. Nach seinem Wortlaut regelt der § 20 IV S2 GWB zwar nur die unbillige Behinderung iSv § 20 IV S1 GWB, doch ist der Gesetzgeber offensichtlich davon ausgegangen, daß damit abschließend geregelt ist, daß der Verkauf unter Einstandspreis dem § 20 IV S1 GWB grundsätzlich unterfällt, wenn ein entsprechender Normadressat handelt. Nach den zum Behinderungswettbewerb getroffenen Feststellungen ist zwar sehr fraglich, ob der Verkauf unter Einstandspreis und insbesondere die typische Sonderangebotsstrategie im Lebensmitteleinzelhandel zwingend eine Ausnutzung von Marktmacht darstellen. Die Anwendung des § 20 IV S2 GWB an dem fehlenden Zusammenhang zwischen Marktmacht und Behinderung scheitern zu lassen, hieße aber, diese Vorschrift gegen den erklärten Willen des Gesetzgebers nahezu leerlaufen zu lassen, obwohl der Wortlaut insoweit offen ist. Diese Mißachtung der gesetzgeberischen Intention würde die Grenzen des vertretbaren Auslegungsspielraums sprengen. Daher muß man annehmen, daß für den Verkauf unter Einstandspreis ein besonderer Zusammenhang zwischen Marktmacht und Behinderung nicht mehr zu prüfen ist, wenn kleine und mittlere Wettbewerber von dem Verhalten betroffen sind.

7. Rechtsfolgen

§ 20 IV GWB ist nach wie vor ein unmittelbar wirkendes Verbot, das zunächst gemäß § 32 GWB eine Untersagung durch die Kartellbehörden rechtfertigt. Darüber hinaus besteht ein Unterlassungs- und Schadensersatzanspruch der ge-

41 Markert in I/M 2. Aufl. § 26 Rn 368
42 Leo FS Benisch S.364
43 Leo FS Benisch S.361

schützten Personen nach § 33 S1 GWB sowie ein Unterlassungsanspruch für Verbände nach § 33 S2 GWB. Problematisch ist, ob ein Verstoß gegen § 20 IV S2 GWB auch eine Ordnungswidrigkeit darstellt, da § 81 I Nr.1 GWB nur § 20 IV S1 GWB erwähnt. Dabei ist jedoch zu bedenken, daß § 20 IV S2 GWB keinen eigenen Tatbestand darstellt, sondern nur eine Auslegungsregel für das Verbot aus § 20 IV S1 GWB. Damit stellt der Verstoß gegen § 20 IV S2 GWB auch unmittelbar eine Ordnungswidrigkeit dar[44]. § 20 IV GWB wirkt also wie auch schon § 26 IV GWB a.F., aber anders als § 37a III GWB a.F., in jeder Hinsicht unmittelbar, ohne daß es einer vorherigen Verfügung des BKartA bedürfte.

8. Beachtung des Gleichheitssatzes

Nach dem oben gesagten fragt sich, wie das in S.2 ausgesprochene Verbot als kartellrechtliches Verbot zu rechtfertigen ist, wenn es keine allgemeine Geltung haben soll. Eine Ungleichbehandlung der Marktteilnehmer ist nämlich immer an Art. 3 GG zu messen.[45] Nach der sogenannten "neuen Formel" des BVerfG[46] müssen daher Unterschiede zwischen den Marktteilnehmern vorliegen, die so gewichtig sind, daß sie die vom Gesetzgeber vorgenommene Differenzierung verhältnismäßig erscheinen lassen.[47] Es reicht also nicht aus, daß zwischen den Normadressaten und den übrigen Marktteilnehmern erhebliche Unterschiede bestehen,[48] sondern es kommt darauf an, daß diese Unterschiede eine selektive Kontrolle erforderlich machen.

Hier könnte sich die Antwort aus der Fähigkeit, die Marktverhältnisse wesentlich zu beeinflussen, ergeben. Der BGH hat in Hitlisten-Platten für die überlegene Marktmacht indirekt diese Fähigkeit gefordert, die in § 37a III GWB a.F. noch explizit normiert war, indem er eine unbillige Behinderung erst bei einer solchen wesentlichen Beeinträchtigung der Marktverhältnisse angenommen hat[49]. Die tatsächliche Beeinträchtigung setzt jedoch die Fähigkeit zur Beeinträchtigung logisch voraus. Da die unbillige Behinderung nun neu und abschließend geregelt ist, fragt sich, ob die Frage der Fähigkeit zur Marktbeeinflussung überhaupt noch zu prüfen ist. Sollte dies der Fall sein, dürfte eine Prüfung nur im Rahmen der Marktmacht sinnvoll sein, da die Fähigkeit zur Marktbeeinflussung ja Ausdruck von Macht ist, wenn nicht sogar das entscheidende Kennzeichen der

44 Schultz in Langen/Bunte § 20 Rn 258
45 Jungk S.115
46 Osterloh in Sachs GG Art.3 Rn 13
47 BVerfGE 88, 87, 96; Osterloh a.a.O. Rn 22
48 so aber Jungk S.116
49 BGHZ 129, 203, 211

Marktmacht[50]. Dieses Kriterium kann auch das nicht für alle Marktteilnehmer geltende Verbot des § 20 IV GWB rechtfertigen. Die besondere Möglichkeit, auf den Markt einzuwirken bringt eine gesteigerte Verantwortung mit sich. Daher ist die verfassungsrechtliche Problematik bei der Bestimmung der Normadressaten immer im Auge zu behalten, aber auch nicht ohne genaue Untersuchung dieser Frage zu lösen. (dazu näher unten).

9. Beachtung des Bestimmtheitsgrundsatzes

a. Rechtsprechung

Nachdem § 20 IV GWB unmittelbar die Wirkungen entfaltet, die nach § 37a III GWB a.F. erst der Untersagungsverfügung zukamen, stellt sich die Frage nach der hinreichenden Bestimmtheit der Norm, die schon im Kaufmarktverfahren eine Rolle gespielt hatte[51]. Für die betroffenen Unternehmen hat schließlich der allgemein formulierte § 20 IV GWB dieselben Wirkungen, wie die als zu unbestimmt aufgehobene Verfügung in Sachen Kaufmarkt für ihren Adressaten. Daraus könnte man folgern, daß das unmittelbar geltende gesetzliche Verbot so bestimmt sein muß, wie früher die Verfügung. Dies hieße jedoch, den Charakter eines allgemeinen Gesetzes zu verkennen. Von einer Behörde, die einen Einzelfall regelt kann grundsätzlich eine größere Bestimmtheit verlangt werden, als vom Gesetzgeber, der eine Vielzahl unterschiedlicher Fälle allgemein regeln muß. Die allgemeine Anwendung des Gesetzes führt andererseits auch zu einer allgemeinen Auslegungspraxis der Gerichte und der Verwaltung, die den Normadressaten Rechtssicherheit gibt. Daher hat auch der BGH in der Sache Nordmende[52] die ebenfalls allgemein formulierten, aber unmittelbar wirkenden Diskriminierungsverbote des § 26 GWB a.F. für grundsätzlich bestimmt genug gehalten.

Die Nordmende-Entscheidung des BGH erging allerdings in einer Bußgeldsache. Da hier Art.103 II GG eingreift und eine Geldbuße eine erheblich schwerere Rechtsfolge darstellt, als eine bloße Untersagungsverfügung, fragt sich, ob es sich der BGH nicht doch etwas zu einfach gemacht hat. In seinem Urteil ging der BGH nämlich davon aus, daß ein erfahrener Kaufmann als Normadressat die Anforderungen des § 26 II GWB kennen muß[53]. Eine Bestrafung nach § 38 I Nr.8 GWB a.F. kam also keineswegs wegen des Vorsatzerfordernisses aus § 10 OWiG

50 so wohl auch Leo S.365
51 Leo S.360
52 WuW/E BGH 2145
53 BGH WuW/E BGH 2145, 2147

erst dann in Betracht, wenn der Betroffene aufgrund einer Verfügung der Kartellbehörden die genauen Grenzen des Erlaubten kannte[54]. Ein Irrtum über die rechtlichen Grenzen des Behinderungsverbots wäre kein vorsatzausschließender Tatbestandsirrtum nach § 11 I OWiG, sondern ein unbeachtlicher Verbotsirrtum nach § 11 II OWiG. Damit droht eine Bestrafung wegen eines vorsätzlichen Verstoßes nach § 81 I Nr. 1 iVm § 20 IV GWB schon dann, wenn der Kaufmann nur die tatsächlichen Umstände kennt, aus denen die Kartellbehörden nach Interessenabwägung ein Eingreifen des § 20 IV GWB folgern[55]. Da § 81 I Nr. 1 GWB mittlerweile auch fahrlässige Verstöße gegen § 20 IV GWB mit Bußgeld bedroht, kann sich ein Kaufmann ohnehin kaum mehr auf seine Unkenntnis berufen.

Unter diesen Umständen ist es jedoch sehr fraglich, ob der völlig unbestimmte § 20 IV GWB noch den Anforderungen des Art. 103 II GG entspricht. Schließlich muß der Kaufmann hier nicht nur ohne Kenntnis der Geschäftsdaten der Mitbewerber entscheiden, ob er überhaupt Normadressat ist, sondern auch noch sein Verhalten nach unbestimmten Rechtsbegriffen wie "unbillige Behinderung" und "fehlende sachliche Rechtfertigung" ausrichten. Er ist also in zweierlei Hinsicht im Ungewissen[56], ohne das ihm das Gesetz selbst nähere Anhaltspunkte für die Auslegung liefern würde. Zwar gibt es auch zwei Beschlüsse, in denen das BVerfG Beschwerden in ähnlichen Fällen nicht zur Entscheidung angenommen hat, doch sind diese zwei Entscheidungen wenig aussagekräftig, wenn es um die Bestimmtheit des § 20 IV GWB als Bußgeldtatbestand geht[57]. Das BVerfG hat sich in der Entscheidung zur Sache Kathreiner[58] nur mit der Bestimmtheit des § 37a III GWB a.F. befaßt, der kein unmittelbar wirkendes Verbot war[59]. In der Sache Adidas[60] ging es zwar um den unmittelbar wirkenden § 26 II GWB a.F., jedoch nicht als Tatbestand in einem Ordnungswidrigkeitenverfahren, sondern als Unterlassungsanspruch in einem Zivilprozeß.[61] Das BVerfG geht in dieser Entscheidung daher auf das Problem der Bestimmtheit des § 26 II GWB a.F. als Bußgeldtatbestand gar nicht ein.

---

54 so aber Markert in I/M 3. Aufl. § 20 Rn 317, 225
55 a.A. offenbar Schultz in Langen/Bunte § 20 Rn 258
56 Jungk S.117
57 anders Markert in I/M 3.Aufl. § 20 Rn 279 Fn 734
58 BVerfG WuW/E VG 320
59 Leo FS Benisch S.347, 360
60 BVerfG WuW/E VG 293
61 das verkennt Jungk S. 119

b. Literatur

In der Literatur gibt es zu diesem verfassungsrechtlichen Problem vor allem die umfassenden Arbeiten von Bruglacher, Kirchhof[62] und Jungk. Diese Arbeiten stehen zum BGH zwar nicht im Widerspruch, da sie zu dem Ergebnis kommen, daß § 37a III und § 26 IV GWB a.F. als Ermächtigungsnormen für Verwaltungsakte ausreichend bestimmt sind[63], doch ist die Frage der Bestimmtheit der unmittelbar wirkenden Verbote des GWB bei Bruglacher ausdrücklich ausgeklammert[64]. Jungk zeigt, daß die Anforderungen an die Bestimmtheit stark nachlassen, wenn eine Norm nur als Ermächtigungsgrundlage dient, deren Gehalt erst im Rahmen eines rechtsförmigen Verwaltungsverfahrens unter Mitwirkung des Betroffenen konkretisiert werden soll.[65] Für Straf- und Bußgeldtatbestände gelten danach ganz andere Anforderungen an die Bestimmtheit[66]. Jungk nimmt einen Verfassungsverstoß zwar nur wegen der Unklarheit der Normadressaten an und lehnt ihn bezüglich der "unbilligen Behinderung" ab,[67] doch zeigen beide Arbeiten im Ergebnis klar, wie problematisch völlig offene Bußgeldtatbestände sind, die aus einer Ansammlung von unbestimmten Rechtsbegriffen bestehen.

Etwas anders sind die Akzente bei Kirchhof gesetzt. Er sieht § 37a III GWB im Vergleich mit den polizeirechtlichen Generalklauseln[68]. Der Gesetzgeber habe hier nur die grundsätzlichen Linien der Rechtsanwendung vorzugeben. Wenn er der Verwaltung im übrigen einen Ermessens- und Beurteilungsspielraum lasse, ziehe er die Grenze zwischen Legislative und Exekutive so wie dies im Grundgesetz prinzipiell vorgesehen sei[69]. Die Verwaltung habe mit § 37a III GWB a.F. eine Eingriffsermächtigung erhalten, wie sie zur Abwehr von Gefahren für den freien Wettbewerbs notwendig sei, wobei die Offenheit der Tatbestandsmerkmale der Komplexität der zugrundeliegenden Lebenssachverhalte entspreche[70]. Auch die Untersagungsverfügung selbst dürfe nach Kirchhof in gewissen Grenzen "generalklauselartig" bleiben.

Für unzumutbar hält Kirchhof jedoch das Risiko, das nach § 38 I Nr.4 GWB von der Bußgeldbewehrung einer relativ offenen Untersagungsverfügung wie im

62 ZHR 150, 303 ff
63 Bruglacher S.96 f
64 Bruglacher S.97
65 Jungk S. 119; auch Bruglacher S.50 f
66 Bruglacher S.42; Jungk S.118 f; auch Leo FS Benisch S.347, 359
67 Jungk S.119, S.123
68 ZHR 150, 303, 307
69 a.a.O. 309
70 a.a.O. 310

Kaufmarktverfahren a.F. ausging[71]. Diese Gefahren gehen nun aber vom gesetzlichen Verbot selbst aus, ohne daß es noch einer behördlichen Verfügung bedürfte. Hier liegt daher auch unter Anwendung der von Kirchhof dargelegten Grundsätze ein verfassungsrechtliches Problem.

c. Ergebnis

Im Kartellrecht die Anforderungen an die Bestimmtheit von Bußgeldtatbeständen zu senken, weil diese gleichzeitig noch zivilrechtliche Anspruchsgrundlagen sind, erscheint ausgeschlossen. Eine unterschiedliche Auslegung und Anwendung derselben Norm je nach Anwendungsgebiet wäre ebenfalls problematisch. Das Problem der vielfachen Funktion wettbewerblicher Verbotstatbestände taucht zwar auch bei der Frage der analogen Anwendbarkeit der Vorschriften auf und wird dort durchaus differenziert gesehen.[72] Aufgrund des strafrechtlichen Analogieverbotes, das für kartellrechtliche Verbote als Ordnungswidrigkeitentatbestände eingreift ist allerdings umstritten, ob die analoge Anwendung kartellrechtlicher Verbote im Zivil- und Verwaltungsrecht überhaupt möglich ist.[73] Eine Lösung über eine unterschiedliche Auslegung und Anwendung je nach Verfahrensart kommt jedoch für die vorab abstrakt zu beantwortende Frage der Bestimmtheit der Norm nicht in Betracht.[74]

Da im Kartellrecht der Weg über die Untersagungsverfügung sowieso der übliche ist, wäre es deshalb verfassungsrechtlich deutlich unbedenklicher, wenn der Gesetzgeber zur Konkretisierung des § 20 IV GWB zunächst einen Verwaltungsakt vorgesehen hätte, dessen Nichtbeachtung dann erst eine Ordnungswidrigkeit dargestellt hätte.

Im übrigen ist aber auch eine Nichtigkeit bloß der Bußgeldbewehrung in § 81 I Nr.1 GWB denkbar. Der Bestimmtheitsgrundsatz ist nämlich nur für die Frage des Bußgeldtatbestandes wirklich problematisch. Im übrigen sollte man die Probleme mit der Bestimmtheit des § 20 IV GWB nicht überbewerten. Zwar handelt es sich um ein unmittelbar wirkendes Verbot, doch bedeutet dies abgesehen von der Bußgeldbewehrung lediglich eine Eingriffsermächtigung für die Kartellbehörden, die in der Sache doch dem § 37a III GWB a.F. ähnelt und eine zivilrechtliche Anspruchsnorm, die wie z.B. auch die Generalklauseln des BGB grundsätzlich unbestimmt sein darf. Die Nichtigkeit wegen mangelnder Be-

---

71 a.a.O. 319

72 Herschel, NJW 1968, 533

73 dagegen Möhring, Die Analogie im Kartellrecht, GRUR 1968, 541

74 i.E. auch Jungk S.122

stimmtheit würde folglich nur die Bußgeldbewehrung in § 81 GWB erfassen, während § 20 IV GWB davon im übrigen nicht tangiert würde. Da das BKartA sich bei der Anwendung des § 20 IV S2 GWB bisher auf Untersagungsverfügungen beschränkt hat, soll das Problem der Unbestimmtheit des Bußgeldtatbestandes nicht weiter vertieft werden[75].

75 siehe dazu auch Leo FS Benisch S.362

4. Kapitel: Die Bestimmung des Einstandspreises

1. Begriffsklärung

Für die folgende Untersuchung sollen zunächst die Begriffe Selbstkostenpreis, Einstandspreis und Einkaufspreis definiert werden. Zwar ist die Verwendung vor allem in der älteren Literatur nicht immer einheitlich, doch hat sich die folgende Differenzierung mittlerweile allgemein durchgesetzt[1]:

Selbstkostenpreis ist der Preis, zu dem ein Wirtschaftsgut kostendeckend verkauft werden kann. Um die volle Kostendeckung zu erzielen, ist es erforderlich, daß die Erlöse aller von einem Unternehmen verkauften Güter neben den variablen Kosten, die die verkauften Güter unmittelbar verursachen, auch die allgemeinen Betriebskosten eines Unternehmens abdecken, die unabhängig von den konkret getätigten Geschäften anfallen (Fixkosten). Um den Selbstkostenpreis eines bestimmten Produkts zu ermitteln ist es also erforderlich, neben den variablen Kosten des Produkts auch die Fixkosten des Unternehmens im Preis des einzelnen Produkts anteilig zu berücksichtigen.[2] Insoweit leistet der Erlös aus dem Einzelprodukt einen Deckungsbeitrag zu den Fixkosten.

Der Einkaufspreis deckt auf der anderen Seite nur den an den Lieferanten zu entrichtenden Listenpreis abzüglich produktbezogener Vergünstigungen ab [3]. Zusätzliche variable Kosten, wie Transport, Frachtgebühr etc., die das einzelne Produkt eindeutig zurechenbar verursacht, bleiben dabei außer Betracht.

Der Einstandspreis steht zwischen Selbstkostenpreis und Einkaufspreis. Er deckt neben dem Preis des Lieferanten auch die dem einzelnen Produkt zurechenbaren Gestehungskosten wie Provisionen, Fracht, Transport, Verpackungs- und Zollkosten ab[4], während andererseits Rabatte und andere Vergünstigungen abgezogen werden müssen. Damit kommt der Einstandspreis den variablen Kosten sehr nahe. Wenn alle Güter zum Einstandspreis verkauft werden, bleiben nur die Fixkosten im Unternehmen ungedeckt.

---

1 siehe auch Bekanntmachung Nr. 147/2000 des BKartA zur Anwendung des § 20 IV S.2 S.6 (abgedruckt in WuW 2000, 1221 ff)

2 Westen S.21 f, Pfeffer S.141, Streit, S.56, Nette S.3

3 Pfeffer S.141, Streit S.53, Nette S.3, Schüller S.29

4 Bekanntmachung zur Anwendung des § 20 IV S.2 des BKartA S.6, Westen S.19, Pfeffer S.141; Nette S.3, Schüller S.29; anders, aber etwas widersprüchlich nur Häntze GRUR 88, 881

Daß auch der Gesetzgeber von dieser Definition des Einstandspreises ausging, kann aus der Geschichte der § 37a III und § 26 IV GWB a.F. ersehen werden. Im Coop-Verfahren hatte das BKartA nämlich noch den Verkauf unter Einkaufspreis verboten[5]. Auch die im Massa-Verfahren als allgemein verbindlich herausgegebene Definition[6] bezieht sich auf den "Einkaufspreis" und enthält keine Nebenkosten. Wenn der Gesetzgeber vor diesem allgemein bekannten Hintergrund das Wort "Einstandspreis" wählt, zeigt er, daß er den Preis einschließlich der Nebenkosten meint, auch wenn dies in der Begründung des Ausschusses für Wirtschaft im Bundestag nicht klar zum Ausdruck kommt[7].

2. Relevanz des Einstandspreises

Häufig ist zu lesen, daß eigentlich bereits der Verkauf unter Selbstkostenpreis leistungswidrig sei. Soweit man auf den Einstandspreis abstelle, geschehe dies nur aus Gründen der Praktikabilität[8]. Da der Einstandspreis jedenfalls unter dem Selbstkostenpreis liege, sei Leistungswidrigkeit bei Verkauf unter Einstandspreis auf jeden Fall gegeben. Dem Einstandspreis wird dabei keine tiefere rechtliche Relevanz zugeschrieben[9] und ein Abstellen auf die Selbstkosten vor allem mit dem Hinweis auf die Schwierigkeiten bei der Zuordnung der Fixkosten abgelehnt[10]. In der Folge hat auch die LKartB Bayern auf die Selbstkosten des Unternehmens abgestellt, die erst ab einer Betriebshandelsspanne von ca. 22% gedeckt seien und daher den Verkauf unter oder geringfügig über dem Einkaufspreis als jedenfalls bei weitem nicht kostendeckend untersagt[11].

Dies erscheint jedoch nicht ganz unproblematisch. Da der Verkauf zum Selbstkostenpreis alle Kosten des Unternehmens abdecken muß, verkauft jedes Unternehmen, das Verlust macht letztenendes unter Selbstkostenpreis, da es mit den verlangten Preisen seine Kosten nicht erwirtschaftet. Dies kann im Wettbewerb jedoch noch nicht von vornherein verboten sein. Außerdem ist der Fixkostenanteil, der einem bestimmten Produkt zugewiesen wird mehr oder weniger willkürlich gewählt[12]. Mit welchem Produkt ein Kaufmann seine Fixkosten ver-

5 WuW/E BKartA 2029, 2045 f; a.A. nur Häntze GRUR 88, 881 Fn 9
6 siehe Möschel BB 86, 1785, 1787; a.A. Häntze GRUR 88, 881, 883
7 Beschlußempfehlung und Bericht zum Entwurf der Bundesregierung 13/9720 BT Drucksache 13/10633 S.72
8 deutlich Bruglacher S.184
9 siehe z.B. auch Nette S.3
10 Streit S.56 f m. w. Nachw., Schüller S.32
11 LKartB Bayern WuW/E LKartB 223, 227
12 Nachw. s.o.

dienen will, sollte ihm aber grundsätzlich selbst überlassen bleiben. Daher erscheint eine Zurechnung eines Fixkostenanteils auf die einzelnen Preise als Eingriff in die kalkulatorische Freiheit des Kaufmanns, die auch eine beachtliche Beschränkung des Wettbewerbs enthält[13].

Eine Parallele findet sich in der Rechtsprechung zur Feststellung des Verletzergewinns im gewerblichen Rechtsschutz. Der BGH will bei der Berechnung des Nettogewinns den im Bruttoerlös enthaltenen Gemeinkostenanteil als Gewinn behandeln und somit nicht den abzugsfähigen Kosten zuordnen[14]. Damit legt die Rechtsprechung hier ebenfalls die Kostendeckungsbeitragsrechnung zugrunde.

Auch im Bilanzrecht sind für den Wertansatz eines Produktes zunächst nur die variablen Anschaffungs- und Herstellungskosten relevant (§255 HGB). Solange der Preis eines Produktes die gesamten variablen Kosten einbringt und unter Umständen sogar noch zur Deckung der Fixkosten beiträgt, setzt der Kaufmann beim Vertrieb dieses Produktes keinerlei Finanzmittel ein, da ihn der Verkauf unter dem Strich ja nichts kostet. Allenfalls verzichtet er auf einen möglichen höheren Gewinn. Dies allein kann aber keine unbillige Behinderung der Mitbewerber darstellen. Somit wird der Bereich des Leistungswettbewerbs, wie in der Gesetzgeber des § 20 IV S2 GWB versteht, beim Vertrieb einzelner Produkte frühestens beim Unterschreiten des Einstandspreises verlassen[15], wenn man von den im Handel wohl schwer zuzuordnenden variablen Kosten des Vertriebs einmal absieht.

Anders sieht es nur dann aus, wenn alle Preise so niedrig kalkuliert sind, daß das Aufrechterhalten des gesamten Betriebes oder zumindest des Vertriebsstandortes den Einsatz zusätzlicher Finanzmittel zur Deckung der Fixkosten erfordert. Dann kann die gesamte Geschäftstätigkeit auf einem bestimmten Preisniveau eine unbillige Behinderung darstellen, die allerdings in der Regel nur als vorübergehende Maßnahme angelegt sein wird und daher bereits als unlauterer Preiskampf nach § 1 UWG erfaßbar ist.

Für die typische Lockvogelstrategie ist daher nach dem Willen des Gesetzgebers der Einstandspreis die Grenze der Leistungswidrigkeit. Damit liegen der Entscheidung, erst den Verkauf unter Einstandspreis zu verbieten, nicht nur Praktikabilitätserwägungen zugrunde, sondern ein materieller Regelungsgehalt[16]. Schließlich wollte der Gesetzgeber mit § 20 IV S2 GWB einen Fall der unbilligen Behinderung nach § 20 IV S1 GWB, also des Einsatzes von Marktmacht und Finanzkraft anstelle der eigenen Leistung, regeln. Damit kommt dem Einstands-

13 Gröner, Dumping – Ein Störfall der Wettbewerbsordnung? S. 59

14 BGH MarkenR 2001, 57 Gemeinkostenanteil, zu der dort getroffenen Abgrenzung der Fixkosten siehe unten 8.Kapitel

15 Pfeffer S.147

16 so schon Mellerowicz MA 69, 43, 45

preis eine entscheidende Rolle zu. Erst sein Unterschreiten bedeutet das Verlassen des Bereichs des Leistungswettbewerbs in diesem Sinne und damit den Beginn der Behinderung, für die dann nach einer sachlichen Rechtfertigung gesucht werden muß. Dies ist bei der Bestimmung des genauen Einstandspreises zu beachten. Die Verfügung der LKartB Bayern in Sachen Kaufmarkt, die auch den Verkauf zum bzw. geringfügig über dem Einkaufpreis verbot, war daher nicht nur zu unbestimmt, sondern auch materiell rechtswidrig.

3. Die Bestimmung des Einstandspreises

Bei der Bestimmung des Einstandspreises für eine bestimmte Ware geht es danach darum, die Grenze festzulegen, bei deren Unterschreiten im Verkauf der Kaufmann beginnt, zusätzliche Finanzmittel einzusetzen. Diese Bestimmung des Einstandspreises wirft jedoch viele praktische Probleme auf. Aufgrund der herausragenden Funktion des Einstandspreises und seinem direkten Bezug zum (möglichen) Einsatz von Finanzkraft erscheint es dabei angebracht eine kartellrechtliche Definition zu entwickeln. Auch in der vorhandenen Literatur und der Verwaltungspraxis des BKartA besteht (unausgesprochen) Einigkeit darüber, daß der Einstandspreis nicht einfach aus den Büchern des Kaufmanns entnommen werden kann, sondern bei der Anwendung des § 20 IV S2 GWB eigenständig bestimmt werden muß[17].

a. Mehrwertsteuer

Das erste viel diskutierte Problem, das hierbei auftaucht, ist die Behandlung der Mehrwertsteuer. Das Bundeskartellamt geht in seiner Bekanntmachung von netto-netto Preisen aus, d.h., die MwSt wird sowohl bei den Einstandspreisen, als auch bei den Verkaufspreisen abgezogen[18]. In der Literatur wird dies zum Teil als notwendig angesehen, da die MwSt die tatsächlichen Preise des Unternehmens verfälsche[19]. Streit stellt auf die Vorsteuerabzugsberechtigung ab, die dazu führe, daß der Unternehmer mit der MwSt wirtschaftlich nicht belastet werde[20]. Etliche Autoren gehen gar nicht auf die MwSt ein[21].

---

17 siehe z.B. BKartA Bekanntmachung zur Anwendung des § 20 IV S.2 GWB S.4

18 Bekanntmachung zu § 20 IV S.2 S.4/6; anders noch LKartB Bayern WuW/E LKartB 223, 227

19 Westen S.19; Häntze GRUR 88, 881, 883

20 Streit S.59

21 z.B. Schüller, Pfeffer, Nette

Bruglacher weist zutreffend darauf hin, daß die MwSt als durchlaufender Posten für den Kaufmann irrelevant ist und daher keine Berücksichtigung finden kann[22]. Allerdings bedeutet die Berücksichtigung der MwSt ebenfalls keine Verfälschung des Ergebnisses: Die MwSt wird in den allermeisten Fällen bei Anschaffung und Veräußerung mit dem gleichen Steuersatz erhoben und fällt auf den gesamten Verkaufspreis, wie auch auf den gesamten Einstandspreis inklusive Nebenkosten wie Fracht, Transport, Verpackung etc. durchgängig an. Daher ist sie bei gleich hohem Einstands- und Verkaufspreis gleich hoch und folglich neutral. Liegt der Verkaufspreis wie üblich über dem Einstandspreis, so ist die MwSt beim Verkaufspreis im Betrag höher und führt ebenfalls nicht zu einer Verfälschung des Ergebnisses. Dasselbe gilt umgekehrt, wenn der Nettoeinstandspreis über dem Nettoverkaufspreis liegt. Dann schlägt die MwSt beim Einstandspreis betragsmäßig stärker zu Buche und verstärkt lediglich die Differenz zum Verkaufspreis.

Die MwSt kann damit nur die bestehende Differenz verstärken, nicht jedoch das Verhältnis der Preise zueinander verändern. Es ist also vor allem zu beachten, daß sie bei Einstands- und Verkaufspreis jeweils einheitlich abgezogen oder hinzugerechnet werden muß[23]. Bei der Einbeziehung der MwSt sind allerdings kleine Verfälschungen dadurch denkbar, daß für gewisse Nebenkosten ein anderer Satz bzw. keine MwSt erhoben wird (z.B. Zollgebühren). Damit ist letztenendes für eine genaue Berechnung der Preise der Abzug der MwSt vorzugswürdig.

b. Rabatte und Sonderkonditionen

aa. Bezug zum Wareneinkauf

Eine weiteres Problem ist die Berücksichtigung von Rabatten, die dem Händler beim Wareneinkauf gewährt werden. Diese sollen nur dann vom Einstandspreis abgezogen werden dürfen, wenn sie kaufbezogen sind[24]. Das BKartA geht jedoch davon aus, daß in der Regel alle Rabatte und Vergünstigungen, die ein Lieferant gewährt mit dem Wareneinkauf in wirtschaftlichem Zusammenhang stehen[25]. Da Lieferanten Vergünstigungen sicherlich nicht aus reinem Altruismus gewähren, erscheint die Haltung des BKartA lebensnah und billigenswert. Eine Ausnahme ist für Werbekostenzuschüsse denkbar, die aufgrund eines gesonderten Vertrages

22 S.146 f
23 zweifelnd allerdings BGH WuW/E BGH 2073, 2075
24 Bekanntmachung S.4
25 Bekanntmachung S.4

gezahlt werden und tatsächlich beim Händler zusätzlich angefallenen Werbeaufwand abdecken. Solche Zuschüsse stellen keine Preisminderung dar, da sie durch den zusätzlichen Aufwand, zu dem sich der Händler verpflichtet, aufgezehrt werden. Das BKartA hatte diese Zuschüsse daher im Coop-Verfahren noch ausdrücklich ausgenommen[26].

bb. Kartellrechtswidrig erlangte Rabatte

Nicht zu berücksichtigen sein sollen Rabatte, die rechtswidrig, z.B. durch den unbilligen Einsatz von Nachfragemacht, erlangt wurden. Dabei will das BKartA sich jedoch auf den Ausschluß von solchen Konditionen beschränken, deren Rechtswidrigkeit bereits feststeht, oder evident ist[27]. Die LKartB Bayern hatte im Kaufmarktverfahren noch alle wettbewerbswidrig erlangten Sonderkonditionen ausschließen wollen[28]. In der Literatur ist dies auf Kritik gestoßen, da es aus Gründen der Bestimmtheit der Untersagungsverfügung nicht angehe, die Tatsachen, auf denen die Verfügung beruhe durch normative Elemente zu verwässern[29]. Auch der BGH akzeptierte diese Beschränkung nicht, da gar nicht geklärt sei, ob der Verfügungsadressat im Falle des § 37a III GWB a.F. überhaupt zu dem engeren Kreis der Normadressaten der § 26 II und III GWB a.F. gehöre[30], für die die Vorschriften über den Mißbrauch der Nachfragemacht gelten. Die Beschränkung des BKartA auf evident rechtswidrige Rabatte vermeidet diesen Einwand jedoch.

Dennoch erscheint auch die Nichtberücksichtigung von evident kartellrechtswidrigen Rabatten fragwürdig. Ist die Rechtswidrigkeit der Rabatte in einem anderen Verfahren festgestellt worden, so können in diesem Verfahren Sanktionen ergehen. Die Nichtberücksichtigung der Rabatte in einem weiteren Verfahren, das den Weiterverkauf der Waren betrifft, stellt dann eine doppelte Bestrafung dar. Sind die Rabatte evident kartellrechtswidrig, aber noch nicht Gegenstand eines Verfahrens gewesen, so ist die angemessene Reaktion der Kartellbehörden die Eröffnung eines Verfahrens wegen der Verstöße, die zur Einräumung der Rabatte geführt haben und nicht die Berücksichtigung dieser Verstöße in einem Verfahren, in dem es um den verlustbringenden Weiterverkauf der Waren geht[31]. Zwar wirken sich auch kartellrechtswidrig erlangte Rabatte beim Wareneinkauf auf den Wettbewerb beim Weiterverkauf der Waren aus, weil sie einen irregulär

26 WuW/E BKartA 2029, 2046
27 Bekanntmachung S.5
28 WuW/E LKartB 223, 229
29 Westen S.23
30 BGH WuW/E BGH 2073, 2075
31 so wohl auch Westen S.24

erlangten Kostenvorteil darstellen, doch hat dieser Vorteil seine Ursache in der Nachfragemacht auf dem Beschaffungsmarkt. Wenn die Kartellbehörden aber den unbilligen Einsatz von Nachfragemacht ahnden wollen, dann sollen sie die entsprechenden Ermächtigungsnormen des GWB heranziehen und die gesetzlich vorgesehenen Sanktionen verhängen. Soweit eine Rabattspreizung auch eine mittelbare Wettbewerberbehinderung darstellen kann, sind die insoweit einschlägigen Voraussetzungen zu prüfen, da nicht jeder Rabatt, der einem Großnachfrager Vorteile bringt, zugleich auch eine Behinderung der kleinen Wettbewerber darstellt.[32] § 20 IV S2 GWB gilt jedoch nicht dem unbilligen Einsatz von Nachfragemacht, sondern dem unbilligen Einsatz von Finanzkraft und Marktmacht gerade durch den verlustbringenden Weiterverkauf. Der Tatbestand sollte nur dann angewandt werden, wenn das Unrecht gerade beim zu billigen Weiterverkauf der Waren verwirklicht wird und nicht, wenn es im Vorfeld liegt. Für die Kontrolle von Nachfragemacht bietet das GWB genügend andere Sanktionsmöglichkeiten. Auf die kartellrechtliche Zulässigkeit der Rabatte sollte es daher bei der Bestimmung des Einkaufspreises nicht ankommen.

cc. Zurechnung der Rabatte zu den einzelnen Produkten

aaa. Bundeskartellamt und Literatur

Ein gravierendes Problem stellt die Zuordnung der Rabatte zu den Preisen der einzelnen Produkte dar. Häufig werden Rabatte nämlich als Jahresbonus oder Werbekostenzuschuß und nicht bezogen auf einzelne Einkäufe gewährt. Hier muß eine Zuordnung der Rabatte zu den einzelnen Preisen erfolgen. Auf der anderen Seite gibt es auch die Möglichkeit, daß die Parteien im Kaufvertrag einen Rabatt ausdrücklich einer ganz bestimmten Lieferung zuordnen und dadurch einen sehr billigen Weiterverkauf ermöglichen, um so die Grenzen des § 20 IV S2 GWB zu umgehen. Unter Umständen muß daher bei der Bestimmung des wirklichen Einstandspreises eine solche Parteiabrede korrigiert werden.

Das BKartA will nach seiner Bekanntmachung[33] alle Rabatte grundsätzlich gemäß dem Umsatzanteil eines gekauften Artikels über das Jahr verteilt zurechnen. Dies soll auch für Rabatte gelten, die ausdrücklich nur für bestimmte Artikel gewährt werden, um Manipulationen von vornherein auszuschließen. Werden bestimmte Rabatte tatsächlich für einzelne Produkte oder sogar für bestimmte Son-

---

32 Markert in I/M 3.A. § 20 Rn 310

33 Bekanntmachung S.5

derangebotsaktionen eingeräumt, so soll das im Rahmen der sachlichen Rechtfertigung berücksichtigt werden können[34].

Dies bedeutet eine erhebliche Verschärfung gegenüber der Praxis zu § 26 IV GWB. Damals hatte das BKartA im Rahmen des Massa-Verfahrens eine Definition des Einstandspreises veröffentlicht, in der es den Abzug von besonderen Aktionsrabatten noch ausdrücklich gebilligt und lediglich das künstliche "Aufsparen" von Rabatten für besondere Aktionen durch den Händler verboten hat[35]. Dies erscheint richtig, da das willkürliche buchhalterische Konzentrieren und Verschieben von Rabatten, die sich auf den gesamten Warenumsatz beziehen einer Quersubventionierung gleichkommt.

In der Literatur werden zur Frage der Berücksichtigung von Rabatten verschiedene Ansätze vertreten. Etliche Autoren wollen Rabatte, die für eine bestimmte Sonderaktion gewährt werden aus der Bestimmung des Einstandspreises ausnehmen, da es sich hier um einen zweckgebundenen Werbekostenzuschuß handele, der nicht den Einstandspreis mindere, sondern die Vertriebskosten[36]. Insoweit stimmt die Literatur mit der neuen Auffassung des BKartA überein.

Westen will allerdings auch Gesamtumsatzrabatte nicht berücksichtigen, da diese nicht für den Einkauf einzelner Produkte, sondern ausschließlich für den Gesamtumsatz gewährt würden[37]. Dies erscheint jedoch lebensfremd, da der Gesamtumsatz schließlich durch den Einkauf der einzelnen Produkte erzielt wird. Insoweit ist die Ansicht des BKartA vorzuziehen, da sie der tatsächlichen wirtschaftlichen Lage des Kaufmanns besser Rechnung trägt.

bbb. Gegenbeispiele

Das BKartA findet sich bei seiner Behandlung von Sonderkonditionen damit im wesentlichen in Übereinstimmung mit der Literatur. Für das BKartA spricht auch die Tatsache, daß die grundsätzliche anteilige Umrechnung aller Rabatte in der Praxis leicht zu handhaben ist und keinen Spielraum für Manipulationen läßt. Auf der anderen Seite handelt es sich bei der vom BKartA vorgenommenen Verrechnung der Rabatte um eine Vereinfachung, die nur dann zulässig ist, wenn sie die wirtschaftlichen Gegebenheiten nicht verfälscht. Einem Kaufmann darf kein Einstandspreis untergeschoben werden, der den wirtschaftlichen Gegebenheiten nicht entspricht. Senkt ein Rabatt den Preis eines Produktes aus der Sicht eines jeden vernünftigen Geschäftsmannes, so muß dies bereits bei der Bestimmung

34 BKartA S.5
35 abgedruckt bei Markert in I/M 2.Aufl. § 26 Rn 346
36 Westen S.24 f, Streit S.53, Gaedertz WRP 72, 265, 267
37 Westen S.25 f

des Einkaufspreises berücksichtigt werden. Wenn ein Kaufmann nämlich ein Produkt über seinen Einstandskosten verkauft, liegt kein Einsatz von wirtschaftlicher Macht und damit kein Fall des § 20 IV S2 GWB vor, gleich ob die Einstandskosten durch einen niedrigen Preis oder die Einräumung von Sonderkonditionen zustandegekommen sind. Zwei Beispiele sollen dies verdeutlichen:

Ein Sportartikelhersteller vertreibt Skiausrüstung und Bademoden, wobei sich die Produktion im Winter hauptsächlich auf Skiausrüstung und im Sommer auf Bademoden beschränkt. Regelmäßig im März beginnt er, zur Förderung des Absatzes der Restbestände seinen Abnehmern Sonderkonditionen auf Skiausrüstung zu gewähren. Einer der Kunden ist eine große Kaufhauskette, die regelmäßig aus dem gesamten Sortiment des Sportartikelherstellers bestellt. Kauft diese Kaufhauskette nun im März bereits Bademoden für den Sommer ein und bestellt noch einen Posten Skiausrüstung zu den Sonderkonditionen, so wäre es nicht sachgerecht, den Rabatt auf Skiausrüstung auf den gesamten Einkauf zu verteilen. Im März ist nur Skiausrüstung billiger und nicht Bademoden. Daher muß der Rabatt bei der Berechnung des Einstandspreises für die Skiausrüstung voll angerechnet werden und bei der Berechnung des Preises der Bademoden unberücksichtigt bleiben. Auch die Umrechnung des Rabatts auf das ganze Jahr erscheint nicht sachgerecht. Im Herbst wird die Kaufhauskette wieder in großem Umfang Skiausrüstung zum vollen Preis bestellen. Hier kann jedoch der Rabatt zum Ende der letzten Saison im März keine Rolle mehr spielen. Der im März auf ein bestimmtes Produkt gewährte Rabatt ist somit gemäß der Parteiabrede auf die konkrete Bestellung voll anzurechnen und nicht auf anderweitige Umsätze der Parteien zu verteilen.

Ein weiterer Fall verdeutlicht die Problematik: Ein Hersteller von Kfz kündigt für die Mitte des laufenden Jahres für ein bestimmtes Kfz ein Nachfolgemodell mit umfangreichen Weiterentwicklungen an. Die Nachfrage nach dem alten Modell wird nun schleppend, da viele Kunden auf das Nachfolgemodell warten. Um seine Listenpreise nicht senken und bei Einführung des neuen Modells gleich wieder anheben zu müssen, gewährt der Hersteller auf das alte Modell ab Jahresbeginn zahlreiche Sonderrabatte, die die Händler in vollem Umfang an die Kunden weitergeben. Selbst nach Einführung des Nachfolgemodells werden noch Restbestände des Vorgängermodells mit erheblichen Rabatten an die Händler vertrieben. Auch in diesem Fall liegt wirtschaftlich eine Senkung des Einstandspreises für das alte Modell vor, die mit dem Preis des Nachfolgemodells nichts zu tun hat. Insoweit ist der Rabatt bei der Berechnung des Einstandspreises für das alte Modell voll zu berücksichtigen, beim Preis für das Nachfolgemodell dagegen gar nicht.

In beiden Beispielen kauft ein Händler ein bestimmtes Produkt zu einem durch Rabatte vergünstigten Einstandspreis ein. Dies hat mit dem vom BKartA anerkannten sachlichen Rechtfertigungsgrund der modisch oder technisch überholten oder saisonabhängigen Ware [38] nichts zu tun. Wer Ware verbilligt einkauft und den Preisnachlaß an seine Kunden weitergibt, macht von vornherein keinen Verlust. Wer Ware, die er zum vollen Preis gekauft hat, unter ihrem Einstandspreis verkauft, weil sie modisch überholt ist, der macht mit dem Verkauf einen Verlust, kann dies aber unter Umständen durch die vernünftige kaufmännische Erwägung rechtfertigen, einen noch größeren Verlust durch die vollständige Entwertung der Ware zu vermeiden.

Die vom BKartA angekündigte Verrechnung von Rabatten wird daher den wirtschaftlichen Gegebenheiten des Handels nicht gerecht, sondern führt zu einer Verfälschung der Tatsachen, die dem Kartellverfahren zugrunde liegen. Der reduzierte Einstandspreis kann daher nicht erst wie vom BKartA angekündigt bei der sachlichen Rechtfertigung geprüft werden, da grundsätzlich zunächst die Erfüllung der genau definierten Tatbestandsmerkmale zu prüfen ist, bevor die für den Händler unberechenbare Interessenabwägung in der sachlichen Rechtfertigung erfolgt. Dies ist auch ein Gebot der Rechtssicherheit für die Normadressaten. Die Verwaltung ist insoweit in der Pflicht, die Belastung der Händler durch eine sehr unbestimmte Verbotsnorm durch eine konsequente und klare Rechtsanwendung möglichst gering zu halten. Eine Verschiebung aller Anwendungsprobleme in die sachliche Rechtfertigung ist unter rechtsstaatlichen Gesichtspunkten nicht hinzunehmen. Das BKartA darf sich der gerichtlich voll nachprüfbaren Feststellung des Sachverhaltes nicht einfach zugunsten einer uferlosen Güterabwägung oder Ermessensausübung entziehen. Bei produktbezogenen oder zeitlich beschränkten Rabatten ist daher eine genauere Differenzierung erforderlich.

ccc. Differenzierung nach den Parteiabreden

Diese Differenzierung ist in der Praxis auch durchführbar. Etliche der produktbezogenen Rabatte stellen sich wirtschaftlich nämlich als Preissenkung für ein bestimmtes Produkt dar. Ein Beispiel sind die Vergünstigungen an Kfz-Händler, mit denen der Absatz von Auslaufmodellen beschleunigt werden soll. Ein weiterer denkbarer Fall sind Vergünstigungen für die Händler, die der Einführung eines neuen Produktes dienen, das nur zögerlich angenommen wird. Diese Rabatte sind bei dem Einstandspreis des betroffenen Produktes abzuziehen, da es sich um verkappte Preissenkungen handelt.

Fraglich ist jedoch, wann ein solcher konkreter Produktbezug eines Rabatts vorliegt. Ganz sicher ist dies der Fall, wenn der Rabatt allen Abnehmern des

38 Bekanntmachung S.7

fraglichen Produktes eingeräumt wird. Dann bezieht sich der Rabatt ausschließlich auf das Produkt und nicht auf die Person des Abnehmers oder irgendwelche anderweitigen Geschäfte mit dem Abnehmer. Dies muß auch für sogenannte "Aktionsrabatte" gelten, die ganz gezielt für begrenzte Zeit und zweckgebunden gewährt werden, um eine Sonderangebotsaktion zu ermöglichen. Werden solche Rabatte allen Händlern ermöglicht, so liegt eine Beeinflussung des Wettbewerbs unter den Händlern durch den Rabatt nicht vor, da alle Händler gleichmäßig von dem Rabatt profitieren können.

Es ist jedoch auch denkbar, daß ein Hersteller zwar den Absatz eines bestimmten Produkts durch Rabatte fördern will, dabei jedoch einzelne Abnehmer bevorzugt, sei es daß er auf diese Weise ein Vertriebssystem etablieren will, sei es daß er auf Druck der Abnehmer reagiert, denen daran gelegen ist, gegenüber ihren Kunden durch attraktive Sonderaktionen hervorzutreten. Auch in diesen Fällen liegt aus der Sicht der Händler jedoch eine echte Senkung des Einstandspreises für ein bestimmtes Produkt vor. Zwar führen die selektiv gewährten Aktionsrabatte, die nur ausgewählten Händlern Sonderangebotsaktionen ermöglichen, unter Umständen zu einer Verzerrung des Wettbewerbs zwischen den Händlern, doch liegt hier kein Einsatz von Marktmacht oder Finanzkraft durch den Händler vor, sondern ausschließlich ein Einsatz von Finanzmitteln des rabattgewährenden Herstellers. Ein Vorgehen gegen den Händler nach § 20 IV S2 GWB ist in solchen Fällen nicht gerechtfertigt, da dieser über seinem Einstandspreis bleibt. Hier ist vielmehr ein Vorgehen gegen den Lieferanten wegen eines Verstoßes gegen das Diskriminierungsverbot des § 20 I und II GWB die richtige Maßnahme, da es ja die ungleichmäßige Rabattgewährung ist, die den Wettbewerb verfälscht.

Die Grenze ist erst erreicht, wenn ein Rabatt, der eigentlich umsatzbezogen ist, bewußt auf ein bestimmtes Produkt konzentriert wird, um so dem Händler eine Umgehung von § 20 IV S2 GWB zu ermöglichen. In diesen Fällen wird sich kein gesteigertes Interesse des Herstellers am Absatz gerade des vergünstigten Produktes nachweisen lassen, da die Konzentration des Rabatts auf ein Produkt ausschließlich im Interesse des Händlers liegt. Soweit sich also aus der Sicht des Herstellers die Beschränkung des Rabatts auf ein bestimmtes Produkt nachvollziehen läßt, ist der produktbezogene Rabatt beim Einstandspreis zu berücksichtigen. Im übrigen sind die nicht konkret zurechenbaren Rabatte auf den gesamten Einkauf zu verteilen, da sie sich zumindest anteilig auch auf den konkreten Einkauf beziehen.

c. Veränderungen der Preise im Laufe der Zeit

aa. Problemstellung

Das Beispiel des Sportartikelherstellers hat ein weiteres Problem bei der Preisfeststellung bereits angedeutet. Es kommt häufig vor, daß sich der Preis für ein bestimmtes Produkt im Laufe der Zeit mehrfach ändert und der Händler verschiedene Posten des Produkts auf Lager hat, die er zu verschiedenen Preisen gekauft hat.

Auch Rabatte, die den Verkauf eines Produktes fördern sollen können sich als Preissenkung darstellen (s.o.: Der Autohersteller gewährt ab Vorstellung des Nachfolgemodells in der Presse Sondervergünstigungen auf ein altes Modell). Die Verteilung der Rabatte auf das ganze Jahr erscheint hier nur dann sachgerecht, wenn auch ansonsten ein Durchschnittspreis für das gesamte Geschäftsjahr gebildet wird. Wenn der Preis für ein Produkt im Laufe des Jahres sinkt, kann es dem Händler aber nicht verboten werden, die tatsächlich günstiger eingekaufte Ware auch günstig weiterzuverkaufen. Ein Rückbeziehung der faktischen Preissenkung auf frühere, bereits durch den Weiterverkauf der Waren abgeschlossene Geschäfte durch Verteilung der Rabatte auf das gesamte Geschäftsjahr kommt ebenfalls nicht in Betracht.

Schwieriger sind die Fälle zu lösen, in denen der Händler noch teurer oder billiger eingekaufte Ware auf Lager hat und der zulässige Verkaufspreis für zu verschiedenen Einstandspreisen erworbener Ware festgelegt werden muß. Dieses Problem deutet der BGH in seiner Entscheidung im Kaufmarkt-Verfahren an, ohne in der Sache zu entscheiden. Er kritisiert aber ein Abstellen auf die "jeweils geltenden Einkaufspreise", da nicht klar sei, ob diese für die tatsächlich verkauften Waren überhaupt relevant seien[39].

bb. Die Lösung von Bruglacher

Ausführlich wird diese Frage nur von Bruglacher behandelt[40]. Bei Preisschwankungen will Bruglacher einen Durchschnittspreis bilden, bei steigenden Preisen die Lagerbestände nach der "Lifo-Methode" (last in first out) und bei sinkenden Preisen nach der "Fifo-Methode" (first in first out) bewerten. Dies führt dazu, daß bei sinkenden Preisen für den anstehenden Verkauf der neue niedrigere Preis maßgeblich ist und bei steigenden Preisen zunächst der alte niedrigere Preis. Mit

39 BGH WuW/E BGH 2073, 2075; Möschel BB 86, 1785, 1788
40 Bruglacher S.148-150

der von Bruglacher vorgeschlagenen Vorgehensweise ist also zu Gunsten des Händlers immer der niedrigste Einstandspreis maßgeblich.

Bruglacher begründet die Wahl dieser Berechnungsweise zwar nicht, sie kann sich aber auf eine gängige Praxis der kaufmännischen Buchführung berufen. Im Handelsrecht sind die genannten Verfahren in § 256 S1 HGB gesetzlich vorgesehen. Die Auswahl der konkreten Methode muß jedoch den tatsächlichen Abläufen im Betrieb entsprechen, wobei das Bilanzrecht dem Kaufmann aber gewisse Wahlrechte einräumt[41]. Die von Bruglacher favorisierte Methodenwahl stimmt also insoweit mit den Prinzipien der betriebswirtschaftlichen Buchführung überein, wenn auch das Bilanzrecht teilweise strenger ist[42].

Zwingend ist die Berechnung der Preise nach der jeweils günstigsten Methode allerdings nicht. Vor allem mit Blick auf eine mögliche Bestrafung wegen einer Ordnungswidrigkeit nach § 81 I Nr. 8 GWB ist für die Bewertung der Lagerbestände eine sichere und für den Kaufmann vorhersehbare Methode zu finden.

cc. Vorrang der konkreten Preisfeststellung

Da der Tatbestand des § 20 IV S2 GWB durch eine konkrete Handlung nachweislich erfüllt sein muß, scheidet ein Vorgehen der Kartellbehörden gegen einen Händler aus, der nachweist, daß er die verkauften Waren zu einem billigeren Preis erworben hat[43]. Soweit es sich um hochwertige Konsumgüter z.B. der Unterhaltungselektronik handelt, läßt sich aufgrund von Kontroll- und Gerätenummern häufig ganz genau belegen, zu welchem Preis das fragliche Produkt eingekauft wurde. Wenn ein Händler z.B. ein bestimmtes Radio für 100 DM gekauft hat und es für 120 DM verkauft, dann kann er nicht deswegen nach § 20 IV S2 GWB belangt werden, weil dieses Radio im Großhandel mittlerweile 130 DM kostet. Dies muß auch dann gelten, wenn der Händler schon Geräte zum neuen Einkaufspreis im Lager hat. Anderenfalls würde man den Händler dazu zwingen eine allgemeine Preiserhöhung des Herstellers mitzumachen, von der er noch gar nicht betroffen ist, weil er noch über alte, billig eingekaufte Ware verfügt.

Der konkrete Nachweis des Einkaufspreises für ein bestimmtes Produkt dürfte durch die immer größere Verbreitung von Warenwirtschaftssystemen, die alle Einkäufe, Verkäufe und Lagerbestände mit Hilfe von Strichcodes in der EDV erfassen immer häufiger gelingen. Wenn in solchen Fällen der Einstandspreis der verkauften Waren konkret angegeben werden kann, ist für Berechnungen mit Hil-

41 Großfeld Bilanzrecht 2. Aufl. 1990 Rn 261; Mayer-Wegelin in Küting/Weber Handbuch der Rechnungslegung Band Ia 4. Aufl. 1995 § 256 Rn 37

42 dazu z.B. Mayer-Wegelin a.a.O. § 256 Rn 18 ff

43 a.A. nur Ebel ZRP 88, 66, 70, der aber nur die Beweiserleichterung für einen außenstehenden Kläger im Blick hat

fe von Verbrauchsfolgefiktionen zu seiner Ermittlung kein Raum. Dies entspricht auch den kaufmännischen Bewertungsgrundsätzen im Bilanzrecht[44].

dd. Pauschale Bewertung

Eine pauschale Bewertung der Lagerbestände ist erst dann vorzunehmen, wenn sich der Einstandspreis für das einzelne Produkt nicht mehr nachvollziehen läßt. Hier ist den Händlern jedoch eine mengenmäßige Zuordnung der Artikel zu den verschiedenen Einstandspreisen zu gestatten, wenn diese glaubwürdig vorgetragen ist. Wenn der Preis für ein Produkt steigt, muß der Händler seinen billigeren Preis solange beibehalten dürfen, bis die günstig eingekauften Lagerbestände rechnerisch erschöpft sind. Am Ende muß er nachweisen, daß den zu einem bestimmten Preis verkauften Mengen entsprechende zu einem günstigeren Preis erworbene Mengen gegenüberstehen, denn solange er dies kann, hat er beim Verkauf keine zusätzlichen Finanzmittel aufwenden müssen.

Anders sieht es aus, wenn der Preis für ein Produkt sinkt, der Händler aber noch teurer eingekaufte Bestände im Lager hat. Hier kann nicht angenommen werden, daß die tatsächlich verkauften Waren die zuletzt billig eingekauften sind und die früher zu einem höheren Preis gekauften noch im Lager gehalten werden. Eine solche rechnerische Vorgehensweise entspräche nicht der Realität[45]. Dies gilt zunächst zweifelsfrei für verderbliche Ware im Lebensmittelbereich, bei der sich der spätestmögliche Verkaufszeitpunkt ohnehin aus dem Haltbarkeitsdatum ergibt. Auch bei veränderlicher Ware (Änderungen der Verpackung, der Produktaufmachung etc.) läßt sich häufig nachvollziehen, daß die früher teuer gekaufte Ware bereits verkauft sein muß.

Wenn dies alles nicht zu einem Ergebnis führt, erscheint die Anwendung der first in first out Methode zur Bewertung der erfolgten Verkäufe über einen bestimmten Zeitraum der Realität am ehesten zu entsprechen. Das last in first out Verfahren stellt eine stark steuerrechtlich geprägt Vergünstigung für Kaufleute zur Vermeidung von Scheingewinnen dar, das die Realität bezogen auf das konkrete Geschäft nicht so gut abbildet[46].

Einen allgemeinen Preisverfall, der den Händler zwingt, seinen Verkaufspreis unter den eigenen Einstandspreis zu senken berücksichtigt man danach zwar nicht bei der Bestimmung des Einstandspreises, aber unter Umständen als Rechtfertigungsgrund. Dies ist auch dogmatisch richtig, denn schließlich hat der

44 Knop in Küting/Weber § 255 Rn 10
45 Für das Bilanzrecht h.M. gem. Mayer-Wegelin in Küting /Weber §256 Rn 23
46 Knop in Küting/Weber §256 Rn29

Händler den teuren Altbestand ja wirklich unter seinem Einstandspreis verkauft und somit beim Weiterverkauf der Ware eigene Finanzmittel eingebüßt.

Abschließend stellt sich noch die Frage der Anwendbarkeit der im Bilanzrecht üblichen Durchschnittsmethode[47]. Diese Methode hat große Vorteile, wenn man eine Bewertung nur einmal im Jahr zu einem bestimmten Abschlußstichtag vornehmen muß. Will ein Kaufmann jedoch bei der laufenden Preisanpassung die Zulässigkeit seiner Preise überprüfen, ergeben sich durch die Durchschnittsmethode Ungenauigkeiten. Muß der Händler andererseits seine Ware ständig zu stark schwankenden Preisen einkaufen, so kann man von ihm nicht verlangen, daß er seine Preise laufend ändert, wenn er im Durchschnitt über seinen Einkaufspreisen bleibt. Insoweit sollte man die Durchschnittsmethode in engen Grenzen zulassen, wenn tatsächliche Untereinstandspreise dabei einzelne Ausreißer bleiben und der Kaufmann dadurch keine Wirkung im Wettbewerb erzielen kann. Das Beibehalten eines niedrigeren Preises bei plötzlichen scharfen Preissteigerungen im Vertrauen auf ein späteres Sinken der Einstandspreise geht bei einem konkret nachweisbaren Untereinstandspreisverkauf jedoch zu Lasten des Kaufmanns.

d. Bezugskosten der Ware

Zuletzt muß noch darauf eingegangen werden, inwieweit Bezugskosten der Ware in den Einstandspreis einzubeziehen sind. Hier kann es Abgrenzungsschwierigkeiten zu den Fixkosten geben, die im Einstandspreis nicht zu berücksichtigen sind, da dem Kaufmann nicht vorgeschrieben werden kann, aus jedem Einzelverkauf einen Deckungsbeitrag zu seinen allgemeinen Unkosten zu erzielen. Nebenkosten sind deshalb nur dann anrechenbar, wenn sie eindeutig dem einzelnen Produkt zuzurechnen sind. Ein Paradebeispiel sind Fracht- und Transportkosten, die dem Händler für die Lieferung eines Produktes in Rechnung gestellt werden. Schwieriger ist schon die Zurechnung von Transportkosten, die pauschal für die Lieferung mehrerer Produkte anfallen, ohne daß der Verteilungsschlüssel (nach Volumen, nach Gewicht, pauschal pro Einzelbestellung etc.) für die einzelnen bezogenen Waren aus der Rechnung hervorgeht Auch hier scheint eine anteilige Anrechnung geboten, da es sich nicht im eigentlichen Sinne um Fixkosten handelt, die mit dem konkreten Geschäft nicht mehr nachvollziehbar zusammenhängen. Wie pauschale Transportkosten auf die einzelne Lieferung umgelegt werden, sollte mangels anderer Anhaltspunkte dem Kaufmann überlassen bleiben, wenn

---

47 Coenenberg S. 162; Mayer-Wegelin a.a.O. § 256 Rn 12

seine Berechnung schlüssig, konsequent und in der Branche nicht vollkommen unüblich ist.

Problematisch wird die Kostenzuweisung dann, wenn der Kaufmann gewisse Leistungen wie Transport, Verpackung oder Lagerung selbst übernimmt und dafür eigenes Personal und eigene Fahrzeuge Geräte etc. bereithält. Hier besteht eine Möglichkeit aus variablen Kosten Fixkosten zu machen, die dem Einstandspreis nicht mehr zurechenbar sind. Dies ist jedoch Ausfluß der unternehmerischen Freiheit und daher von den Kartellbehörden zu respektieren. Ein Mißbrauch zur Umgehung des § 20 IV S2 GWB erscheint in diesem Bereich auch eher fernliegend. Niemand wird einen eigenen Fuhrpark aufbauen, nur um § 20 IV S2 GWB umgehen zu können. Werden zur Erbringung bestimmter Leistungen Tochterfirmen tätig (z.B. eigene Spedition, Zentrallager etc.), so ist eine Kostenzuordnung unter Umständen durch im Konzern verwandte Verrechnungspreise möglich, wenn diese den wirtschaftlichen Gegebenheiten tatsächlich entsprechen. Hier kann eine Korrektur anhand der Bilanzen der Konzerntöchter in Betracht kommen.

4. Vergleich des Einstandspreises mit den Anschaffungskosten nach § 255 HGB

a. Notwendigkeit des Vergleichs

Die kartellrechtliche Bestimmung des Einstandspreises wurde nun eigenständig vorgenommen. Dieser Einstandspreis kann aber nur dann Bestand haben, wenn er mit den Grundsätzen der kaufmännischen Buchführung in Einklang steht, oder sich eventuelle Abweichungen rechtlich begründen lassen.

Für die kaufmännische Buchführung von zentraler Bedeutung ist die Handelsbilanz, die alle Kaufleute und damit alle Normadressaten des § 20 IV GWB aufstellen müssen. Der Zwang zur Aufstellung der Handelsbilanz in § 238 HGB soll den Kaufmann zur Selbstkontrolle seines Verhaltens anhand der Bilanz zwingen. Die Bilanz wird damit zu einem zentralen Parameter, an dem der Kaufmann sein Verhalten ausrichtet und nach der gesetzgeberischen Intention auch ausrichten soll. Konsequenterweise sind an die Handelsbilanz auch eine Vielzahl von Rechtsfolgen geknüpft, zumal die Handelsbilanz grundsätzlich auch im Steuerrecht maßgeblich ist (§ 5 I EStG).

Wenn der Gesetzgeber dem Kaufmann verbindlich vorschreibt, einen Vermögensgegenstand, wie Handelsware, mit einem bestimmten Wert in der Bilanz anzusetzen und sein Verhalten danach auszurichten, kann es nicht angehen, daß die kartellrechtliche Verhaltenskontrolle von ganz anderen Werten ausgeht. Zwar wird die Bilanz nur einmal im Jahr zu einem bestimmten Stichtag aufgestellt (§ 242 I S1 HGB), so daß es keine fortlaufend geführte Bilanz gibt, nach der einzelne Geschäfte bewertet werden, doch ist die Art der bilanziellen Bewertung allgemein maßgeblich für das Handeln des Kaufmanns. Die Einheit der Rechtsordnung verbietet es, daß ein Kaufmann gezwungen ist, für ein Geschäft Gewinn auszuweisen und womöglich Steuern zu zahlen und zugleich wegen desselben Geschäfts wegen Verkaufs unter Einstandspreis belangt wird.

Für die Handelsbilanz ist Handelsware Teil des Umlaufvermögens (§ 266 II B.I.3 HGB). Der Wert ist grundsätzlich gemäß § 255 HGB mit den Anschaffungs- und Herstellungskosten anzusetzen. Die Anschaffungskosten beziehen sich auf den Erwerb von Vermögensgegenständen von außerhalb des Unternehmens und die Herstellungskosten auf die Herstellung innerhalb des Unternehmens. Für den Vergleich mit dem Einstandspreis sind somit in erster Linie die Anschaffungskosten relevant, da sich § 20 IV S 2 GWB direkt nur auf die verlustbringende Weiterveräußerung von entgeltlich beschaffter Ware bezieht. Im folgenden soll daher untersucht werden, ob sich zwischen den bilanzrechtlich berechneten Anschaffungskosten und dem kartellrechtlich bestimmten Einstandspreis Abweichungen ergeben, die eine Korrektur des oben gefundenen Ergebnisses erzwingen. Andererseits kann bei Übereinstimmung der Begriffe die reichhaltige Literatur und Rechtsprechung im Bilanzrecht unter Umständen auch gewinnbringend zur Lösung von Zweifelsfällen im Kartellrecht herangezogen werden. Auf diesen möglichen Gewinn an Rechtssicherheit durch Parallelen zum Bilanzrecht hat Kirchhof bereits 1986 in seiner Untersuchung zur Bestimmtheit des § 37a III GWB a.F. hingewiesen[48].

Zu beachten sind bei einem Vergleich der Anschaffungskosten mit dem Einstandspreis die Unterschiede, die sich daraus ergeben, daß die Bilanz nur einmal im Geschäftsjahr aufgestellt wird. Waren, die während des Geschäftsjahres angeschafft und wieder veräußert werden, tauchen in der Bilanz nicht auf. Wenn die Bestimmung des Einstandspreises im folgenden mit den Grundsätzen der bilanziellen Vermögensbewertung verglichen wird, so ist dieser Vergleich vor allem eine gedankliche Kontrolle, ob die Bestimmung des Einstandspreises mit den Grundsätzen übereinstimmt, die für den Kaufmann bei der Bewertung seines Geschäftserfolges maßgeblich sein sollen. Aus der Bilanz ablesen lassen sich die Einstandspreise in der Praxis nicht.

48 Kirchhof ZHR 150, 301, 314

b. Zweck der Anschaffungskosten in der Bilanz

Zunächst ist es erforderlich, sich das Zustandekommen und die Zwecke der Handelsbilanz noch einmal zu verdeutlichen, um die im Bilanzrecht getroffenen Entscheidungen richtig einordnen zu können. Die Art der Bilanzierung wird von dem mit der Bilanz verfolgten Zweck schließlich stark beeinflußt. Der Gesetzgeber verfolgt mit der Pflicht zur Aufstellung der Bilanz jedoch eine Vielzahl unterschiedlicher Zwecke, die dazu führen, daß in der Bilanz zum Teil gegensätzliche Ziele in Einklang gebracht werden müssen.

Zunächst dient die Bilanz der Selbstkontrolle des Kaufmanns. Unabhängig von der Rechtsform des Unternehmens oder einer Veröffentlichung der Bilanz ist jeder Kaufmann zur Aufstellung verpflichtet (§ 238 HGB). Damit will der Gesetzgeber den Kaufmann zwingen, sich zumindest einmal im Geschäftsjahr einen Überblick über sein Vermögen und damit über seinen geschäftlichen Erfolg zu verschaffen[49]. Hier ist es für den Kaufmann entscheidend, ein möglichst genaues Bild von der Lage seines Unternehmens zu gewinnen. Dabei sind Vermögensgegenstände vorsichtig, also im Zweifel niedriger zu bewerten (§ 252 I Nr.4 HGB). Diese Vorsicht bei der Bilanzaufstellung dient auch dem Schutz externer Gläubiger, die die Kreditwürdigkeit eines Kaufmanns auch anhand seiner Bilanz beurteilen[50].

Ein weiterer Zweck der Bilanz kann darüber hinaus auch der Ausgleich unter mehreren Gesellschaftern und die Information von Gesellschaftern sein, die nicht an der Geschäftsführung teilnehmen. Da die Bilanz auch Grundlage der Gewinnfeststellung und Ausschüttung und einer Bewertung des Unternehmens und seiner Anteile ist, besteht bei den Teilhabern ein Interesse, daß vorhandene Vermögenswerte und Gewinne in der Bilanz auch ausgewiesen werden. Aus Sicht des Gesetzgebers hat allerdings auch hier eine zurückhaltende Bewertung des Vermögens zu erfolgen, damit nur Gewinne ausgeschüttet werden, die auch tatsächlich realisiert wurden (§ 252 I Nr.4 HS 2). Insbesondere bei Kapitalgesellschaften begrenzt der in der Bilanz ausgewiesene Gewinn auch die Ausschüttungsmöglichkeit für die Gesellschafter[51].

Häufig steht bei der Bewertung von Vermögensgegenständen jedoch ein ganz anderer Zweck der Handelsbilanz im Vordergrund. Aufgrund der Maßgeblichkeit der Handelsbilanz im Steuerrecht nach § 5 I EStG, die trotz einiger Durchbrechungen im großen und ganzen nach wie vor gilt, dienen die Bilanzwerte auch als Grundlage der Besteuerung des Kaufmanns. Während nun die bisher genannten

49 Ellerich in Küting /Weber I Rn 183
50 Ellerich a.a.O. Rn 184
51 Ellerich a.a.O. Rn 187

Bilanzzwecke eher dazu führen, daß der Kaufmann ein Interesse an hohen Werten in der Bilanz hat und der Gesetzgeber die vorsichtige Bewertung anordnen muß, ist die Lage im Steuerrecht genau umgekehrt. Hier will der steuerpflichtige Kaufmann hohe Werte in der Bilanz in der Regel vermeiden, da sie zu einer höheren Besteuerung führen, während die Steuerverwaltung und der Gesetzgeber im Interesse hoher Steuereinnahmen regelmäßig das gegenteilige Ziel verfolgen.

Für die Anschaffungskosten ergibt sich eine weitere steuerrechtliche Besonderheit. Aus der Sicht des Kaufmanns kann es nämlich sinnvoll sein, Ausgaben aus den Anschaffungskosten für einen Vermögensgegenstand herauszuhalten, um sie nicht über die Nutzungsdauer des angeschafften Gegenstandes verteilt abschreiben zu müssen, sondern sofort als Betriebsausgaben in voller Höhe absetzen zu können. Die Finanzverwaltung hingegen wird auch hier häufig genau den gegenteiligen Standpunkt einnehmen und somit auf höhere Buchwerte für die angeschafften Vermögensgegenstände dringen.

Da die Anschaffungskosten in der Handelsbilanz also nicht durch einen einsamen Entschluß des Kaufmanns, sondern im Ausgleich zwischen einer Vielzahl widerstreitender Interessen festgelegt werden, geben sie in der Regel ein realistisches Bild vom wirklichen Wert der Waren bei Anschaffung wieder, soweit nicht spezifisch steuerrechtliche Vergünstigungen zu einer abweichenden Bewertung führen. Es kann daher nicht weiter überraschen, daß bei der Bestimmung der Anschaffungskosten zum großen Teil genau dieselben Streitfragen auftreten, wie bei der Festlegung des Einstandspreises im Kartellrecht.

c. Die Bestimmung der Anschaffungskosten im Vergleich

aa. Mehrwertsteuer

Grundsätzlich bestehen die Anschaffungskosten genau wie der Einstandspreis aus dem Einkaufspreis und den Nebenkosten der Anschaffung[52]. Die Mehrwertsteuer wird dabei abgezogen, da sie den vorsteuerabzugsberechtigten Kaufmann wirtschaftlich nicht belastet[53]. Der Abzug der MwSt kann daher im Kartellrecht ohne Aufwand übernommen werden, da er auch in der Buchführung des Kaufmanns befolgt werden muß.

---

52 Knop in Küting/Weber § 255 Rn 17
53 Knop a.a.O. Rn 19

bb. Rabatte

Umstritten ist bei der Berücksichtigung der Anschaffungskosten die Behandlung von Rabatten. Während Rabatte, die bei einer bestimmten Bestellung gewährt werden unstreitig vom Preis abgezogen werden müssen, da sie die Anschaffungskosten tatsächlich mindern[54], bereitet die Behandlung von Treuerabatten, Gesamtumsatzrabatten und ähnlichen Vergünstigungen in der Bilanz Schwierigkeiten. Ein Teil der Literatur befürwortet eine anteilige Anrechnung, wie sie auch das BKartA beim Einstandspreis vornehmen will[55]. Die Gegenmeinung hält die Anrechnung solcher Vergünstigungen (Boni) für einen Verstoß gegen das Prinzip der Einzelbewertung[56]. Da nur berücksichtigt werden darf, was dem Vermögensgegenstand eindeutig zurechenbar ist (§ 255 HGB), scheide eine anteilige Anrechnung der Boni aus. Selbstverständlich aktivieren auch die Anhänger dieser Gegenmeinung die Vergünstigungen in der Bilanz, nur eben nicht bei den Anschaffungskosten der Waren, sondern als selbständigen Aktivposten.

Dieser Unterschied zum Kartellrecht ist nachvollziehbar. Da die Bilanz eine Gesamtbetrachtung des Vermögens darstellt gibt es verschiedene Möglichkeiten, Sondervergünstigungen zu berücksichtigen. Diese Möglichkeit hat das BKartA bei der Bestimmung des Einstandspreises nicht, da es den Verkauf eines bestimmten Produktes isoliert von der übrigen Geschäftstätigkeit wirtschaftlich bewerten muß. Daß die Jahresboni etc. berücksichtigt werden müssen ist völlig unstreitig, da sie erheblichen Einfluß auf den Gewinn aus dem konkreten Geschäft haben können. Das BKartA ist deshalb gezwungen, Jahresboni und Gesamtumsatzrabatte direkt bei der Bewertung des Einzelproduktes zu berücksichtigen, wenn sie nicht in der sachlichen Rechtfertigung aufgehen sollen. Dort wäre die Berücksichtigung der Jahresboni etc. aber fehl am Platze, da die Sondervergünstigungen wirtschaftlich dazu führen, daß der Kaufmann bei Verkauf unter dem nominellen Einkaufspreis gar keine Finanzkraft einsetzen muß, also über seinen wirtschaftlichen Einstandskosten bleibt, während die sachliche Rechtfertigung ein Verlustgeschäft voraussetzt, das dann entweder gerechtfertigt ist, oder eben nicht.

cc. Nebenkosten der Anschaffung

Ein weiteres Problem ist die Berücksichtigung von Anschaffungsnebenkosten. Hier gilt, daß die Kosten, die dem Produkt eindeutig zuzurechnen sind, berück-

54 Knop a.a.O. Rn 57
55 Nachweise bei Knop a.a.O. Rn 62
56 Knop a.a.O. Rn 62

sichtigt werden müssen (§ 255 HGB)[57]. Insoweit decken sich die Anschaffungskosten weitgehend mit den variablen Kosten, die für den Einstandspreis ausschlaggebend sind. Auch in der Bilanz hat der Kaufmann in der Regel ein Interesse, Kosten aus den Anschaffungskosten herauszuhalten, um sie sofort als Betriebsausgaben absetzen zu können. Die Rechtsprechung der Finanzgerichte billigt dies dem Kaufmann bei internen Betriebskosten auch weitgehend zu und verlangt keinerlei anteilige Berücksichtigung von Fixkosten. Daher lassen sich die Anschaffungskosten auch in der Bilanz durch Unterhaltung eines eigenen Fuhrparks o.ä. zugunsten der Fixkosten senken[58]. Diese Großzügigkeit der Finanzgerichtsbarkeit sollten die Kartellbehörden ebenfalls an den Tag legen.

dd. Finanzierungskosten

Ein interessanter Aspekt aus dem Bilanzrecht sind die Finanzierungskosten. Diese sollen grundsätzlich nicht Teil der Anschaffungskosten sein[59]. Dies erscheint für die Handelsbilanz konsequent, da diese Kosten den wirtschaftlichen Wert des angeschafften Gegenstandes nicht erhöhen. Für das Kartellrecht ist diese Wertung indes nicht zwingend. Die gezahlten Zinsen sind Finanzmittel, die der Kaufmann tatsächlich zur Beschaffung der Ware aufgewandt hat. Soweit der Kaufmann diese Zinsen beim Verkauf der Ware nicht wieder verdient, hat er daher im Wettbewerb Finanzmittel eingesetzt.

Eine Berücksichtigung der Zinsen im Einstandspreis hätte jedoch keinen positiven Effekt auf die Kontrolle der marktmächtigen Unternehmen. Benachteiligt durch einen höheren Einstandspreis wären nämlich gerade diejenigen, die finanziell schlechter stehen und daher den Wareneinkauf fremdfinanzieren müssen. Auch aus der Sicht der Verbraucher spielen die Finanzierungskosten keine Rolle, da sie den Wert der Ware in ihren Augen nicht erhöhen. Eine Nichtberücksichtigung der aufgewendeten Zinsen macht das Angebot eines Kaufmanns im Wettbewerb daher noch nicht so attraktiv, daß die Gefahr einer Verfälschung des Wettbewerbs entsteht. Somit können auch im Kartellrecht die Finanzierungskosten unberücksichtigt bleiben.

---

57 eine Aufzählung typischer Nebenkosten findet sich z.B. im Wirtschaftsprüfer-Handbuch 1996 S.220

58 Knop a.a.O. Rn 36; Pankow/Schmidt-Wendt in Beck'scher Bilanzkommentar § 255 Rn 61

59 Wirtschaftsprüfer-Handbuch S.221; Knop a.a.O. Rn 39 f

ee. Wechselnde Bestände

Auch im Bilanzrecht stellt sich die Frage der Bewertung von wechselnden Lagerbeständen zu unterschiedlichen Preisen. Hier gilt zunächst der Vorrang der Einzelbewertung. Nur wenn diese nicht möglich ist, muß eine Schätzung vorgenommen werden. Dabei hat der Kaufmann die Wahl zwischen der Durchschnittsmethode und den verschiedenen Verbrauchsfolgefiktionen[60]. Wenn das Lifo-Verfahren der Wirklichkeit nicht entsprechen kann, weil es sich z.B. um verderbliche Vorräte handelt, so ist seine Zulässigkeit umstritten. Soweit das Lifo-Verfahren dennoch für zulässig gehalten wird, geschieht dies mit dem Hinweis darauf, daß es sich um eine ganz spezifisch steuerrechtliche Vergünstigung handelt, die Scheingewinne durch Preisschwankungen bei den Lagerbeständen vermeiden soll[61]. Betriebswirtschaftlich ist das Lifo-Verfahren auch deswegen interessant, weil es mit seiner besonders gegenwartsnahen Abrechnung Aussagen über die Ertragskraft eines Unternehmens zu den gegenwärtigen Rohstoffpreisen liefert[62]. Diese Information mag für die wirtschaftliche Steuerung und die Bewertung eines Unternehmens interessant sein, kartellrechtlich relevant ist sie jedoch nicht. Auf diese Probleme braucht das BKartA daher bei der Berechnung des Einstandspreises keine Rücksicht zu nehmen. Es kann somit das, bezogen auf das abgewickelte Geschäft, realitätsnähere Fifo-Verfahren anwenden und die fallenden Preise bei der Frage der sachlichen Rechtfertigung berücksichtigen. Für das Fifo-Verfahren spricht auch, das es in der Praxis relativ einfach zu handhaben ist[63]. Auch bei Anwendung der Verbrauchsfolgefiktionen im Rahmen der bilanziellen Bewertung von Vorräten ergibt sich die Notwendigkeit einer nachträglichen Korrektur bei sinkenden Preisen aus den Vorschriften über die Wertberichtigung durch Abschreibungen[64].

d. Ergebnis des Vergleichs

Ein Vergleich mit den Anschaffungskosten aus dem Bilanzrecht zeigt, daß die hier vorgeschlagene Definition des Einstandspreises mit den Grundsätzen der kaufmännischen Buchführung zumindest in den Grundzügen übereinstimmt. Der Kaufmann kann sich bei der Überprüfung der Zulässigkeit der Preisbildung im großen und ganzen an den aus dem Handelsrecht vertrauten Bewertungsmetho-

60 Mayer-Wegelin in Küting/Weber §256 Rn 37
61 Mayer-Wegelin a.a.O. Rn 18 f
62 Adler/Düring/Schmaltz § 256 Rn 30
63 Adler/Düring/Schmaltz § 356 Rn 28
64 Mayer-Wegelin a.a.O. Rn 26; Adler/Düring/Schmaltz § 255 Rn 29

den orientieren und muß keine gesonderte kartellrechtliche Buchführung betreiben. Wo Abweichungen bestehen, sind diese nachvollziehbar und aus den Besonderheiten des Bilanzrechts zu begründen.

5. Kapitel: Die sachliche Rechtfertigung

1. Die Herangehensweise an die Rechtfertigung

a. Ausgangslage bei der Bewertung

Trotz des neuen Verbots ist der Verkauf von Waren unter Einstandspreis nach wie vor ein alltäglicher Vorgang im Geschäftsleben, für den es viele gute Gründe gibt. So leuchtet zum Beispiel unmittelbar ein, daß es möglich sein muß, verderbliche oder modisch überholte Ware notfalls auch unter Einstandspreis zu verkaufen, wenn sich nur so ein Totalverlust vermeiden läßt. In solchen allgemein üblichen Verkäufen (Schlußverkäufe, Räumungsverkäufe etc.) liegt in keiner Weise eine unbillige Behinderung der Mitbewerber.

Somit muß bei jedem Verkauf unter Einstandspreis genau untersucht werden, ob der Kaufmann nicht sachliche Gründe für die Preisbemessung anführen kann. Diese sind in einem zweiten Schritt mit den Interessen der Konkurrenten und der Allgemeinheit abzuwägen, wobei zu beachten ist, daß der Verkauf unter Einstandspreis grundsätzlich nicht erlaubt sein soll. Im Unterschied zur früheren Rechtslage muß der Kaufmann, der unter Einstandspreis anbietet nun einen besonderen Grund anführen, der ihn zu dieser Maßnahme zwingt. Die allgemeine Werbewirkung extrem günstiger Sonderangebote fällt dabei nicht als sachlicher Grund ins Gewicht, da der Gesetzgeber diese Werbestrategie gerade verbieten wollte. Die Rechtfertigung muß sich also aus einem Umstand ergeben, der den fraglichen Verkauf aus dem üblichen Geschäftsbetrieb heraushebt[1]. Auf diese Ausnahme bezogen kann dann eine Interessenabwägung stattfinden, die der von Schmidt/Wuttke geforderten entspricht[2].

b. Bildung von Fallgruppen

Aufgrund der Einzelfallbezogenheit der gebotenen Abwägung müssen die in der Literatur bereits seit langem eingeführten Fallgruppen, in denen eine sachliche Rechtfertigung in Frage kommt, einzeln untersucht werden um unter Umständen

1 BKartA Bekanntmachung S.6
2 BKartA a.a.O.

gemeinsame Merkmale der Fälle herauszuarbeiten. Eine darüber hinausgehende allgemeine Interessenabwägung findet dann nicht mehr statt[3].

Eine vielzitierte[4] Aufzählung von gängigen Rechtfertigungsgründen findet sich bei Sack[5]. Er nennt zehn Fallgruppen, die bis heute eine erschöpfende Aufzählung der diskutierten Möglichkeiten darstellen:

1. verderbliche oder beschädigte Ware
2. modisch oder technisch überholte Ware
3. nach Sonderveranstaltungsrecht zulässige Aus- und Räumungsverkäufe
4. ernsthafte Verkleinerung oder Umschichtung des Sortiments
5. Absatzschwierigkeiten
6. Liquiditätsschwierigkeiten
7. Sonderangebote zur Neueröffnung
8. Einführung neuer Waren
9. Eintritt in Preise der Mitbewerber
10. Ausgleich von Standortnachteilen

Während Sack die ersten neun Gründe befürwortet, hat er gegen den letzten Punkt, der vor allem für Kaufhäuser auf der "grünen Wiese" gelten soll, Bedenken. Diese Bedenken liegen auf der Hand. Der Gesetzgeber wollte gerade auf die aggressiven Preispraktiken der neuen großen Verbrauchermärkte reagieren, die bevorzugt auf der "grünen Wiese" liegen. Diese Märkte haben ihren Standort bewußt gewählt, da er viele Vorteile mit sich bringt. Zunächst besteht ausreichend Platz, um auf großen Flächen ein breites Sortiment zu bieten, das die möglichst umfassende Abschöpfung der Kaufkraft der Kunden erlaubt. Zweitens hat der Markt außerhalb der Stadtzentren große Kostenvorteile aufgrund der niedrigeren Grundstückspreise. Zuletzt schätzen auch die Verbraucher die Lage solcher Märkte, da sie leicht mit dem Auto erreichbar sind und in der Regel Parkplätze bieten.[6] Für solche Märkte kann daher nicht ernsthaft von Standortnachteilen gesprochen werden[7].

Anderer Ansicht ist nur Leibold[8], der meint, ein Unternehmen, das "mit Standortnachteilen zu kämpfen" habe, müsse dies durch aggressive Sonderangebotswerbung ausgleichen dürfen. Dagegen läßt sich jedoch anführen, daß die Wahl des Standortes, auch wenn sie aufgrund von Tradition in Familienbetrieben

---

3 a.A. Krause /Oppolzer a.a.O. 24 f
4 Streit S.154
5 WRP 1983, 63, 71
6 Lademann DB 1984, 758, 765
7 i.E. auch Pfeffer S. 162
8 Behinderungswettbewerb durch marktbeherrschenden Unternehmen 1986, S.122

etc. häufig nicht bewußt vorgenommen wird, im Grunde eine freie unternehmerische Entscheidung im Wettbewerb ist. Macht der Unternehmer hier einen Fehler, so ist nicht einzusehen, wieso er diesen dadurch ausgleichen dürfen soll, daß er etwas tut, was der Konkurrenz verboten ist.[9]

Die übrigen neun Rechtfertigungsgründe, die Sack anführt, beruhen auf ganz unterschiedlichen Erwägungen und sind teilweise umstritten, so daß sie im einzelnen untersucht werden müssen.

c. Bezug zur Handelsbilanz

Da schon bei der Bestimmung des Einstandspreises auf die Bedeutung der Handelsbilanz hingewiesen wurde, soll auch für die Frage der Rechtfertigung des Verkaufs unter Einstandspreis versucht werden, einen vergleichenden Blick in die kaufmännische Buchführung zu werfen. Ein Verkauf, der nach der Buchführung eines ordentlichen Kaufmanns aufgrund von Abschreibungen auch isoliert betrachtet sinnvoll ist, kann nicht andererseits kartellrechtswidrig sein. Dabei kann es nicht darum gehen, alle Feinheiten des Bilanzrechts, wie zum Beispiel die unterschiedlichen Regeln für Kapitalgesellschaften und andere Kaufleute nachzuvollziehen. Dies wäre auch wenig sinnvoll, da gerade bei den Abschreibungen häufig steuerliche Vergünstigungen zu erheblichen Verfälschungen führen und andererseits große Spielräume nach unten bestehen, die zum Teil nur durch das Willkürverbot begrenzt sind[10]. Nicht jede Abschreibungsmöglichkeit kann daher automatisch einen Rechtfertigungsgrund für den Verkauf unter Einstandspreis abgeben. Doch wenn es das Bilanzrecht erlauben würde, Ware zum Stichtag niedriger zu bewerten oder sogar ganz aus dem Vermögensverzeichnis zu streichen, so kann das bei der Frage des zulässigen Verkaufspreises nicht unberücksichtigt bleiben.

Auch hier gilt natürlich, daß die meisten Wertberichtigungen beim Warenbestand in den tatsächlichen Bilanzen gar nicht auftauchen, weil die Bilanz nur einmal im Geschäftsjahr aufgestellt wird. Es geht hier vielmehr um den Versuch, aus dem Recht der Buchführung Wertungen und Anhaltspunkte zu gewinnen, die in die kartellrechtliche Diskussion einfließen können.

---

9 Auch ein Ruderer, der vor dem Wettkampf falsch trainiert hat, darf im Rennen keinen Motor benutzen (um Lobes berühmtes Beispiel zum Leistungswettbewerb zu zitieren; dazu Wuttke S. 3 ff).

10 z.B. § 253 IV HGB; Marsch-Barner in Ensthaler HGB § 253 Rn 3

2. Der nachträgliche objektive Wertverlust

a. Wirtschaftliche Bewertung des Verkaufs verderblicher beschädigter und modisch oder technisch überholter Ware

Die beiden ersten von Sack beschriebenen Fallgruppen, der Verkauf verderblicher oder beschädigter Ware und der Verkauf modisch oder technisch überholter Ware sind völlig unbestrittene Fälle des gerechtfertigten Verkaufs unter Einstandspreis. Diese Fälle haben eine Gemeinsamkeit. Die Ware wird zu einem Zeitpunkt verkauft, zu der sie ihren ursprünglichen Wert aufgrund einer nachträglichen Änderung verloren hat. Der Händler erzielt zwar nicht mehr seinen Einstandspreis, doch macht der Kunde objektiv auch kein besonders gutes Geschäft. Der Anlockeffekt des Verkaufs und die auf dem Markt eintretenden Störungen halten sich daher in Grenzen. Der Verlust des Kaufmanns ist eigentlich bereits vor dem Verkauf eingetreten, da die Ware zum Verkaufszeitpunkt keine vollwertige Handelsware mehr ist. Hier ist wohl auch der Schlußverkauf erfaßt, der in der Regel Kleidung betrifft, die zwar noch nicht modisch überholt ist, doch als saisonbedingte Ware noch innerhalb der auslaufenden Saison verkauft werden muß, da sie anschließend unverkäuflich wird. Soweit mit einem regulären Verkauf dieser Ware nicht mehr gerechnet werden kann, hat sie ihren Wert für den Kaufmann zumindest teilweise bereits eingebüßt. Dasselbe gilt für verderbliche Waren, die zwar noch nicht verdorben sind, jedoch so kurz vor dem Ablauf des Haltbarkeitsdatums stehen, daß mit einem Verkauf zum vollen Preis nicht mehr zu rechnen ist.

b. Bezug zur Wertberichtigung in der Bilanz

Dieser Wertverlust kommt auch in der Bilanz des Kaufmanns zum Ausdruck. Verliert die Ware nachträglich ihren Wert, so ist der ursprüngliche Bilanzansatz im Wege der Abschreibung zu berichtigen[11]. Der Verlust entsteht also schon vor dem Verkauf und ist aufgrund des Imparitätsprinzips in § 252 I Nr.4 HGB bereits dann zu berücksichtigen, wenn sein Eintritt in der Zukunft wahrscheinlich ist[12]. Erzielt der Kaufmann beim Verkauf der Ware einen Preis, der über dem Restwert in der Bilanz liegt, so macht er dadurch sogar wieder Gewinn. Ein solcher Ver-

11 § 253 I S1 iVm III S1 HGB
12 Selchert in Küting/Weber § 252 Rn 71

kauf ist objektiv gerechtfertigt, auch wenn der Einstandspreis nicht mehr erreicht wird[13].

Das Bilanzrecht formuliert in § 253 III S2 ganz allgemein, daß jedes Sinken des Wertes der Ware zu berücksichtigen ist, da sich der objektive Wert der Ware immer nach dem Preis richtet, der auf dem Markt im allgemeinen zu erzielen ist[14]. Fraglich ist dabei jedoch, auf welchen Preis es ankommt. Für Handelsware gibt es sowohl den beim Verkauf üblicherweise zu erzielenden Preis, als auch den Wiederbeschaffungspreis, der häufig aufgrund der üblichen Handelsspannen erheblich unter dem Verkaufspreis liegen wird. Im Handelsrecht ist die Frage, welcher Preis maßgeblich sein soll umstritten. Während eine Ansicht bei üblicher Handelsware nur dann Abschreibungen zulassen will, wenn der zu erzielende Verkaufserlös unter den Einstandspreis sinkt[15], will die überwiegende Gegenansicht eine Abschreibung nach dem strengen Niederstwertprinzip auch dann vornehmen, wenn der Einkaufspreis sinkt (doppelte Maßgeblichkeit)[16].

c. Übertragung der bilanziellen Bewertung in das Kartellrecht

aa. Sinken des Verkaufspreises

Zumindest das Absinken des Wiederverkaufswerts muß auch im Kartellrecht als Rechtfertigung für den Verkauf unter Einstandspreis dienen. Es kann von einem Kaufmann schlechterdings nicht verlangt werden, beim Verkauf den Einstandspreis zu fordern, wenn dieser objektiv nicht mehr zu erzielen ist. Der im Handelsrecht weiterhin geforderte Abzug der (variablen) Kosten der Weiterverkaufs[17], der für eine realistische Vermögensbewertung konsequent ist, kann bei der Preisbemessung natürlich keine Rolle spielen, denn dann könnte ein Kaufmann den Marktpreis noch um seine eigenen Verkaufskosten unterbieten. Daher kann der zulässige Preis bei sinkenden Wiederverkaufspreisen nicht einfach aus der Bilanz entnommen werden, ist aber mit dem bei der bilanziellen Bewertung angesetzten Bruttoverkaufserlös identisch.

In diesem allgemeinen Rechtfertigungsgrund ist auch der von Sack an fünfter Stelle genannte Rechtfertigungsgrund der Absatzschwierigkeiten enthalten. Dabei

---

13 anders nur Krause/Oppolzer WuW 2000, 17, 23 mit der Begründung, daß der Kaufmann, der sich verkalkuliert, kein besonders schutzwürdiges Interesse am Verkauf der Waren habe

14 Baumbach /Hopt HGB 29.A. § 253 Rn 14

15 Döring in Küting/Weber § 253 Rn173

16 Adler/Düring/Schmaltz § 253 Rn 446; Wirtschaftsprüfer-Handbuch 1996 S.252

17 Döring a.a.O. Rn 167

geht es nämlich um nichts anderes als darum, daß der Einstandspreis inzwischen als Verkaufspreis objektiv zu hoch ist.

Zuletzt löst sich damit auch ein Problem, das beim Verkauf aus Warenlagern mit wechselndem Bestand aufgetreten ist (siehe oben). Sinkt der Preis allgemein, kann der Händler teurer gekaufte Waren in jedem Fall zu den aktuellen Preisen verkaufen, wenn der alte Einstandspreis nicht mehr zu erzielen ist.

Es ist angesichts des sehr scharfen Preiswettbewerbs der großen Verbrauchermärkte jedoch auch denkbar, daß der Einstandspreis für bestimmte Produkte deswegen nicht mehr zu erzielen ist, weil überall z.B. das typische das Grundsortiment zu den sehr niedrigen Einstandspreisen der großen Märkte verkauft wird, die nicht jeder Händler von seinen Lieferanten bekommt. In diesem Fall bedeutet ein Verkauf zum gesunkenen Wiederverkaufspreis, daß der Händler damit den ruinösen Preiswettbewerb im Lebensmitteleinzelhandel mitmacht. Aber auch dann darf es einem Händler nicht verwehrt sein, seinen Preis dem allgemeinen Preis anzupassen, um nicht auf seiner Ware sitzenzubleiben. Dies kann jedoch erst gelten, wenn ein echter Wertverlust aufgrund dauerhaft niedriger Wiederverkaufspreise eingetreten ist, wenn also der Einstandspreis im Weiterverkauf allgemein nicht mehr zu erzielen ist. Dies ermöglicht daher nicht ein sofortiges Einsteigen in die Preise eines oder mehrerer Mitbewerber[18], das als Rechtfertigungsgrund noch gesondert zu behandeln sein wird.

Andererseits ist auch darauf hinzuweisen, daß der Rechtfertigungsgrund des sinkenden Wiederverkaufspreises im Handel nicht allzu häufig anwendbar sein dürfte. Da für den Wert der Ware zunächst die Anschaffungskosten maßgeblich sind, der Verkaufspreis jedoch in der Regel eine erhebliche Handelsspanne enthält, muß der allgemeine Preisrückgang auf dem Absatzmarkt schon besonders groß sein, bevor eine Wertberichtigung nach unten möglich wird.

bb. Sinken des Einstandspreises

Fraglich ist daher, ob auch ein Absinken des Einstandspreises einen Verkauf unter dem alten Einstandspreis rechtfertigen kann. Dagegen könnte sprechen, daß der Händler zu diesem Verkauf nicht gezwungen ist und sich die Sache für ihn real als Verlustgeschäft erweist. Andererseits hat er den Verlust in seinen Büchern in der Regel schon vorweggenommen. Außerdem würde eine großzügige Auslegung der Rechtfertigung hier praktische Probleme ersparen, da auch bei Lagern mit wechselndem Bestand häufig nur noch ein Preis (der neue niedrige) maßgeblich wäre. Aus Sicht der Wettbewerber wäre der Verkauf zum neuen Einkaufspreis zu verschmerzen, da sie sich die Waren ebenfalls zu dem gesunkenen

18 i.E. auch Wuttke S.124

Preis beschaffen können und auf diese Weise im Preiswettbewerb mithalten. Die Wettbewerber werden im Falle sinkender Einkaufspreise durch den Verkauf teurer erworbener Altbestände zum neuen Wiederbeschaffungswert daher nicht härter getroffen, als durch einen Verkauf neu erworbener Bestände zum Einstandspreis. Davor sollen sie durch § 20 IV S2 GWB aber nicht geschützt werden. Andererseits hat auch der Kaufmann, der noch teuer eingekauft hat, selbst ein Interesse, zu dem gesunkenen Einstandspreis weiterverkaufen zu können, da er sonst im Wettbewerb mit anderen, die billiger gekauft haben nicht mehr mithalten kann[19].

Die Betrachtung der Auswirkung auf die Mitbewerber macht aber auch die Grenzen des Verkaufs zu einem neuen niedrigeren Wiederbeschaffungspreis klar: Der neue Preis muß der auf dem Markt allgemein geforderte sein. Gelingt es nur einem Händler, seinen Einstandspreis zu drücken, während die Einstandspreise für die Konkurrenz allgemein hoch bleiben, so wäre ein Verkauf alter Lagerbestände zum neuen Einstandspreis eine unzumutbare Belastung der Mitbewerber. Das Bilanzrecht beurteilt die Wiederbeschaffungskosten insoweit ebenfalls nach den allgemeinen Marktverhältnissen[20]. Auch in der Bilanz wird der Wert der Altbestände daher nicht abgeschrieben, wenn es nur gerade dem bilanzierenden Kaufmann gelingt, besondere Konditionen für den Neueinkauf herauszuhandeln, während die Preise der Lieferanten allgemein hoch bleiben.

d. Zeitliche Grenze des Verkaufs zum gesunkenen Preis

Zuletzt ist noch auf eine zeitliche Grenze des Rechtfertigungsgrundes des objektiven Wertverlustes hinzuweisen. Nicht per se gerechtfertigt kann es sein, Waren von vornherein in der Absicht zu kaufen, sie unter Einstandspreis weiterzuverkaufen. Dies muß auch dann gelten, wenn der übliche Wiederverkaufspreis dauerhaft unter dem Einstandspreis liegen sollte, den ein bestimmter Händler erhält. Hier muß der Händler seine Preise an seinen Einstandspreis anpassen, oder auf das Geschäft verzichten, wenn sich der von Anfang an beabsichtigte Verkauf unter Einstandspreis nicht anderweitig rechtfertigen läßt. Der Wertverlust, der den verbilligten Abverkauf rechtfertigt muß nachträglich eintreten.

Damit ergibt sich ein erster Rechtfertigungsgrund in Übereinstimmung mit den allgemeinen Grundsätzen der handelsrechtlichen Buchführung aus dem

---

19 Zum selben Ergebnis kommt auch das französische Recht bei den Ausnahmen vom allgemeinen Verbot des Verkaufs unter Einstandspreis: siehe dazu Luber WuW 2001, 686, 692

20 Döring a.a.O. Rn 168

nachträglichen objektiven Wertverlust der Waren, wobei sich der Wertverlust sowohl aus dem gesunkenen Preis beim Weiterverkauf, als auch aus dem gesunkenen Preis bei der Wiederbeschaffung ergeben kann.

3. Der beschleunigte Verkauf außerhalb des regulären Geschäftsbetriebs

a. Verkäufe in wirtschaftlichen Notlagen

Ein weiterer von Sack aufgeführter Rechtfertigungsgrund sind Liquiditätsengpässe des Kaufmanns. Unabhängig von der Frage, ob ein Unternehmen in wirtschaftlicher Not noch Normadressat des § 20 IV GWB sein kann, soll es gestattet sein, Waren unter Einstandspreis zu verkaufen, um wieder an flüssige Finanzmittel zu kommen. Der Wert der Waren ändert sich durch die Liquditätsschwierigkeiten nicht, so daß hier im Verkauf selbst ein echtes Verlustgeschäft liegt. Der auftretende Finanzbedarf soll es jedoch rechtfertigen, Umsatz "um jeden Preis" anzustreben, um schnell an die benötigten Mittel zu kommen.

Die Lösung des Finanzproblems über Verlustverkäufe erscheint jedoch nicht zwingend, da der übliche Weg zu neuen Finanzmitteln eigentlich der Kredit ist, den der Kaufmann von seiner Bank oder im Wege des Zahlungsaufschubs von seinen Lieferanten erhält. Der Kredit kostet den Kaufmann zwar Zinsen, doch ist auch der Weg zu neuen Barmitteln über den Verkauf unter Einstandspreis mit Kosten verbunden. Interessant kann der Verkauf unter Einstandspreis zur Schließung von Finanzierungslücken daher nur aus zwei Gründen sein, erstens weil der Verkauf unter Einstandspreis billiger ist als ein Bankkredit und zweitens weil der Kaufmann keinen Kredit mehr erhält.

Zum ersten Grund ist zu sagen, daß es zwar an sich nicht verwerflich ist, wenn der Kaufmann im Betrieb vorhandene Vermögenswerte opfert, um an liquide Mittel zu kommen, doch daß dabei die Auswirkungen im Wettbewerb zu beachten sind. Bei der Geldbeschaffung durch Verkauf unter Einstandspreis zahlen nämlich die Wettbewerber durch Umsatzeinbußen und verschärften Preiswettbewerb mit. Die Kosten des Finanzbedarfs sollte jedoch der Kaufmann selbst tragen und nicht auf die Mitbewerber abwälzen. Die Tatsache, daß ein Verkauf unter Einstandspreis günstiger ist, als ein Kredit, kann daher keine Rechtfertigung sein.

Es bleibt also nur der Rechtfertigungsgrund, daß der Kaufmann anderweitig keinen Kredit mehr erhält. Den Fall, daß ein ordentlicher Kaufmann einem Unternehmen keinen Kredit mehr geben würde, bezeichnet man im Gesellschaftsrecht als Krise des Unternehmens (z.B. § 32a I GmbHG). Auch das Bilanzrecht reagiert auf die Krise des Unternehmens. Nach § 252 I Nr.2 ist bei der Bewertung des Vermögens von der Fortführung des Unternehmens auszugehen, solange es keine anderweitigen Anhaltspunkte gibt. Für Handelsware aus dem Umlaufvermögen bedeutet dies, daß grundsätzlich anzunehmen ist, daß die Ware im regulären Geschäftsbetrieb veräußert werden kann[21]. Kann die Fortführungsprognose (going concern Prinzip) nicht aufrechterhalten werden, so ist in der Bilanz der möglichen Betriebseinstellung Rechnung zu tragen. Bei der Bewertung von Handelsware ist dann zu berücksichtigen, daß sie innerhalb der restlichen Betriebsdauer veräußert werden muß. Dies kann zu erheblich niedrigeren Wertansätzen führen, wenn eine reguläre Veräußerung in der verbleibenden Betriebsdauer nicht möglich erscheint. Unter Umständen ist sogar von einer Zerschlagung des Unternehmens und einer Veräußerung aller Waren außerhalb des üblichen Geschäftsbetriebs auszugehen[22].

In diesem Fall des Totalräumungsverkaufs ist es keine unbillige Behinderung der Konkurrenz, die Waren erheblich unter dem Einstandspreis zu verkaufen, um eine Leerung der Lager und eine optimale Verwertung der Restbestände sicherzustellen. Dies gilt nicht nur bei einer Verwertung zugunsten der Gläubiger durch den Insolvenzverwalter, sondern auch bei einer Geschäftsaufgabe, die nicht mit einer Insolvenz zusammenhängt. Das Bilanzrecht trifft hier nämlich ebensowenig eine Unterscheidung, wie das Sonderveranstaltungsrecht in § 8 II UWG. Diese Bewertung als gerechtfertigter Verkauf unter Einstandspreis wird auch dadurch erleichtert, daß aus Sicht der durch die Ausverkäufe belasteten Wettbewerber im Gegenzug ein Mitbewerber vom Markt verschwindet[23].

Andererseits kann es im Sinne eines fairen Leistungswettbewerbs nicht zulässig sein, wenn ein Unternehmen in Schwierigkeiten versucht, seinen Absatz durch spektakuläre Sonderangebotsaktionen wieder anzukurbeln. Der gerechtfertigte Verkauf unter Einstandspreis wegen schlechter Finanzlage oder Geschäftsaufgabe ist also in zwei Richtungen abzugrenzen. Zum einen kann nicht jeder finanzielle Engpaß Verkäufe unter Einstandspreis rechtfertigen, zum anderen ist auch Unternehmen in ernsten Schwierigkeiten nicht alles erlaubt.

b. Erlaubte Sonderveranstaltungen

Die bereits erwähnten, in § 8 II UWG geregelten Räumungsverkäufe gehören zu den sogenannten Sonderveranstaltungen, die Sack allgemein als weiteren Rechtfertigungsgrund nennt, soweit sie nach Sonderveranstaltungrecht zulässig sind.

---

21 Selchert in Küting/Weber §252 Rn 40

22 Selchert a.a.O. Rn 41

23 Pfeffer S.158 oben anders jedoch S. 158 bb. für den Fall des Konkurses

Sack will also allgemein den zulässigen Verkauf unter Einstandspreis an die Zulässigkeit der Sonderveranstaltung koppeln. Dann würde sich für Verkäufe unter Einstandspreis bei Räumungsverkäufen eine strenge Frist von 24 Werktagen ergeben.

Für die wichtigsten Sonderveranstaltungen, die Schlußverkäufe nach § 7 II Nr.1 UWG, hat sich bereits anderweitig eine Rechtfertigung von Verkäufen unter Einstandspreis aus dem Wertverlust der Saisonware selbst ergeben. Die Zulässigkeit der verbilligten Räumungsverkäufe läßt sich ebenfalls anderweitig begründen. Den verschiedenen Sonderveranstaltungen liegen also verschiedene wirtschaftliche Situationen zugrunde, weswegen sich die verschiedenen Rechtfertigungsgründe auch überschneiden. Daher kann auch die von Sack geforderte Begrenzung der Verkäufe unter Einstandspreis auf den Zeitraum der Sonderveranstaltung nicht konsequent eingehalten werden. Niemand wird von einem Kaufmann im Ernst erwarten, daß er die Preise für Mode, die im Schlußverkauf liegengeblieben ist zum Ende des Schlußverkaufs wieder heraufsetzt, obwohl die Saison dann erst recht vorbei ist. Es scheint aus kaufmännischer Sicht unter Umständen auch bedenklich, mit der Lagerräumung bei Geschäftsaufgabe auch bei langlebigeren und teureren Gütern erst 24 Werktage vor dem definitiven Ende des Betriebs zu beginnen.

Der Regelungszweck der §§ 7,8 UWG ist ein anderer. Hier soll nicht die Möglichkeit der Herabsetzung der Preise eingeschränkt werden, sondern eine besonders attraktive aber auch sehr mißbrauchsanfällige Form der Werbung[24]. Wenn sich daher alle erlaubten Sonderveranstaltungen anderweitig aus ihrem wirtschaftlichen Hintergrund heraus in das System der Rechtfertigungsgründe für den Verkauf unter Einstandspreis einordnen lassen, könnte auf den problematischen Rechtfertigungsgrund der erlaubten Sonderveranstaltung ganz verzichtet werden.

c. Beschleunigte Verkäufe aufgrund einer Zwangslage

Nachdem der Jubiläumsverkauf frühestens alle 25 Jahre bereits als nur gelegentlicher Verkauf gar nicht unter § 20 IV S2 GWB fällt und sich der Schlußverkauf aus dem drohenden Wertverlust der Ware erklären läßt und die in § 8 II geregelte Geschäftsaufgabe hier bereits als eindeutiger Fall des gerechtfertigten Räumungsverkaufs identifiziert ist, bleibt nur noch der Räumungsverkauf nach § 8 I UWG zu erläutern.

---

24 B/H vor §§ 7,8 Rn 1

In § 8 I Nr.1 UWG nennt das Gesetz den Schaden durch Feuer, Wasser, Sturm etc. Soweit dadurch die Ware selbst beschädigt wurde, erklärt sich der zulässige Verkauf unter Einstandspreis aus dem Wertverlust. Anders ist es, wenn nur die Lagermöglichkeit entfallen ist. Dieser Umstand ist mit § 8 I Nr.2 UWG, dem genehmigten Umbau zusammen zu sehen. § 8 I will nämlich allgemein die Räumungszwangslage privilegieren. Es geht hier also um alle Fälle, in denen ein Verkauf der Ware im regulären Geschäftsbetrieb nicht mehr möglich oder nicht mehr zumutbar ist.

Derselbe Gedanke liegt auch der bilanziellen Wertkorrektur bei Entfallen der Fortführungsprognose zugrunde. Daraus läßt sich allgemeinen ableiten, daß ein Kaufmann in Situationen kommen kann, die einen regulären Weiterverkauf der Ware ausschließen und eine besondere Reaktion erfordern. In diesen Fällen muß auch die Preisbemessung an die außergewöhnliche Zwangslage angepaßt werden. Gerechtfertigt ist es also auch, vollwertige Ware unter Einstandspreis zu verkaufen, wenn ein nachträgliches Ereignis einen Verkauf im regulären Geschäftsbetrieb ausschließt und eine kurzfristigen Verkauf der Ware erfordert[25], bei dem ein marktgerechter Erlös nicht zu erzielen ist.

Auch der von Sack genannte Rechtfertigungsgrund der Sortimentsumschichtung läßt sich so erklären. Wenn ein Kaufmann sein Sortiment umstellt und die alten Waren nicht zur neuen Marktposition des Betriebs passen, kann er nicht mehr damit rechnen, diese Waren im regulären Geschäftsbetrieb abzusetzen, da die Kunden sein Geschäft wegen solcher sortimentsfremder Waren nicht mehr aufsuchen werden. Um diese Ware nicht ohne die Aussicht auf einen Absatzerfolg ewig im Lager zu haben müssen, ist der Kaufmann darauf angewiesen, sie im Rahmen der Sortimentsumstellung billig abzusetzen. Da dies geschehen muß, solange der Kunde das Geschäft noch für solche Waren kennt und aufsucht, muß der Abverkauf zeitnah mit der Sortimentsumstellung geschehen. Auch hier besteht also der Zwang, Ware schneller abzusetzen, als dies normalerweise zu erwarten wäre.

Will man für die Zulässigkeit der Schlußverkäufe nicht auf die drohende Entwertung der Ware selbst abstellen, so lassen sie sich auch hier einordnen. Bleibt z.B. die Winterware liegen, verstopft sie die für die neue Sommerware benötigten Lager, da mit ihren Verkauf im Laufe des Sommers nicht mehr zu rechnen ist. Im folgenden Winter wäre die Ware dann modisch überholt und erst recht unverkäuflich. Damit ist auch hier ein gegenüber dem normalen Geschäftsbetrieb beschleunigter Absatz erforderlich[26].

---

25 auch Streit S.154, der jedoch nur Ereignisse außerhalb der Einflußsphäre des Kaufmanns akzeptiert; wohl auch Nette S.37

26 Pfeffer S.158

d. Die Grenzen der Rechtfertigung bei beschleunigtem Absatz

aa. Sachliche Grenze

Aus dem Zweck der besonderen Verkaufsaktion wird eine weitere Grenze dieser Rechtfertigung für Verkäufe unter Einstandspreis klar. Speziell eingekaufte "Schlußverkaufsware" darf bei Räumungsverkäufen etc. nicht als Lockvogel eingesetzt werden. Beim Einkauf der Ware muß noch mit einem regulären Verkauf gerechnet worden sein und aus dieser Situation heraus dann erst die Räumungszwangslage entstanden sein. Die Reaktion des Kaufmanns muß aus der Zwangslage zu begründen sein. Zwar kann auch ein Umbau, der nicht durch ein Unglück, wie Hochwasser etc. bedingt ist, sondern eine vom Kaufmann geplante Maßnahme darstellt, einen Verkauf unter Einstandspreis erfordern[27], doch darf sich der Kaufmann nicht zum einem Zeitpunkt, zu dem er mit dem Umbau schon rechnet die Lager füllen, um das Ereignis zur Werbung durch Schleuderpreise zu nutzen. Maßstab für die angemessene Reaktion des Kaufmanns ist daher zunächst die Frage, ob der Verkauf wirklich außerhalb des geplanten stattfindet, oder ob der Kaufmann mit dem Verkauf unter Einstandspreis bereits bei Bestellung der Ware gerechnet hat.

bb. Zeitliche Grenze

Weiter kommt es darauf an, daß die verkürzte Zeit, in der der Verkauf der Ware erfolgen muß, die neue Preisbemessung rechtfertigt. Hier kann die Frist, ab der eine Herabsetzung der Preise erfolgen darf, nicht starr aus dem Recht der Sonderveranstaltungen entnommen werden. Der Beginn der verbilligten Abverkäufe muß vielmehr aus der üblichen Verweildauer der Waren im Lager ermittelt werden. Frische Lebensmittel, die jede Woche neu bestellt werden, lassen sich in wenigen Tagen abverkaufen. Ein Lager voller hochwertiger Güter, wie z.B. Küchenzeilen oder Wohnzimmereinrichtungen, läßt sich in der Regel nicht innerhalb der 24 Werktage des § 8 II UWG leeren. Wenn solche Güter im Durchschnitt ein halbes Jahr beim Händler stehen, kann eine Herabsetzung der Preise auch schon Monate vor einer Betriebsstillegung gerechtfertigt sein. Es ist das erlaubt, was zum rechtzeitigen Absatz der Ware wirklich erforderlich ist.

27 daher ist die Auffassung von Streit S.154 und Nette S.37 (siehe oben FN 25) zu eng

4. Der Neueintritt in den Markt und die Einführung neuer Waren

a. Darstellung der Fallgruppe

Ein weiterer anerkannter Rechtfertigungsgrund ist der Neueintritt eines Wettbewerbers in den vorhandenen Markt[28]. Während einer Einführungsphase soll es dem Unternehmen erlaubt sein, auch durch extreme Niedrigpreise auf sich aufmerksam zu machen. Dieser Rechtfertigungsgrund ist rein wettbewerbsbezogen und läßt sich nicht mit Hilfe der kaufmännischen Bewertung des Geschäftsvorgangs erklären. Hier geht es darum, dem Newcomer einen Startvorteil gegenüber der Konkurrenz zu verschaffen, die die Macht der Gewohnheit auf ihrer Seite hat. Der Newcomer soll daher für eine begrenzte Zeit die Chance erhalten, die Kunden durch Sonderangebote aus ihrem gewohnten Trott herauszureißen, damit sie sein Geschäft überhaupt wahrnehmen. Umstritten ist eigentlich nur, wie lange diese Einführungsangebote aufrechterhalten werden dürfen.

Ein weiterer in diesem Zusammenhang genannter Rechtfertigungsgrund ist die Einführung neuer Produkte. Soweit es hier um ganz neuartige Produkte geht, an die sich die Verbraucher erst gewöhnen müssen, ist dies unproblematisch, da hier noch gar kein Wettbewerb besteht und daher auch keine Mitbewerber beeinträchtigt werden können. Wenn es um neue Marken gängiger Produkte geht, so ist zunächst festzuhalten, daß in der Regel schon der Hersteller dem Handel Einführungspreise bietet, um sein Produkt im Markt zu plazieren. Dann liegt auf der Handelsebene kein Verkauf unter Einstandspreis vor. Es ist jedoch denkbar, daß z.B. ein Generalimporteur ein neues Produkt verbilligt weiterverkauft, um es in den Markt einzuführen. Dabei geht es um denselben Newcomergedanken. Durch Einführungspreise soll die Bereitschaft der Verbraucher, von der gewohnten Marke einmal abzugehen, erhöht werden. Auch hier dürfte in der Praxis vor allem die Zeitspanne der Erprobung problematisch sein.

b. Wirtschaftliche Rechtfertigung

Zunächst ist nach einer Rechtfertigung für die Ausnahme vom Verbot des Verkaufs unter Einstandspreis bei Neueinführungen zu suchen. Hier kann bei der Interessenabwägung zunächst eine Rolle spielen, daß es im Sinne des Wettbewerbs ist, wenn sich neue Marktteilnehmer etablieren können und sich damit die Zahl der Wettbewerber erhöht. Zum zweiten starten die Neueinsteiger mit einem Marktanteil von null, so daß die Auswirkungen im Wettbewerb zunächst begrenzt

28 BKartA Bekanntmachung S. 7

sind. Außerdem haben die Konkurrenten die Macht der Gewohnheit auf ihrer Seite, was die Wirkung der Untereinstandspreise des Neuen zum Teil wieder ausgleicht. Es sprechen also gute wettbewerbspolitische Gründe für eine Ausnahme zugunsten der Neueinsteiger.

Darüber hinaus zeigt ein Vergleich mit der Rechtsprechung zu § 1 UWG, daß die Erprobung als Rechtfertigungsgrund für die begrenzte Verursachung von Störungen im Markt nicht neu ist. Bereits in BGHZ 23, 365 Suwa hat der BGH nicht nur die Marktverstopfung als Fallgruppe des § 1 UWG etabliert, sondern auch klargestellt, daß der Zweck der Erprobung eines neuen Produkts die Verursachung von Störungen im Markt durch Verteilen von Warenproben und sogar Originalware in bestimmten Grenzen rechtfertigen kann.[29] Im konkreten Fall war der Erprobungszweck nicht mehr gewahrt bei der Verteilung von Gutscheinen für ein Paket Waschmittel an praktisch alle Haushalte einer Kleinstadt[30]. Der Erprobungszweck rechtfertigt die kostenlose Abgabe solange, als keine Aufhebung des Wettbewerbsbestandes eintritt[31]. Dies ist also die absolute Obergrenze für die Verteilung von Waren. Ist diese eingehalten, kommt es darauf an, daß die Abgabemenge durch den Probezweck gerechtfertigt wird. Es darf also nicht mehr abgegeben werden, als zur Erprobung durch den Konsumenten erforderlich ist[32].

In BGHZ 43, 278 Kleenex stellt der BGH klar, daß er dem Suwa-Urteil nicht folgen will, soweit dort das Ziel des Mittelstandsschutzes anklingt, aber im Ergebnis an der oben dargelegten Wertung festhält[33]. Allerdings fügt der BGH noch hinzu, daß der Probezweck auf jeden Fall überschritten ist, wenn durch die verschenkte Ware eine Gewöhnung an das neue Produkt eintritt.[34] Der Verbraucher soll zwar kurzzeitig aus seinen alten Gewohnheiten herausgerissen werden, aber nicht zu neuen Gewohnheiten verleitet werden. Was noch im Rahmen des Probezwecks liegt ist im Einzelfall zu beurteilen. Dabei kann es z.B. eine Rolle spielen, wie neuartig die Ware ist, wie sehr der Verbraucher sich also umstellen muß[35], oder wie schützenswert der übrige Wettbewerb ist, ob also z.B. nur die Hersteller technisch überholter Ware vor einer Innovation geschützt werden wollen[36].

29 BGHZ 23, 365, 368
30 BGHZ 23, 365, 370
31 BGHZ 23, 371
32 BGHZ 23, 367 unter Berufung auf RG GRUR 38, 207, 210 Persil
33 BGHZ 43, 278, 283 f
34 a.a.O. 284
35 BGHZ 43, 285
36 BGHZ 43, 286

c. Grenzen der Eröffnungsangebote

aa. Grundlagen

Auch im Zusammenhang mit dem Verkauf unter Einstandspreis sind Eröffnungsangebote demnach an dem Zweck zu messen, die Verbraucher auf das neue Geschäft aufmerksam zu machen und sie dazu zu bewegen, es einmal auszuprobieren. Die Grenzen, die für die Gratisverteilung von Probewaren nach § 1 UWG gelten, sind sinngemäß übertragbar. Zunächst ist nur erlaubt, was im Rahmen des Probezwecks notwendig ist. Dabei darf keine Gewöhnung der Verbraucher an das neue Geschäft eintreten. Die absolute Obergrenze ist erreicht, wenn die Eröffnungsangebote zu ernsthaften Marktstörungen führen und so den Bestand des Wettbewerbs gefährden.

bb. Praxis der Kartellbehörden

Aus der Praxis sind hier vor allem das Kaufmarkt-Verfahren der LKartB Bayern und das Wal-Mart-Verfahren des BKartA interessant. Das BKartA billigt einem neuen Wettbewerber zwar grundsätzlich Eröffnungspreise unter Einstandspreis zu, will dies jedoch nicht akzeptieren, wenn an einem bestimmten Standort bereits seit längerem ein Geschäft mit ähnlicher Marktausrichtung bestand und lediglich der Inhaber gewechselt hat[37]. Dies erscheint folgerichtig, da es hier gar nicht darum geht, die Verbraucher an etwas neues zu gewöhnen. Sie können nach wie vor am alten Standort ähnliche Waren zu ähnlichen Preisen kaufen. Die Werbung mit Verkäufen unter Einstandspreis würde lediglich der Erweiterung des Kundenkreises dienen, und damit einer ganz gewöhnlichen Werbemaßnahme im Rahmen des üblichen Geschäftsbetriebs. Außerdem hebt das BKartA hervor, daß die Eröffnungsphase nach einem Jahr auf jeden Fall vorbei sei[38].

Die Kaufmarkt-Verfügung der LKartB Bayern betraf die Neueröffnung eines Geschäfts an einem neuen Standort. Hier beanstandete die LKartB Bayern zwei Punkte. Zum wurden die Verkäufe unter Einstandspreis zur Eröffnung trotz schrittweiser Anhebung der Preise auch sechs Monate nach Eröffnung noch fortgesetzt. Da die Adressatin auf Anhieb einen großen Umsatz erreichte, erschien der LKartB die Eröffnungsphase zu lang. Verkäufe unter Einstandspreis seien "unter diesen Umständen" allenfalls für wenige Tage gerechtfertigt[39]. Zum anderen monierte die LKartB, daß die Eröffnungsangebote das Maß des Erforderli-

37 BKartA Wal-Mart S.9
38 BKartA Wal-Mart S.9
39 WuW/E LKartB 230

chen und Vernünftigen bei weitem überschritten. Im vorliegenden Fall bot die Adressatin eine Vielzahl von Artikeln zur Hälfte des üblichen Preises an, was zu erheblichen Umsatzeinbußen bei der Konkurrenz und sogar zu Verkehrsstörungen in der Umgebung führte[40].

cc. Herleitung der Grenzen aus dem Erprobungszweck

Den Ausführungen der LKartB Bayern liegen die oben genannten Erwägungen zugrunde, die auch die Rechtsprechung zur Verteilung von Warenproben prägen. Da in beiden Fällen jedoch eindeutig keine echten Eröffnungsangebote vorlagen, konnten sich die Kartellbehörden eine genaue Abgrenzung sparen. In der Literatur finden sich keine konkreteren Aussagen zu den Grenzen zulässiger Eröffnungsangebote. Solche Grenzen lassen sich ähnlich wie bei Schlußverkäufen auch nicht pauschal festlegen.

Bedenklich erscheint jedoch, den nach der Eröffnung erreichten Umsatz als Bewertungkriterium heranzuziehen, wie dies die LKartB Bayern getan hat[41]. Dieser Umsatz kann zum ersten durch die Eröffnungsangebote erheblich verfälscht sein und zum zweiten erscheint es fragwürdig, wenn die Kartellbehörden festlegen wollen, wann der Umsatz eines Neueinsteigers so groß ist, daß er auf Eröffnungsangebote verzichten muß. Dazu müßte die Behörde nämlich den ausreichenden Umsatz eines Wettbewerbers allgemein bestimmen können. Hier kann höchstens der angestrebte Umsatz ein gewisses Indiz bilden, doch gibt es einerseits Geschäfte, die den angestrebten Umsatz nie erreichen und andererseits auch solche, die den potentiellen Kundenkreis bei ihrer Planung unterschätzt haben und daher bei Abbruch der Eröffnungsangebote nach Erreichen des geplanten Umsatzes zwar ihr ursprüngliches Ziel erreicht haben, jedoch bei weitem nicht den Umsatz, der nach Durchführung angemessener Eröffnungsangebote dauerhaft möglich wäre. Es muß jedoch erlaubt sein, Ziele nach oben zu korrigieren, wenn sie zu vorsichtig bestimmt waren.

Im übrigen hat die LKartB Bayern zutreffend gesehen, daß zeitliches Ausmaß, Art und Umfang der Aktion nicht beziehungslos nebeneinander stehen. Eine sehr intensive Werbeaktion kann nämlich unter Umständen in kürzerer Zeit die nötige Aufmerksamkeit verschaffen, als eine sparsam dosierte. Bei einer Aktion über längere Zeit können andererseits zu große Preisnachlässe eher zu Störungen auf dem Markt führen, als bei einer kurzen aber spektakulären Aktion.

Eine zeitliche Obergrenze läßt sich dennoch festlegen. Die Zeitspanne darf nie so lange bemessen sein, daß sich die Kundschaft bereits an das neue Geschäft

---

40 WuW/E LKartB 223 f

41 a.a.O.

gewöhnt. Die daraus resultierende absolute zeitliche Obergrenze hängt davon ab, wie schnell die Gewöhnung bei dem konkreten Geschäft eintreten kann. Bei Waren des täglichen Bedarfs, die mindestens einmal in der Woche eingekauft werden, kann dies sehr schnell der Fall sein, bei seltener angeschafften Waren vielleicht auch nach Jahren nicht. So gewöhnen sich die Kunden beispielsweise auch nach zwei Jahren wohl noch nicht an ein neues Küchenstudio, da die meisten Verbraucher in diesem Zeitraum gar keine oder höchstens eine Küche kaufen.

Das Beispiel des Küchenstudios kann aber auch die anderen Probleme der Grenzen der Eröffnungsangebote illustrieren. Auch ohne die Gefahr der Gewöhnung der Verbraucher wäre hier der Zeitraum von zwei Jahren für die Abgabe von Küchen unter Einstandspreis in jedem Fall völlig unzumutbar für die Mitbewerber, die gegen die Eröffnungspreise antreten müssen. Hier wäre auch eine ernsthafte Marktstörung zu befürchten, da mit der Langlebigkeit des verkauften Produkts die Gefahr der Verstopfung des Marktes durch dauerhafte Bedarfsdekkung steigt. Wer eine verbilligte Küche gekauft hat kommt als Kunde der Mitbewerber jahrelang nicht mehr in Betracht. Auch ist davon auszugehen, daß der verbilligte Verkauf von Küchen ganz unzulässig ist, da er am Erprobungszweck vorbeigeht. Es ist sogar möglich, daß es wegen der zu großen zeitlichen Abstände zwischen den einzelnen Anschaffungen in diesem Bereich gar keine echten Verbrauchergewohnheiten gibt, gegen die man durch Eröffnungsangebote ankämpfen müßte. Diese Fragen lassen sich jedoch letztlich nur empirisch bezogen auf die konkret betroffene Branche beantworten.

Die zulässige Zeitspanne für Eröffnungsverkäufe sollte allgemein so bemessen sein, daß der Verbraucher bei dem Neueinsteiger ein oder zweimal einkaufen kann, aber nicht öfter. Im Lebensmitteleinzelhandel liegt die Grenze daher wohl bei ca. zwei Wochen. Bei Gütern, deren Anschaffung länger überlegt wird und bei Fachgeschäften an abgelegeneren Standorten, an denen der Verbraucher nicht so oft vorbeikommt, kann die Frist wohl auch bis zu einem Monat betragen.

Die Frage, welches Ausmaß an Preissenkungen erforderlich ist, um Aufmerksamkeit zu erzielen, läßt sich nicht theoretisch beantworten. Die absolute Grenze des zumutbaren ist jedoch erreicht, wenn die Belastung der Mitbewerber zu groß wird, weil eine spürbare Bedarfsdeckung durch Verkäufe unter Einstandspreis eintritt. Es sollten auch nur Güter für Eröffnungsangebote gewählt werden, die schnell verbraucht werden und nicht zu einer dauerhaften Befriedigung einer bestimmten Nachfrage führen. Verkauft ein Geschäft langlebige Konsumgüter, so sind Eröffnungsangebote denkbar, die gar nicht aus dem Hauptsortiment des Geschäfts stammen, da es nur darum geht, das Geschäft bei den Kunden bekanntzumachen, damit sie daran denken, wenn sie später einmal ein langlebiges Gut erwerben wollen. So könnte ein Küchenstudio um eine Marktstörung durch Eröffnungsangebote zu vermeiden z.B. statt Spülmaschinen und Küchenherden Küchenzubehör wie Spülmittel und Herdreiniger oder sogar ausgewählte Lebensmittel zur Eröffnung billig anbieten, damit die Kunden das Geschäft einmal besuchen.

5. Das Einsteigen in die Preise der Mitbewerber

a. Darstellung der Fallgruppe in der bisherigen Diskussion

Der letzte Rechtfertigungsgrund, der in der Literatur und Praxis anerkannt ist, ist das Einsteigen in die Preise eines Mitbewerbers. Nach den bisherigen Ausführungen sind hier nur noch die Fälle relevant, in denen die billigen Preise der Mitbewerber noch nicht zu einem allgemeinen Absinken des Marktpreises der Ware geführt haben. Es geht also darum, ob eine gezielte Reaktion auf das Verhalten eines Mitbewerbers den Verkauf unter Einstandspreis rechtfertigen kann. Auch wenn die Ergebnisse nicht einheitlich sind, wird in der Diskussion allgemein danach differenziert, ob die Preise der Mitbewerber über deren Einstandspreis liegen, oder selbst kartellrechtswidrig sind.

Auch eine andere Variante von Reaktion auf das Marktverhalten der Mitbewerber gehört in der Sache hierher. Im Beschwerdeverfahren gegen die Verfügung des BKartA gegen Wal Mart stellte sich heraus, daß Wal Mart im Bereich Pflanzenfett nur deshalb unter seinem Einstandspreis verkaufte, weil dieser vom Lieferanten aufgrund von Druck des Wettbewerbers Aldi Nord erhöht worden war[42]. Dies zeigt zwar einerseits, wie fraglich es ist, Wal Mart überlegene Marktmacht zuzuschreiben und andererseits, daß die Probleme des mittelständischen Lebensmittelhandels eher bei der Nachfragemacht der großen Konzerne zu suchen sind, als im Bereich des Verkaufs unter Einstandspreis. In der Sache geht es aber auch um ein ähnliches Problem, wie beim Einstieg in Preise der Mitbewerber, nämlich um die Frage, ob eine Reaktion auf das Marktverhalten bestimmter Mitbewerber einen Verkauf unter Einstandspreis rechtfertigen kann.

aa. Ansicht der LKartB Bayern und des BGH

Die erste Stellungnahme zu diesem Problem in der Praxis findet sich in der Kaufmarkt-Verfügung der LKartB Bayern[43]. Die LKartB geht auf den Einstieg in rechtmäßige Preise gar nicht ein und verwirft den Einstieg in rechtswidrige Preise der Konkurrenz als Rechtfertigungsgrund. § 37a III GWB a. F. stelle auf die ob-

42 OLG Düsseldorf WuW/E DE-R 781, 785
43 WuW/E LKartB 229

jektiven Auswirkungen auf den Markt zu Lasten der kleinen und mittleren Wettbewerber ab, so daß ein Verhalten nicht dadurch gerechtfertigt werden könne, daß ein anderes marktstarkes Unternehmen in der gleichen Weise Behinderungsmißbrauch betreibe.

Im Zusammenhang mit § 1 UWG hält auch der Bundesgerichtshof im Preiskampfurteil[44] den Verweis auf die rechtswidrigen Preise der Mitbewerber für nicht stichhaltig. Die Tatsache, daß die Beklagte mit ihren Preissenkungen nur auf die Preissenkungen einer Mitbewerberin reagiert habe, könne ihr unlauteres Verhalten nicht rechtfertigen. Zwar ging es hier um einen Fall, in dem die Beklagte die Preise der Mitbewerberin nochmals unterbot und nicht nur in die Preise einstieg, doch stellte der BGH die zwei grundsätzlichen Bedingungen für erlaubtes Abwehrverhalten im Wettbewerbsrecht heraus, die auch hier zu beachten seien. Danach muß ein Händler vorrangig versuchen gerichtliche Hilfe in Anspruch zu nehmen und darf auf eigene Vergeltungsmaßnahmen erst zurückgreifen, wenn gerichtliche Hilfe nicht zu erlangen ist. Außerdem ist es grundsätzlich unzulässig unbeteiligte Dritte durch das Abwehrverhalten zu schädigen. Bei einer Preissenkung seien jedoch immer unbeteiligte Dritte betroffen, so daß diese als Abwehrmaßnahme nicht in Betracht komme.

Die LKartB Bayern und der BGH liegen mit ihrer Bewertung auf einer Linie mit der ständigen Rechtsprechung zum erlaubten Abwehrverhalten und zum tu quoque Einwand[45]. Da das UWG objektive Verstöße ahndet, helfen Verweise auf andere Rechtsverletzer grundsätzlich nicht weiter, solange es nicht ausschließlich um ein individuelles Recht geht und sich die Abwehrmaßnahme gerade gegen denjenigen richtet, der dieses Recht selbst verletzt. Diese Rechtfertigung scheidet für allgemeine Preissenkungen grundsätzlich aus.

bb. Ansicht des BKartA

Eine andere Ansicht vertritt das BKartA in der Coop-Verfügung[46]. Es sei der Verfügungsadressatin grundsätzlich nicht zuzumuten, auf das Eintreten in die Preise der Mitbewerber zu verzichten. Soweit dies geschehe falle daher die Interessenabwägung im Rahmen des §37a III GWB a.F. zugunsten der Verfügungsadressatin aus.

Konkrete praktische Relevanz hat die Ansicht des BKartA im Verfahren gegen die Lidl Stiftung erlangt, weil sich der Einwand des zulässigen Einstiegs in Mitbewerberpreise auch in einer örtlichen Beschränkung des Tenors ausgewirkt

---

44 GRUR 90, 371, 373
45 oder unclean hands; dazu B/H UWG Einl. Rn 448-450
46 WuW/E BKartA 2044 f

hat[47]. Da die Untersagungsverfügung nach § 32 GWB einen gegenwärtigen oder drohenden Rechtsverstoß voraussetzt[48], schränkte das BKartA die Verfügung ein, soweit es die Preisunterbietung der Lidl Stiftung für gerechtfertigt hielt. Zwar konnte sich Lidl nicht darauf berufen, die Preise des aggressiven Neueinsteigers Wal-Mart unterbieten zu müssen, doch hatte Lidl auch auf die Preise des Mitbewerbers Aldi Nord reagiert und seine Preise auf das gleiche Niveau gesenkt. Allerdings hatte Lidl die Preise bundesweit herabgesetzt, obwohl es nur in Norddeutschland der Konkurrenz von Aldi Nord ausgesetzt war. Das Bundeskartellamt hielt daher die Preissenkungen der Lidl Stiftung für eine örtliche Überreaktion[49] und untersagte sie für Süddeutschland, da es hier keine Aldi Nord Niederlassungen gab.

Das BKartA äußert sich dabei zu der Frage, ob es darauf ankommt, ob Lidl nun in rechtmäßige oder rechtswidrige Preise eingestiegen ist. Hier meint das BKartA, daß lediglich der Einstieg in offensichtliche Untereinstandspreise untersagt sein soll. Dies könnte der Bestimmtheit der Verfügung dienen. Ebenso, wie nach Ansicht des BKartA nur evident unzulässige Rabatte nicht vom Einstandspreis abgezogen werden dürfen, soll sich ein Händler auch nicht auf evident rechtswidrige Preise der Mitbewerber berufen können. Aus der Sicht des BKartA ist damit der Einstieg in rechtmäßige Preise der Konkurrenz erlaubt, auch wenn ein Unternehmen dafür unter seinen eigenen Einstandspreis gehen muß.

cc. Ansicht des OLG Düsseldorf

Im Beschwerdeverfahren gegen die Entscheidung des BKartA gelang es Wal Mart, vor dem OLG Düsseldorf darzulegen, dass der Verkauf von H-Milch unter Einstandspreis zu einer Zeit geschah, als Aldi Nord und Lidl die Einstandspreise für H-Milch ebenfalls unterschritten. Wal Mart behielt in dieser Situation seinen Preis für H-Milch lediglich bei, obwohl die Einstandspreise über den Verkaufspreis stiegen. Da der Preis von Wal Mart über den Preisen von Aldi Nord und Lidl lag, hielt das OLG Düsseldorf die Preisgestaltung als Verteidigungshandlung gegen einen kartellrechtswidrigen Angriff der Wettbewerber für gerechtfertigt[50]. Das OLG Düsseldorf differenzierte dabei zwischen Untereinstandspreisen als „Angriffstrategie“ und als „Verteidigungsstrategie“, wobei die letztere tendenziell unbedenklich sei[51]. Damit bestätigte das OLG Düsseldorf die Rechtsansicht

---

47 BKartA B 9 – 84/00 Lidl S.1
48 Emmerich in I/M 2. Aufl. § 37a Rn 11; 3. A. § 32 Rn 5
49 BKartA Lidl S.7
50 OLG Düsseldorf WuW/E DE-R 781, 784
51 OLG Düsseldorf WuW/E DE-R 781, 783

des BKartA, auch wenn es aufgrund der geänderten Beweislage zu einem anderen Ergebnis kam.

Konsequenterweise hat das OLG Düsseldorf Wal Mart auch zugebilligt, den Preis für Pflanzenfett beizubehalten, obwohl der Einstandspreis beim Weiterverkauf unterschritten wurde. Wal Mart sei hier selbst Opfer der Marktmacht des Konkurrenten Aldi Nord geworden, was es ausschließe, Wal Mart einen Machtmißbrauch im Sinne des § 20 IV S2 GWB vorzuwerfen[52].

dd. Diskussion in der Literatur

In der Literatur stößt das BKartA zum Teil auf Widerspruch. Pfeffer will den Einstieg in fremde Preise grundsätzlich nicht zulassen, da dies genau die "Elefantenschlacht" marktstarker Unternehmen ermögliche, die für den mittelständischen Handel so gefährlich sei und deshalb durch § 37a III GWB a.F. untersagt[53]. Damit stimmt er mit der Ansicht des BGH in seinem Preiskampfurteil überein. Eine differenzierte Ansicht vertritt Westen[54]. Er hält gerade den Eintritt in rechtswidrige Preise als Verteidigungsmaßnahme für gerechtfertigt, da hier der Angreifer selbst nicht schutzwürdig sei. Den Eintritt in rechtmäßige Preise unter Inkaufnahme eigener Verluste hält Westen dagegen für unzulässig. Dies stelle eine Verfälschung des Leistungswettbewerbs durch leistungswidrige Mittel dar. Damit besteht zwischen diesen beiden Autoren zumindest Einigkeit darüber, daß der Eintritt in rechtmäßige Preise untersagt sein soll. Eine Ausnahme muß man jedoch dann machen, wenn die Ware aufgrund der niedrigen Preise der Konkurrenz zum Einstandspreis nicht mehr abzusetzen ist. Dann greift der Rechtfertigungsgrund der "Absatzschwierigkeiten"[55], der hier aus dem Sinken des Warenwerts begründet wurde.

b. Kritik an der Ansicht des BKartA und des OLG Düsseldorf

So einleuchtend die Zumutbarkeitserwägungen des BKartA auf den ersten Blick scheinen mögen, so sehr stehen sie im Widerspruch zur bisherigen Rechtsprechung zur Preisunterbietung. Schon im klassischen Benrather Tankstellenfall ging es um die Reaktion des Kartells auf die niedrigen Preise des Außenseiters. Zwar hatte das Kartell sich nicht auf einen Einstieg in die Außenseiterpreise be-

52 OLG Düsseldorf WuW/E DE-R 781, 785

53 Pfeffer, S. 163 f; so auch Wuttke, Sicherung des Leistungswettbewerbs durch das Verbot der unbilligen Behinderung in § 26 IV GWB S.122-124

54 Westen S.137 f

55 Wuttke a.a.O. S.124

schränkt, sondern den Außenseiter fortlaufend unterboten, doch legte das RG großen Wert auf die Feststellung, daß das Kartell seine Preise nur im Raum Benrath senkte und nicht im gesamten Geschäftsgebiet[56]. Gerade darin sah das RG ein Indiz für das Vorliegen leistungswidriger Kampfpreise, die keine ehrliche und dauerhafte kaufmännische Kalkulation darstellten.

In diesem Zusammenhang ist auch das Verfahren Vergaserkraftstoff-Abgabepreise vor dem Kammergericht interessant[57]:

Freie Tankstellen kamen unter Wettbewerbsdruck, weil die großen Mineralölkonzerne sich in einigen Gebieten einen scharfen Preiskampf lieferten. Dabei stiegen sie regelmäßig in die niedrigeren Preise der lokalen Mitbewerber ein. Da die Preise für Kraftstoff ab Raffinerie nicht in gleichem Maße gesenkt wurden, nahm das Bundeskartellamt Ermittlungen gegen einige Mineralölkonzerne auf. Im Prozeß um die Auskunftspflichten der Konzerne stellte das Kammergericht fest, daß nach § 37 a III GWB a.F. Ermittlungen mit dem Ziel, niedrigere Abgabepreise ab Raffinerie zu erzwingen nicht gerechtfertigt seien, da § 37a III GWB a.F. auf das Horizontalverhältnis beschränkt sei. In einem obiter dictum erklärte das Kammergericht jedoch, daß aus seiner Sicht ein systematisches Einsteigen in die Preise auch der kleinen Wettbewerber eine unbillige Behinderung im Sinne von § 37a III GWB a.F. darstellen könne.[58] Für eine Absicht der gezielten Vernichtung der freien Tankstellen oder ein Unterschreiten der eigenen Einstandspreise auf Seiten der Mineralölkonzerne finden sich in der Begründung keinerlei Hinweise. Vielmehr war das Einsteigen in die Preise der Mitbewerber offensichtlich Ausfluß des scharfen Wettbewerb zwischen den beteiligten Großkonzernen. Dennoch zögerte das Kammergericht nicht, dieses Verhalten kritisch zu beurteilen. Dieser Fall zeigt deutlich, wie die gezielte Reaktion auf das Preisverhalten der Mitbewerber unter Inkaufnahme von Verlusten in der Rechtsprechung üblicherweise gesehen wird.

Im Fall Lidl hat das BKartA genau umgekehrt argumentiert. Ein gezielter Preiskampf gegen Aldi Nord, der sich auf die Standorte beschränkt, an denen Wettbewerb besteht, wäre gerechtfertigt, während eine allgemeine Preissenkung unzulässig sein soll. Zwar ging es im Fall Lidl nicht um Preisunterbietung, sondern nur um den Einstieg in die Preise des anderen, doch kann auch darin eine äußerst wirkungsvolle Kampfmaßnahme liegen, vor allem, wenn es darum geht, den Neueinstieg eines Konkurrenten in den Markt zu verhindern. Wer dem Neueinsteiger zeitlich beschränkt den Vorteil von Verkäufen unter Einstandspreis gewähren will, um in den Markt eindringen zu können, der darf nicht zugleich

---

56 RGZ 134, 342, 353
57 WuW/E OLG 2620
58 KG a.a.O. 2623

der Konkurrenz erlauben, dieser Werbung durch den Einstieg in die Einführungspreise die Wirkung zu nehmen. Wenn daher ein Absatz der Ware auch über dem Einstandspreis noch möglich ist und man die Entscheidung des Gesetzgebers akzeptiert, daß der lautere Preiswettbewerb für marktstarke Unternehmen dort endet, wo sie ihren Einstandspreis unterschreiten, dann ist es nicht recht einzusehen, warum diese Maßnahme gerade dann erlaubt sein soll, wenn sie sich ganz gezielt gegen einen bestimmten Mitbewerber richtet, auch wenn dessen Preise nicht unterboten, sondern nur neutralisiert werden. Außerdem gestattet das BKartA Lidl im Ergebnis tatsächlich genau die "Elefantenschlacht" im Sinne Pfeffers, die der Gesetzgeber zugunsten der kleinen Mitbewerber verhindern will[59].

Auch das Argument des OLG Düsseldorf, in einer Reaktion auf einen kartellrechtswidrigen Angriff eines Mitbewerbers liege kein Ausnutzen von überlegener Marktmacht, kann im Ergebnis nicht überzeugen. Indem Wal Mart die Herausforderung von Aldi Nord angenommen hat und sich unter Inkaufnahme von Verlusten auf eine Preisschlacht im Bereich H-Milch und Pflanzenfett eingelassen hat, hat Wal Mart sehr wohl Marktmacht zum Einsatz gebracht. Wenn man der Wertung des Gesetzgebers bei Erlaß des § 20 IV S2 GWB folgt, beruht die bewußte Inkaufnahme von Verlusten im Wettbewerb auf überlegener Marktmacht gegenüber den kleinen und mittleren Wettbewerbern, die sich eine ähnliche Reaktion auf eine Erhöhung ihrer Einstandspreise unter Umständen nicht leisten können.

Wer seinen eigenen Einstandspreis unterschreiten muß, um im Wettbewerb mitzuhalten, der verläßt den Bereich des Leistungswettbewerbs wie in der Gesetzgeber der 6. GWB-Novelle nach § 20 IV S2 GWB sieht, da seine Preise nicht Ausdruck besonderer Leistungsfähigkeit sind, sondern Mittel in einem Kampf unter Inkaufnahme von Verlusten.

c. Die Ansicht Mestmäckers

Einen gänzlich abweichenden Ansatz vertritt Mestmäcker. Er kritisiert die Kontrolle des Wettbewerbs anhand von kostenbezogenen Preisuntergrenzen grundsätzlich[60], geht dabei aber auch ausführlich auf den Einstieg in die Preise der

59 Interessanterweise scheint auch der französische Gesetzgeber die Unterschreitung der eigenen Einstandspreise zum Einstieg in Preise der Mitbewerber nur noch Kleinunternehmen zu erlauben, die nach deutschem Recht ohnehin nicht als Normadressaten in Betracht kommen: Luber WuW 2001, 686, 692

60 Der verwaltete Wettbewerb S. 218 f

Mitbewerber ein[61]. Dabei merkt er zunächst an, daß der erlaubte Eintritt in die Preise der Konkurrenz letztlich dazu führe, daß der Preiswettbewerb eingeschränkt werde. Sei nur der Eintritt in die Preise der anderen erlaubt, glichen sich die Preise auf dem Niveau des niedrigsten Preises an. Seiner Ansicht nach könne ein Eintritt in die Preise der Mitbewerber im übrigen ebenso wettbewerbswidrig, wie wettbewerbskonform sein. Dies hänge von den Umständen des jeweiligen Falles ab. So könne ein marktbeherrschendes Unternehmen kleinere Wettbewerber ihrer Chancen auf dem Markt berauben, wenn es lediglich in ihre Preise eintrete.

Dies liegt auf der Hand. Wenn ein Kunde mit den Leistungen des etablierten großen Anbieters zufrieden ist, dann braucht er einen besonderen Anreiz, um zu einem kleineren Unternehmen zu wechseln. Der stärkste Anreiz, den Lieferanten zu wechseln und damit die größte Chance der Neueinsteiger ist der Preis. Wenn nun das marktbeherrschende Unternehmen den Kunden immer den Preis des Neueinsteigers bietet, obwohl es dabei aufgrund höherer eigener Kosten sogar Verluste in Kauf nehmen muß, so kann darin eine massive Behinderung der kleinen Wettbewerber liegen[62].

Anders ist die Lage in einem dynamischen und offenen Markt mit funktionierendem Wettbewerb. Hier muß nach Ansicht Mestmäckers der Eintritt in die Preise der Konkurrenz erlaubt bleiben[63]. Mestmäcker geht dabei auf der Basis des § 37a III GWB a. F. davon aus, daß eine Kontrolle der Preise anhand der Einstandskosten grundsätzlich nicht sinnvoll sei, da die Einstandskosten nichts darüber aussagten, ob ein Preis noch wettbewerbskonform sei, oder schon Behinderungswettbewerb.[64] Insbesondere die typische Sonderangebotsstrategie des Einzelhandels sieht er nicht als leistungswidrigen Wettbewerb. Die Selbstkosten eines einzelnen Produkts seien bei der Frage nach der Zulässigkeit einer bestimmten Preisgestaltung nebensächlich[65], vielmehr komme es auf die Machtverhältnisse auf dem Markt an. Erst bei einem hohen Grad an Marktbeherrschung, die hohe Zutrittsschranken auf dem Markt voraussetzt, stelle die Unterschreitung der Selbstkosten zumindest ein Indiz für das Vorliegen von Nichtleistungswettbewerb dar[66].

---

61 a.a.O. S.243-248
62 a.a.O. S.247
63 a.a.O.
64 a.a.O. S.241
65 a.a.O. S.219
66 S.209

d. Ergebnis

Soweit Mestmäcker ausführt, daß der Eintritt in Mitbewerberpreise eine Preisgestaltung nicht automatisch rechtfertigt, ist ihm zuzustimmen. Soweit er diesen Eintritt auch bei Unterschreitung der Selbstkosten für zulässig hält, stehen seine Beweggründe jedoch im Widerspruch zur Neuregelung in § 20 IV S2 GWB. Der Gesetzgeber hat sich dafür entschieden, die Preisgestaltung im Wettbewerb anhand der Kosten zu überprüfen. Damit ist der Verkauf unter Einstandpreis auch dann wettbewerbswidrig, wenn keine hohen Marktzutrittsschranken bestehen und die Schwelle der Marktbeherrschung von keinem Wettbewerber erreicht wird. Auch wenn die Erwägungen Mestmäckers nichts an ihrer Richtigkeit eingebüßt haben, so entsprechen sie nicht mehr der aktuellen Gesetzeslage in Deutschland.

Der Eintritt in die Preise der Mitbewerber kann daher den Verkauf unter Einstandpreis nicht rechtfertigen, solange die Produkte zum Einstandspreis noch zu verkaufen sind. Erst wenn ein allgemeines Sinken des erzielbaren Wiederverkaufspreises unter den Einstandspreis festzustellen ist, kann der Händler seine Preise an die Marktverhältnisse anpassen. Dies ist dann allerdings keine Reaktion auf die Preisgestaltung Mitbewerber, sondern eine Anpassung an den Wertverfall der Ware.

6. Kapitel: Nicht nur gelegentliche Verkäufe

1. Problemstellung

Nach der Klärung der Frage, was ein Verkauf unter Einstandspreis eigentlich ist und wann er sachlich gerechtfertigt ist, soll nun das zweite unbestimmte Tatbestandsmerkmal "nicht nur gelegentlich" abgegrenzt werden. Auf den ersten Blick erscheint einleuchtend, daß der Gesetzgeber nur den systematischen Verkauf unter Einstandspreis verbieten wollte und Einzelaktionen ohne Auswirkung auf den Wettbewerb von dem Verbot ausnehmen. Es handelt sich bei dem Merkmal "nicht nur gelegentlich" also um eine Art zeitlicher Bagatellklausel. Verkäufe unter Einstandspreis, die nicht sachlich gerechtfertigt sind, sollen dennoch nicht verboten werden, wenn sie vereinzelt bleiben und daher kartellrechtlich irrelevant sind.

Mit dieser grundlegenden Bestimmung der Zielrichtung des Gesetzgebers wird klar, daß eine Abgrenzung nicht ausschließlich aus einer zeitlichen Betrachtung der Verkäufe erfolgen kann. Je günstiger das Angebot nämlich ist, je intensiver es beworben wird und je langlebiger die verkauften Artikel sind, desto stärker sind die Auswirkungen im Wettbewerb. Dies muß bei der Festlegung einer zeitlichen Obergrenze für erlaubte Verkäufe unter Einstandspreis beachtet werden[1]. Hier werden letztlich die gleichen Mechanismen wirksam, die schon bei der Frage der Grenzen der Zulässigkeit für Eröffnungsangebote von Newcomern aufgetreten sind.

Die eigentliche Schwierigkeit besteht nun darin, die zeitlichen Grenzen konkret zu bestimmen. Dabei sind sowohl die Dauer der einzelnen Aktion, als auch der zeitliche Abstand zwischen zwei Aktionen festzulegen, wobei zwischen diesen beiden zeitlichen Grenzen ebenfalls Wechselwirkungen bestehen können. Damit bewegt sich der Rechtsanwender in einem Dreieck zwischen der Dauer der Einzelaktion, dem zeitlichen Abstand zwischen den Aktionen und der Intensität der Preisunterbietung, wobei sich diese Faktoren gegenseitig beeinflussen, ohne daß das Gesetz selbst irgendwelche Anhaltspunkte für eine konkrete Grenzziehung gibt. Dies ist auch ein Grund, warum dieses Tatbestandmerkmal erst nach der sachlichen Rechtfertigung besprochen wird, obwohl darin eigentlich ein Systembruch liegt.

---

1 Köhler BB 1999, 697, 699

Eine gewisse Einschränkung ergibt sich aus der Vorgeschichte des § 20 IV S2 GWB. Die Frage der zeitlichen Bagatellgrenze war auch bei den § 37a III und § 26 IV GWB a.F. aufgetaucht und dort im Rahmen der "wesentlichen Marktbeeinflussung" bzw. der Interessenabwägung bei der "unbilligen Behinderung" behandelt worden. Mit den insoweit gefundenen Ergebnissen, insbesondere mit der Entscheidung Hitlisten-Platten des BGH war der Gesetzgeber offensichtlich nicht einverstanden. Auch wenn das BKartA in seiner Bekanntmachung zur Anwendung des § 20 IV S2 GWB auf die bisherige Praxis zur unbilligen Behinderung verweist[2], können die dort gefundenen zeitlichen Grenzen keinesfalls einfach in den neuen Tatbestand importiert werden, da sie im Zweifel zu großzügig sind.

2. Die Rechtslage vor § 20 IV S2 GWB

a. Praxis der Kartellbehörden und Gerichte

In der Kaufmarktverfügung der LKartB Bayern taucht das Problem nur ganz am Rande auf, da es hier um einen monatelangen Verkauf unter Einstandspreis ging. Die LKartB erwähnt lediglich, daß die Verfügungsadressatin "ständig" unter Einstandspreis verkaufte[3].

In Coop Bremen teilt das BKartA obiter dictu mit, daß ein auf drei Tage beschränkter Verkauf eines Artikels je "Warenbereich" (Spirituosen, Milchprodukte, Konserven, Fleisch- und Wurstwaren etc.) unter Einstandspreis einmal im Monat nicht geeignet sei, die Wettbewerbsverhältnisse im Sinne des § 37a III GWB a.F. wesentlich zu beeinflussen[4]. Darin lag wohl der Versuch dem Handel durch Selbstbindung der Verwaltung ein wenig Rechtssicherheit zu geben. Logisch zu erklären ist die Grenzziehung nämlich nicht. Was diese Aussage nach der Streichung des Tatbestandsmerkmal der wesentlichen Marktbeeinflussung wert ist, ist fraglich.

In der Entscheidung Hitlisten-Platten zu § 26 IV GWB a.F. hatte der BGH über den Antrag zu entscheiden, der Beklagten zu verbieten, jeweils fünf CDs aus der Liste der hundert meistverkauften Tonträger unter Einstandspreis zu verkaufen und diese an 9 Tagen im halben Jahr zu bewerben[5]. Die Beklagte hatte nach dem Sachverhalt ihre Sonderangebote sogar neunmal innerhalb eines guten Mo-

2 Bekanntmachung zur Anwendung des § 20 IV S2 S. 8
3 LKartB Bayern WuW/E LKartB 229
4 BKartA WuW/E BKartA 2035
5 BGHZ 129, 205

nats beworben[6]. Dennoch konnte der BGH hier keine unbillige Behinderung erkennen, da es an der "nachhaltigen Beeinträchtigung des Wettbewerbs" fehlte[7].

b. Literatur

In der Literatur wurde die Frage der gelegentlichen Verlustpreisverkäufe vor allem in Zusammenhang mit der Frage der nachhaltigen Beeinträchtigung des Wettbewerbs nach § 37a III GWB a.F. diskutiert. Soweit dabei von der Zulässigkeit selbst von systematischen Verkäufen unter Einstandspreis ausgegangen wurde, bestand kein Anlaß auf die Frage der gelegentlichen Verkäufe einzugehen[8]. Schüller hält Verkäufe unter Einstandspreis für grundsätzlich zulässig, merkt jedoch zurecht an, daß die vom BKartA in der Sache Coop Bremen gezogene zeitliche Grenze vollkommen willkürlich ist[9].

Vertreter eines engen Begriffs vom Leistungswettbewerb wollten in der Tendenz möglichst alle Verlustpreisverkäufe verbieten. So geht Streit davon aus, daß auch vereinzelte Verkäufe unter Einstandspreis den Wettbewerb nachhaltig gefährden könnten und daher schon nach § 37a III GWB a.F. verboten gewesen wären[10]. Damit schreibt er diesen Verkäufen jedoch eine abstrakte Gefährlichkeit wegen der "Sogwirkung" zu, die in der Praxis kaum nachzuweisen sein dürfte.

Pfeffer, der grundsätzlich § 37a III GWB a.F. gegen Verlustpreisverkäufe anwenden will, hält die Grenze des BKartA in Coop Bremen auch für willkürlich und für zu eng gezogen[11], da bei vereinzelten Verkäufen unter Einstandspreis keine Beeinträchtigung des Wettbewerbs vorliegen könne. Dasselbe gilt auch für Nette, der dem BKartA ebenfalls Willkür vorwirft[12].

Westen differenziert nicht nur zwischen unzulässigen ständigen Verkäufen und zulässigen gelegentlichen Verkäufen[13], sondern auch zwischen offensiven und defensiven Verkäufen. Dabei bewertet er Eröffnungsangebote eines Newcomers als grundsätzlich offensiv und damit eigentlich unzulässig. Da er solche Eröffnungsangebote jedoch im Ergebnis zulassen möchte, löst er diese Problematik, indem er Eröffnungsangebote bis zu sechs Wochen als gelegentliche Verkäufe

---

6 BGHZ 129, 208
7 BGHZ 129, 211
8 z.B. Lindacher, der die Rechtslage nach § 1 UWG beurteilt
9 Schüller S.207
10 Streit S.135
11 Pfeffer S. 156
12 Nette S.51
13 Westen S.133

einordnet[14]. Da diese Verkäufe zur Geschäftseröffnung nach herrschender Ansicht aber bereits sachlich gerechtfertigt sind, besteht kein Bedarf, sie als "gelegentlich" einzuordnen. Im übrigen legt sich Westen nicht auf konkrete zeitliche Grenzen fest.

In der Literatur zu § 26 IV GWB a.F. hat sich vor allem Wuttke mit dem Problem der gelegentlichen Verkäufe befaßt. Er stellt zunächst dar, daß die Interessenabwägung nur dann ein Verbot nach § 26 IV GWB a.F. ergeben kann, wenn die kleinen Wettbewerber spürbar beeinträchtigt werden. Dies hänge von mehreren Faktoren, wie Art, Ausmaß und Bewerbung der Verkäufe ab, die alle in die Abwägung einfließen müßten[15]. Zwar kommt er so zu einer Unzulässigkeit ständiger Sonderangebotsaktionen, doch macht er keine konkreten Angaben, was nicht mehr "ständig" ist.

3. Literatur zur Einführung des § 20 IV S2 GWB

Wie bereits oben dargelegt, ist aufgrund der Gesetzgebungsgeschichte davon auszugehen, daß der Gesetzgeber mit dem Ergebnis der Entscheidung Hitlisten-Platten nicht einverstanden war[16]. Daher müssen Grenzen des gelegentlichen Verkaufs unter Einstandspreis neu bestimmt werden. Praktische Hinweise finden sich jedoch auch in der neuen Literatur nur wenige.

Gaedertz ist zum Beispiel der Auffassung, daß neunmal in sechs Monaten, wie in Hitlisten-Platten "nun wirklich nur gelegentlich" ist.[17] Eine solche Auslegung ist aber vor dem Hintergrund der Gesetzgebungsgeschichte ohne triftige Gründe kaum vertretbar.

Krause/Oppolzer meinen, der neue Tatbestand erfasse "den dauerhaften, den auf einen längeren Zeitraum angelegten und den ständig wiederkehrenden"[18] Verkauf unter Einstandspreis. Fest stehe nach Hitlisten-Platten, daß neun Tage im halben Jahr nur gelegentlich seien[19]. Diese Einschätzung ist wohl dem erklärten Bestreben von Kraus/Oppolzer entsprungen, § 20 IV S2 GWB durch besonders restriktive Auslegung de facto leerlaufen zu lassen und so "Schadensminimierung" zu betreiben[20].

---

14 Westen S.134, zustimmend Wuttke S.141

15 Wuttke S. 140

16 Gaedertz WRP 1999, 31; Köhler BB 1999, 697; Schultz in Langen/Bunte § 20 Rn 226, 249; a.A. Schmidt/Wuttke BB 1998, 753, 758

17 Gaedertz WRP 1999, 32

18 Krause/Oppolzer WuW 2000, 17, 25

19 Krause/Oppolzer WuW 2000, 17, 26

20 Krause/Oppolzer WuW 2000, 17 und 23

Köhler stellt zunächst heraus, daß bei der Frage, was nicht nur gelegentlich bedeutet, auch darauf abzustellen ist, ob von der Aktion immer die gleichen Wettbewerber betroffen sind, oder jeweils andere[21]. Ein Sonderangebot einmal die Woche hält Köhler für nicht nur gelegentlich und das Urteil Hitlisten-Platten für wenig aussagekräftig, weil es in der Entscheidung nur um die Frage der nachhaltigen Beeinträchtigung des Wettbewerbs ging, deren Grenzen ganz anders zu ziehen seien. Letzten Endes kann Köhler den Rechtsanwender aber auch nur auf den Einzelfall unter Berücksichtigung aller Umstände verweisen[22].

Schmidt/Wuttke trennen "gelegentliche" und "systematische" Verkäufe unter Einstandspreis und rechnen offenbar ein Verhalten wie in Hitlisten-Platten den systematischen Verkäufen zu[23]. Zuletzt kommen sie aber doch zu dem Ergebnis, daß der Gesetzgeber mit § 20 IV S2 GWB die Rechtslage nach Hitlisten-Platten in einer "Scheinnovellierung" festschreiben wollte[24], was aber bereits oben bei der sachlichen Rechtfertigung abgelehnt wurde.

Schultz stellt darauf ab, ob in dem Verhalten eine „bestimmte Praxis wettbewerblichen Verhaltens zum Ausdruck komme“[25]. Dabei solle es keine Rolle spielen, wer von den Verkäufen jeweils betroffen sei[26]. Mit dieser Auslegung wäre jedes planmäßige Vorgehen in Wettbewerb praktisch unabhängig von seiner Häufigkeit von § 20 IV S2 GWB erfaßt. Nach der Darstellung des Literaturstandes ist dies die einzige Lösung, die wenigstens zu einer berechenbaren Rechtsanwendung führen kann.

Mit einem ähnlichen Ansatz arbeitet auch Markert[27], der jedoch zu ganz anderen Ergebnissen kommt. „Nicht nur gelegentlich“ faßt auch er als „systematisch“ auf. Er will nun aber alles ausschließen, was nicht „von vornherein auf eine mehr oder weniger regelmäßige Wiederholung“ angelegt ist, sondern nur „ad hoc auf eine einzelne Sondersituation“[28]. Er will folglich Sonderangebote zur Geschäftseröffnung ebenso ausnehmen, wie die gezielte Reaktion auf Angebote der Konkurrenz und sogar „die im Lebensmitteleinzelhandel übliche Praxis der zu Werbezwecken eingesetzten Sonderangebote mit wechselnden Produkten“[29].

Die Ansicht Markerts erscheint jedoch allzu liberal, da alles dafür spricht, daß der Gesetzgeber ja gerade die „üblichen Sonderangebote“ im Lebensmittel-

---

21 Köhler BB 1999, 699
22 Köhler BB 1999, 699
23 Schmidt/Wuttke BB 1998, 753, 757
24 a.a.O. 758
25 Schultz in Langen/Bunte § 20 Rn 251
26 Langen/Bunte § 20 Rn 251
27 Markert in I/M 3.A. § 20 Rn 303, 304
28 Markert a.a.O. Rn 303
29 Markert a.a.O. Rn 304

handel einschränken wollte, die den kleinen Händlern angeblich so schwer zu schaffen machen. Zu bedenken ist auch, daß ein „nur gelegentliches“ Angebot allen Marktteilnehmern gleichermaßen erlaubt sein müßte. Wenn sechs Wochen bei Geschäftseröffnung „nur gelegentlich“ sind, warum sollten es dann sechs Wochen drei Jahre später nicht mehr sein? Ob ein Angebot „nur gelegentlich ist“, ist unabhängig von seinem Anlaß zu bestimmen. Daher lassen sich Eröffnungsangebote, die eine Abwägung zwischen den wettbewerblichen Auswirkungen und dem Erprobungszweck erfordern, kaum sachgerecht hier unterbringen. Darüber hinaus bringt Markerts Ansicht keine Erkenntnisse zu der Frage, wie lange ein Eröffnungsangebot eigentlich andauern darf, um noch "gelegentlich" zu sein. Hier erscheint der Weg über die sachliche Rechtfertigung unter Abwägung der Interessen der Beteiligten vorzugswürdig.

Sachlich gerechtfertigte Verkäufe müssen bei der Frage der Häufigkeit von Verkäufen unter Einstandspreis auch aus einem weiteren Grund ganz außer Betracht bleiben. Der Supermarkt, der ständig Lebensmittel mit abgelaufenem Haltbarkeitsdatum unter Einstandspreis verkauft, wäre sonst nämlich schon beim ersten nicht gerechtfertigten kurzen Verkauf unter Einstandspreis in Konflikt mit § 20 IV S2 GWB, weil er nicht „nur gelegentlich“ unter Einstandspreis verkauft, sondern laufend. Dasselbe müßte für jeden Händler gelten, der regelmäßig erlaubte Schlußverkäufe durchführt. Die Frage der sachlichen Rechtfertigung ist damit zumindest in der Theorie wohl vorrangig zu beantworten, da gerechtfertigte Verkäufe unter Einstandspreis bei der Frage der Häufigkeit der Verstöße unberücksichtigt bleiben müssen. Auch wenn die Gelegentlichkeit eigentlich Teil des Tatbestands ist, so muß doch bei ihrer Feststellung bereits klar sein, was gerechtfertigt ist, und was nicht.

Zuletzt ist noch fraglich, ob Markerts Ansicht nicht in sich selbst widersprüchlich ist. Wenn ein Unternehmer in jedes billigere Konkurrenzangebot auch unter Inkaufnahme von Verlusten einsteigt, so ist dies zwar einerseits eine Reaktion auf eine Sondersituation im Sinne Markerts, aber andererseits Ausdruck einer systematischen Strategie und im Sinne einer Drohung an die Wettbewerber durchaus auch auf Wiederholung angelegt. Damit kann letztlich die Ansicht von Schultz aus dem Gesichtspunkt der Schlüssigkeit und Rechtssicherheit am meisten überzeugen.

4. Praxis des BKartA zu § 20 IV S2 GWB

In den bisher ergangenen Verfügungen des BKartA zu § 20 IV S2 GWB kam es auf die Frage der zeitlichen Intensität nicht an, da sie alle Fälle betrafen, in denen der Verkauf unter Einstandspreis über viele Wochen andauerte. Als die Verfügungen gegen Wal Mart, Lidl und Aldi Nord am 1.9.2000 ergingen bestanden die fraglichen Angebote in allen drei Fällen jeweils bereits mindestens seit Juni 2000. Das BKartA konnte sich daher darauf beschränken, festzustellen, daß dauerhafte Angebote über mehr als sechs Wochen jedenfalls nicht mehr nur gelegentlich sind[30].

Als einzige Erkenntnisquelle mit einem gewissen Bezug zur Praxis bleibt daher die Bekanntmachung des BKartA zur Anwendung des § 20 IV S2 GWB, die auf den in den Verfahren gegen Wal Mart, Lidl und Aldi Nord gemachten Erfahrungen beruhen soll[31]. Darin versucht das BKartA eine allgemeine Bestimmung der „nicht nur gelegentlichen" Verkäufe zu erarbeiten, die geradezu exemplarisch für die Anwendungsschwierigkeiten ist, die hier entstehen müssen[32].

Zunächst legt das Amt dar, daß z.B. „Einführungspreise bei Geschäftseröffnung" als „nur gelegentlich" zu betrachten sind. Diese Einführungspreise sind jedoch schon sachlich gerechtfertigt und hier daher aus den bereits geschilderten Gründen überhaupt nicht relevant.

Darüber hinaus sollen nach dem BKartA „sporadische Sonder- oder Lockvogelangebote, von denen keine anhaltenden wettbewerblichen Wirkungen ausgehen,..." nicht erfaßt sein. Aus der Umschreibung „sporadische" Einzelaktion ist dabei kein Erkenntnisgewinn zu erzielen. Unwesentlich aufschlußreicher ist die Information, daß von dem Angebot keine anhaltenden Wirkungen im Wettbewerb ausgehen dürfen. Damit wiederholt das BKartA den Beweggrund für die Regelung, ohne diese zu präzisieren. Das BKartA teilt weiter mit, daß Angebote über drei Wochen nicht mehr gelegentlich sind, auch wenn sie nur jeweils am Wochenende gemacht werden. Auch soll es keine Rolle spielen, ob sich das Angebot auf wechselnde Artikel bezieht. Ein Ausnahme gelte aber, wenn das Angebot auf unterschiedlichen räumlichen Märkten wiederholt wird.

Bei dieser allgemeinen Beschreibung hat das BKartA, wie überhaupt in seiner ganzen Bekanntmachung, offenbar ausschließlich den Lebensmitteleinzelhandel im Sinn. Daß wechselnde Angebotsartikel hier keine Rolle spielen ist offensichtlich, wenn man mit dem BKartA davon ausgeht, daß das ganze Lebensmittelsortiment ein einheitlicher sachlicher Markt ist. Auch wirken sich die unterschiedlichen Lockangebote immer gegenüber denselben Wettbewerbern aus, wenn das eigentliche Kernsortiment sich überschneidet[33]. Wenn die Angebote aber auf ganz verschiedenen Märkten wirken und keine Wechselwirkung eintreten kann, so muß der Fall anders beurteilt werden.

---

30 BKartA Wal-Mart S.10; Lidl S.6; Aldi Nord S.8

31 Bekanntmachung zur Anwendung des § 20 IV S2 S.8

32 BKartA Bekanntmachung zur Anwendung des § 20 IV S2 S.3

33 darauf stellt zurecht Köhler ab, BB 1999, 699

Wenn zum Beispiel ein Händler auf der „grünen Wiese“ einen Baumarkt betreibt und in der Innenstadt noch einen Feinkostladen unterhält, der ihm zwar auch gehört, aber einen anderen Namen führt (und z.B. im wesentlichen von seiner Ehefrau betrieben wird), so können Sonderangebote des Feinkostladens schwerlich dem Baumarkt zugerechnet werden. Damit zeigt sich, daß Angebote auf verschiedenen sachlichen Märkten genauso zu beurteilen sind, wie Angebote auf unterschiedlichen räumlichen Märkten. Es geht hier lediglich um die richtige Marktabgrenzung, die weiter unten bei der Frage der Normadressateneigenschaft untersucht werden soll. Damit bleibt als einzige Erkenntnis aus der Bekanntmachung des BKartA die Feststellung, daß ein Angebot über drei Wochen nicht mehr nur gelegentlich ist.

5. Versuch einer Lösung

Wie ist es nach der Bekanntmachung des BKartA zum Beispiel zu beurteilen, wenn ein Verbrauchermarkt für Unterhaltungselektronik jeweils zum Monatsanfang für eine Woche extreme Sonderangebote macht und bewirbt? Die Angebote dauern nur eine Woche und wenn das neue Angebot im nächsten Monat kommt, ist das alte seit mindestens drei Wochen beendet. Wenn man den Maßstab des BKartA anlegt, müßten eigentlich jeweils eigene Aktionen vorliegen, die für sich gesehen „sporadisch“ sind. Daß eine solche Verkaufsstrategie nicht „nur gelegentlich“ ist und von dem neuen Verbot erfaßt sein soll, liegt aber auf der Hand. Für solche Fälle bleibt dem Leser der Bekanntmachung nur die Prüfung, ob von dem Angebot „anhaltende wettbewerbliche Wirkungen“ ausgehen. Dabei hat er nur den Anhaltspunkt, daß diese Frage wohl strenger zu beurteilen ist, als in Hitlisten-Platten.

Noch schwieriger wird es, wenn der Elektronikmarkt seine Angebote nur zu Weihnachten, Ostern und zu Beginn der Sommerferien macht, z.B. abgestimmt auf die Auszahlungstermine für Weihnachts- und Urlaubsgeld des größten Arbeitgebers am Ort. Wenn man keine ausführliche Marktfolgenanalyse zur Bestimmung der wettbewerblichen Wirkungen des Angebots macht, die man von den Normadressaten nicht verlangen kann, muß man die Grenze für gelegentliche Geschäfte willkürlich ziehen, wie dies das BKartA im Prinzip mit seiner Drei-Wochen-Regel auch getan hat.

Um Willkür zu vermeiden und zu einer schlüssigen Rechtsanwendung zu kommen, bleibt eigentlich nur der Weg, die Grenze besonders streng zu ziehen, so wie Schultz dies tut[34]. Alles, was einem Geschäftsplan folgt, auf Wiederho-

34 Langen/Bunte § 20 Rn 251

lung angelegt ist oder speziell beworben wird, wäre dann „nicht nur gelegentlich“. Diese Auslegung steht nicht mit dem Willen des Gesetzgebers in Widerspruch und schränkt die Wirtschaft dennoch nicht zu sehr ein, die sich ja auf eine Vielzahl von Rechtfertigungsgründen berufen kann.

Zu ergänzen wäre die Auslegung von Schultz noch um eine Bagatellklausel für Fälle, in denen eine tatsächliche Beeinträchtigung der Wettbewerber ausgeschlossen erscheint. Dies ist erstens notwendig, um dem Gesetzgeber gerecht zu werden, der Fälle ohne Wirkungen im Wettbewerb ausklammern will und um die Gerichte vor Klagen in solchen Fällen zu schützen. Die Kartellbehörden können insoweit nämlich anders als die Gerichte ihr Aufgreifermessen ausüben und auf diese Weise vor Bagatellfällen verschont werden. Ein solches Ermessen hat das von einer Klagepartei angerufene ordentliche Gericht nicht. Daher sollte hier die Möglichkeit bestehen, Bagatellen als "gelegentliche" Verkäufe einzustufen. In diesen Fällen wird sich allerdings in der Regel auch das von Schultz geforderte planmäßige Vorgehen nicht nachweisen lassen. Im Ergebnis erscheint daher eine durchgehende Anwendung des § 20 IV S2 GWB auf alle Fälle des planmäßigen Verlustpreisverkaufs im Moment die überzeugendste Lösung.

Eine solche Regelung ist zwar widerspruchsfrei anwendbar, doch stellt sich hier die Frage, ob die gefundene Auslegung mit dem kartellrechtlichen Charakter der Vorschrift noch übereinstimmt. Ein streng verstandenes Verbot des Verkaufs unter Einstandspreis hat mit der Kontrolle von Marktmacht nur noch wenig zu tun. Hier geht es vielmehr darum, eine als abstrakt gefährlich eingestufte Handlungsweise bereits im Vorfeld der Wettbewerbsbeeinträchtigung zu unterbinden. Die Untersuchung der Normadressateneigenschaft muß hier letztlich zeigen, ob ein sinnvoller Zusammenhang zwischen dem Verbot des § 20 IV S2 GWB und der Ausübung von Marktmacht überhaupt herzustellen ist.

7. Kapitel: Die Normadressaten des § 20 IV GWB

1. Einleitung

Die Anwendung des § 20 IV GWB setzt voraus, daß der Wettbewerber, dessen Verhalten überprüft werden soll, gegenüber "kleinen und mittleren Wettbewerbern" über "überlegene Marktmacht" verfügt. Hier sind gleich zwei unbestimmte Rechtsbegriffe aufeinander bezogen. Zunächst ist zu klären, was ein kleiner oder mittlerer Wettbewerber ist, und dann muß diesem gegenüber überlegene Marktmacht festzustellen sein.

Bei der Einführung der überlegenen Marktmacht in das GWB in § 37a III GWB a.F. bestand im Gesetzgebungsverfahren die Vorstellung, es gelte eine Schutzlücke zu schließen[1]. Leistungsfähige Mittelständler seien vor den Behinderungspraktiken von Großunternehmen zu schützen, die die Schwelle der Marktbeherrschung noch nicht ganz erreichen. Gedacht war hier wohl vor allem an den Fall, daß mehrere starke Konkurrenten ein Oligopol bilden, in dem aufgrund des starken Binnenwettbewerbs keiner der Oligopolisten marktbeherrschend ist. Der Gesetzgeber meinte daher, die Kontrolle der "absoluten" Marktmacht in Form der Marktbeherrschung durch eine Kontrolle der "relativen" Marktmacht gegenüber kleineren Wettbewerbern ergänzen zu müssen. Dabei hatte er auch die "relative" Abhängigkeit im Vertikalverhältnis im Auge, die wohl das Vorbild für eine relative Übermacht im Horizontalverhältnis darstellen sollte[2]. Daß diese Parallele tragfähig ist, wurde in der Literatur zum Teil angezweifelt[3]. Hier wird ein Schwerpunkt der folgenden Untersuchung liegen.

Da § 37a III GWB a.F. vor allem eine Antwort des Gesetzgebers auf den verschärften Wettbewerb im Lebensmitteleinzelhandel war, gab es in der Literatur gleich nach der 4.GWB-Novelle Versuche, die großen Lebensmittelhändler als "typische Normadressaten" des § 37a III GWB zu klassifizieren[4]. Auch das BKartA scheint in seiner Bekanntmachung zur Anwendung des § 20 IV S2 GWB

1 Ausschußbericht zur 4. GWB-Novelle BT Drucksache 8/3690 abgedruckt in WuW 1980, 366, 375

2 Ausschußbericht zur 4. GWB-Novelle in WuW 1980, 366, 375

3 Möschel, Recht der Wettbewerbsbeschränkungen Rn 675; zuletzt Markert in I/M 3.A. § 20 Rn 278

4 Ulmer WuW 80, 474, 489; zustimmend Helm S. 235

in diese Richtung zu tendieren[5]. Der Verweis auf die Gesetzgebungsgeschichte kann jedoch von einer genauen Prüfung der Normadressatenvoraussetzungen nicht befreien[6].

§ 37a III GWB a.F. enthielt als weitere Tatbestandsvoraussetzung noch die Einschränkung, daß der Behinderer in der Lage sein müsse, die Marktverhältnisse wesentlich zu beeinflussen. Dadurch sollte verhindert werden, daß § 37a III GWB a.F. zu einem Instrument des reinen Individualschutzes wird[7]. Bereits mit der Einführung des § 26 IV GWB a.F. in der 5.GWB-Novelle verzichtete der Gesetzgeber auf dieses Tatbestandsmerkmal. Damals war umstritten, ob damit tatsächlich eine Änderung in der Sache verbunden sein sollte, da sich in der Ausschußbegründung zu § 26 IV GWB a.F. dieselben Formulierungen finden, die für die Einführung der "Fähigkeit zur wesentlichen Marktbeeinflussung " als Begründung dienten[8]. Nach der wohl überwiegenden Ansicht sollte die Streichung des Tatbestandsmerkmals lediglich einer Vereinfachung des Gesetzestextes dienen und die Frage der Fähigkeit zur wesentlichen Marktbeeinflussung schon bei der Feststellung der überlegenen Marktmacht und bei der "unbilligen Behinderung" mitberücksichtigt werden[9]. Diese Frage ist bis heute aktuell, da es insoweit keine Praxis zu § 26 IV GWB a.F. gibt.

Die Vorgänger von § 20 IV GWB stellten noch auf den völlig unbestimmten Tatbestand der "unbilligen Behinderung" ab. Da die Definition der unbilligen Behinderung große Schwierigkeiten bereitete, stand sie oft im Vordergrund. Die Frage der Normadressateneigenschaft wurde daher in der Literatur zum Teil recht stiefmütterlich behandelt. Einige Arbeiten zu § 37a III GWB a.F. gehen auf die überlegene Marktmacht gar nicht ein[10], andere nur ganz am Rande[11]. In der Literatur findet sich die Ansicht, daß die Anwendung des § 26 IV GWB a.F. nicht an einer zu strengen Prüfung der Normadressateneigenschaft scheitern sollte, da der Schwerpunkt der Vorschrift die umfassende Interessenabwägung bei der Feststellung der unbilligen Behinderung sei, bei der die geringe Marktmacht des mutmaßlichen Behinderers dann noch berücksichtigt werden könne[12]. Dies war

---

5 BKartA Bekanntmachung zur Anwendung des § 20 IV S2 S.3

6 Markert in I/M 3. Aufl. § 20 Rn 289

7 Ausschußbericht zur 4.GWB-Novelle WuW 1980, 366, 376

8 siehe Wuttke S.101

9 Regierungsentwurf zur 5.GWB-Novelle BT Drucksache 11/4610 abgedruckt in WuW 1989, 215, 223 und WuW 1990, 33, 348

10 Pfeffer, Streit

11 Schüller S.192; Nette S.47 f

12 Markert in I/M 3. Aufl. § 20 Rn 289; Schultz in Langen/Bunte 8. Aufl. § 26 Rn 241 und 247; auch Ulmer in FS v. Gamm S. 677, 683; Carlhoff stellt bei scharfem Wettbewerb zwischen den großen Marktteilnehmern den Kausalzusammenhang zwischen

offenbar auch die Auffassung der Bundesregierung bei der Streichung der "Fähigkeit zur wesentlichen Marktbeeinflussung"[13].

Dieser Ansicht liegt wohl die zutreffende, von Mestmäcker im Zusammenhang mit der Bewertung von Preisunterbietungen ausführlich dargelegte Überlegung zugrunde, daß sich Behinderungspraktiken vor allem dann negativ auf den Wettbewerb auswirken, wenn sie von einem Unternehmen ausgehen, das auf einem Markt mit hohen Zugangsschranken über eine herausragend starke Stellung verfügt[14]. Auch Jickeli[15] geht davon aus, daß Behinderungswettbewerb durch Preisunterbietungen in der Regel nur bei hohen Marktzutrittsschranken möglich ist und diesen bei der Interessenabwägung daher ein hoher Stellenwert zukommen sollte.

Durch die Einführung des Regelbeispiels zur unbilligen Behinderung könnten sich die Anforderungen an die Normadressateneigenschaft jedoch verändert haben. Wie bereits oben dargestellt, ist eine umfassende Interessenabwägung beim Verkauf unter Einstandspreis nach dem Willen des Gesetzgebers gerade nicht mehr erlaubt. Daher ist es auch nicht mehr möglich, eine zu großzügige Annahme der Normadressateneigenschaft auf diesem Wege zu korrigieren. Wer Normadressat des § 20 IV GWB ist, dem ist der Verkauf unter Einstandspreis nach § 20 IV S2 GWB in der Regel verboten. Damit kommt jedoch den offenen Tatbestandsmerkmalen bei der Feststellung der Normadressateneigenschaft größere Bedeutung zu. Wenn sich nämlich an diese Eigenschaft unmittelbar weitreichende Rechtsfolgen knüpfen, muß hier eine sehr genaue Prüfung erfolgen. Außerdem erscheint es problematisch, Unternehmen dem Verbot des Verkaufs unter Einstandspreis zu unterwerfen, die nicht über die Marktmacht verfügen, die eine erweiterte Verhaltenskontrolle erforderlich macht. Die überlegene Marktmacht muß die selektive Anwendung des durch das neue Regelbeispiel geschaffenen Verbots unmittelbar rechtfertigen können.

Der Gesetzgeber hat dies bei der Einführung des § 20 IV S2 GWB offenbar anders gesehen. An der Normadressateneigenschaft im Sinne des § 20 IV GWB sollte sich nichts ändern. Das wird schon daraus ersichtlich, daß sich § 20 IV S2 GWB ausdrücklich nur auf die "unbillige Behinderung" bezieht. Da nach der hier vertretenen Ansicht eine Änderung der Beurteilung der Normadressateneigenschaft durch die Gesetzesänderung angezeigt sein könnte, erscheint es angebracht, zunächst die Ansichten der Literatur zur Bestimmung der Marktmacht im Sinne der § 37a III und § 26 IV GWB a.F. darzustellen, um dann über die Unter-

---

Behinderung und Marktmacht in Frage: Carlhoff in Frankfurter Kommentar § 26 Rn 365

13 Begründung zum Regierungsentwurf WuW 1989, 215, 223

14 Der verwaltete Wettbewerb S.206 ff

15 Marktzutrittsschranken im Recht der Wettbewerbsbeschränkungen, 1990, S.242

suchung der Anwendung dieser Vorschriften in der Praxis einen Bogen zu § 20 IV GWB zu schlagen.

Die Literatur hat sich bei der Behandlung der überlegenen Marktmacht fast ausschließlich mit den Normadressaten beim Verkauf unter Einstandspreis befaßt. Auch wenn § 37a III und § 26 IV GWB a.F. die "unbillige Behinderung" allgemein verbieten, konzentrieren sich viele, auch scheinbar allgemeiner angelegte, Untersuchungen zu § 37a III a.F. von vornherein auf den Verkauf unter Einstandspreis[16]. Dieser ist aber nach den bisherigen Ausführungen keinesfalls ein typischer Fall des Machtmißbrauchs. Es ist sogar überaus fraglich, ob eine erfolgreiche Sonderangebotsstrategie überhaupt einen hinreichenden Machtbezug hat. Dies könnte auch die Untersuchung der "überlegenen Marktmacht" verfälschend beeinflussen, wenn sie unausgesprochen nur mit Bezug auf eine ganz bestimmte Art der Behinderung erfolgt. Da sich aber auch die vorliegende Arbeit mit dem Verkauf unter Einstandspreis befaßt, soll hier die Normadressatenstellung zuerst mit Blick auf dieses Problem behandelt werden und anschließend ein Vergleich mit den Normadressaten des § 20 IV S1 GWB in anderen Behinderungsfällen angestellt werden.

2. Literaturmeinung zu § 20 IV GWB und den Vorgängernormen

a. Marktabgrenzung

Nach der ganz überwiegenden Ansicht der Literatur hat die Bestimmung der überlegenen Marktmacht immer mit Bezug auf einen bestimmten Markt zu erfolgen, auf dem diese Macht bestehen soll. Dazu hat sich das Verfahren der zweistufigen Marktabgrenzung durchgesetzt, nach dem die Abgrenzung des relevanten Marktes vor der Bestimmung der Marktmacht vorzunehmen ist[17]. Die Kritiker dieser zweistufigen Marktmachtbestimmung[18] haben sich letztenendes nicht durchsetzen können.

Wenn es um überlegene Nachfrage- oder Angebotsmacht geht, bestimmt sich der relevante Markt dabei immer aus der Sicht der Marktgegenseite. Hier kommt es darauf an, ob die Marktgegenseite dem übermächtigen Anbieter/Nachfrager ausweichen kann. Der Markt geht daher immer soweit, wie die Angebote oder Absatzmöglichkeiten aus der Sicht der Marktgegenseite austauschbar sind (Bedarfsmarktkonzept).

---

16 z.B. Schäfer S.5 f

17 allg. M.: Möschel in I/M 3.A. §19 Rn 18

18 zuletzt vor allem Knöpfle dazu siehe unten

Fraglich ist, ob die Marktabgrenzung anders vorzunehmen ist, wenn es um den Schutz der Mitbewerber geht. Der Markt ist hier grundsätzlich so zu bestimmen, daß er alle Unternehmen erfaßt, die mit dem Marktmächtigen in Wettbewerb stehen[19]. Miteinander im Wettbewerb stehen jedoch in aller Regel genau die Unternehmen, deren Angebote aus der Sicht der Marktgegenseite austauschbar sind, da sich gerade diese Unternehmen um dieselbe Nachfrage (oder dieselben Angebote) bemühen und sich im Einzelfall gegenseitig verdrängen müssen, um Erfolg zu haben. Das Bedarfsmarktkonzept liefert daher auch für die Wettbewerberbehinderung eine brauchbare Marktabgrenzung[20] und hat sich daher auch insoweit allgemein durchgesetzt[21]. Auf Einzelheiten, insbesondere im Zusammenhang mit dem Lebensmitteleinzelhandel soll bei der Untersuchung der Praxis des BKartA eingegangen werden.

b. Kleine und mittlere Wettbewerber

aa. Arten der Eingrenzung

Da die überlegene Macht auf dem abgegrenzten Markt gegenüber "kleinen und mittleren Wettbewerbern" bestehen muß, erscheint es angebracht, bei der Prüfung der Normadressateneigenschaft hier anzusetzen. § 20 IV GWB ist schließlich eine Norm zum Schutz der kleinen und mittleren Wettbewerber vor Behinderungspraktiken überlegener Konkurrenten. Die kleinen und mittleren Wettbewerber scheinen also der Fixpunkt zu sein, von dem aus die überlegene Marktmacht zu bestimmen ist.

Andererseits ist es aber nicht zwingend, die Eigenschaft "klein oder mittel" als absolute Größenangabe aufzufassen. Die kleinen Wettbewerber müssen ja vor allem im Vergleich mit dem Marktmächtigen klein sein. Ein solches rein relatives Verständnis des Begriffes "klein oder mittel" würde ein Festlegung ohne Bezug auf den Marktmächtigen anhand von absoluten Größenkriterien ausschließen. Es käme dann ausschließlich auf das Größen- und Machtgefälle zwischen den Beteiligten an.

In den frühen Stellungnahmen zu § 37a III GWB a.F. findet sich der Verweis auf § 5b GWB a.F.. Während Ulmer daraus jedoch den Schluß ziehen will, daß es starre Umsatz- und Marktanteilsgrenzen nicht geben sollte, da sich diese auch

19 Möschel in I/M 3.A. § 19 Rn 22
20 Westen S. 70
21 Schwalba S.47

zu § 5b GWB a.F. nicht finden ließen[22], meint Friedrich daraus ableiten zu können, daß die kleinen und mittleren Unternehmen zusammen nicht mehr als 10-15% Marktanteil haben dürften. Dies ergänzt er um eine aus den Vorschriften zur Fusionskontrolle übernommene absolute Umsatzgrenze von 250 Mio. DM (1980)[23]. Ulmer möchte den Fusionskontrollvorschriften hingegen entnehmen, daß überlegene Marktmacht bereits bei einem Marktanteil von 5 % bestehen soll[24]. Dann wäre aber im Umkehrschluß die Annahme eines kleinen oder mittleren Unternehmens bei diesem Marktanteil ausgeschlossen. In diesen Ansichten sind zwei verschiedene Arten von Grenzen angesprochen. Die absolute Obergrenze, die sich nach dem Umsatz richtet und die relative Obergrenze, die anhand des Marktanteils bestimmt wird.

bb. Umsatzbezogene Obergrenze

Die Festlegung einer absoluten Obergrenze anhand des Umsatzes ist in der Literatur stark umstritten. Schäfer fordert grundsätzlich eine umsatzbezogene absolute Obergrenze. Dies begründet er mit dem Hinweis auf die Gesetzesmaterialien. Der Gesetzgeber habe bei Erlaß des § 37a III GWB a.F. ausdrücklich den Schutz mittelständischer Strukturen im Auge gehabt. Ab einem bestimmten Umsatz seien Unternehmen aber grundsätzlich nicht mehr mittelständisch und dürften daher nicht mehr den Schutz des § 37a III GWB a.F. genießen[25]. Unter Verweis auf § 24 VIII Nr. 1 GWB a.F. postuliert er im Erst-Recht-Schluß eine absolute Obergrenze bei 500 Mio. DM[26].

Westen hingegen lehnt eine solche Umsatzgrenze grundsätzlich ab, da er davon ausgeht, daß der Begriff "kleine und mittlere Unternehmen" rein relativ zu bestimmen ist. Er legt dar, daß dem Verweis des Gesetzgebers im Gesetzgebungsverfahren auf § 5b GWB a.F., der sich auch in den Gesetzesmaterialien zur 4.GWB-Novelle findet, keine allzu große Bedeutung beizumessen sei, da die Frage der absoluten Obergrenze auch bei § 5b damals keine große Rolle gespielt habe und keineswegs geklärt gewesen sei[27]. Auch verfassungsrechtliche Anforderungen an die Bestimmtheit des Eingriffstatbestandes würden keine absoluten Umsatzgrenzen erfordern[28].

---

22 Ulmer WuW 80, 474, 487
23 Friedrich BB 1980, 1553, 1556 f
24 WuW 80, 474, 487
25 Schäfer S.66 f
26 a.a.O.
27 Westen S.91-94
28 Westen S.94

Da also nichts zwingend für eine solche absolute Grenze spricht, fragt sich, ob eine solche Grenze überhaupt sinnvoll festgelegt werden kann. Hier bestehen nämlich ernsthafte Zweifel, die mit der Anwendung des § 20 IV GWB auf den verschiedenen Märkten zu tun haben[29]. Im Lebensmitteleinzelhandel, wie im Einzelhandel überhaupt, geht es um lokal eng begrenzte Märkte, die in der Regel nicht über eine Stadt und ihr engeres Umland hinausreichen. Wenn hier nun eine mittelständisch geprägte Händlerstruktur aus vielen kleinen Läden besteht, so kann ein großer Verbrauchermarkt mit 60 Mio. DM Umsatz bereits ein übermächtiger Riese sein, der als Normadressat des Behinderungsverbots in Frage kommt. Auf der anderen Seite ist ein Unternehmen mit 600 Mio. Umsatz auf einem weltweiten Markt für hochwertige Investitionsgüter wie z.B. Eisenbahnsysteme, oder auch z.B. als Telekommunikationsnetzbetreiber oder Energieversorger selbst ein kleines Unternehmen, das sich gegen übermächtige Konkurrenz behaupten muß. Hier würde ein solches Unternehmen auf den Schutz des § 20 IV GWB unter Umständen angewiesen sein. Eine absolute Umsatzgrenze trägt also den Gegebenheiten auf den verschiedenen Märkten nicht angemessen Rechnung. Da diese jedoch extrem unterschiedlich strukturiert sein können, ergibt eine absolute Umsatzgrenze keinen Sinn, da sie im konkreten Fall entweder viel zu großzügig bemessen ist und keine sinnvolle Einschränkung bringt, oder zu eng ist und schutzbedürftige Marktteilnehmer aus dem Schutzbereich des § 20 IV GWB ausnimmt. Eine absolute Obergrenze könnte daher immer nur für einen ganz bestimmten Markt passen. Die gesonderte Festlegung der Obergrenze für jeden Markt bedeutet in der Sache jedoch eine Verzicht auf eine absolute Obergrenze.

cc. Marktanteilsbezogene Obergrenze

Es bleibt die Möglichkeit, eine relative Obergrenze anhand des Marktanteils festzulegen. Dies würde der unterschiedlichen Größe der Einzelmärkte Rechnung tragen. Der oben dargestellte Ansatz von Friedrich, auf die Gesamtheit der vergleichbaren kleinen Unternehmen abzustellen und zu fordern, daß sie insgesamt nicht über 15 % Marktanteil haben dürfen, ist allerdings unbrauchbar. Es sagt nämlich nichts über die Schutzbedürftigkeit des einzelnen aus, daß es noch viele ähnlich schwache Unternehmen auf dem Markt gibt[30]. Gerade auf einem Markt mit vielen kleinen Wettbewerbern kann ein Großunternehmen mit überlegener Finanzkraft schnell zum "Hecht im Karpfenteich"[31] werden, der nach § 20 IV GWB kontrolliert werden soll. Der Marktanteil aller kleinen Unternehmen ist da-

29 so auch Schäfer S.67
30 im Ergebnis auch Schäfer S.68
31 Ulmer WuW 80, 474, 489

her für ihre Marktstellung nicht relevant. Somit kommt als Obergrenze für die "kleinen und mittleren Wettbewerber" nur der Marktanteil des einzelnen in Betracht.

Doch auch der Marktanteil des einzelnen läßt oft keinen wirklichen Schluß auf seine Stellung im Wettbewerb zu. Dies läßt sich an einem Beispiel verdeutlichen: Ein unabhängiger Lebensmitteleinzelhändler hat in einer abgelegenen ländlichen Kleinstadt einen Marktanteil von 30 %. Ein Konkurrent ist die neueröffnete Filiale eines bundesweit agierenden Großkonzerns. Die Filiale verfügt über ein vielfaches der Verkaufsfläche des etablierten Einzelhändlers, hat aber zum Zeitpunkt der Neueröffnung noch gar keinen Marktanteil. Dennoch ist offensichtlich, daß der unabhängige Einzelhändler trotz seines hohen Marktanteils auf dem relevanten lokalen Markt hochgradig schutzbedürftig ist, da er dem Großkonzern im Wettbewerb in fast jeder Hinsicht unterlegen ist. Der Marktanteil sagt somit vor allem auf kleinen eng begrenzten Märkten wenig über die tatsächliche Position eines Unternehmens im Wettbewerb aus[32]. Damit sollte für die Bestimmung der kleinen und mittleren Wettbewerber auch auf eine relative Obergrenze verzichtet werden.

Im Ergebnis ist festzuhalten, daß die kleinen und mittleren Wettbewerber aufgrund ihrer Schutzwürdigkeit im Wettbewerb zu bestimmen sind. Dies ist nur bilateral im Verhältnis zu den marktmächtigen Normadressaten möglich. Damit können die kleinen und mittleren Wettbewerber nicht vorab bestimmt werden, sondern nur im Vergleich mit den marktmächtigen Unternehmen. Es handelt sich hier letztlich um diejenigen Wettbewerber, die aufgrund ihrer unterlegenen Einflußmöglichkeiten in einem unfairen Verdrängungswettbewerb nicht mithalten können und daher schutzbedürftig sind.

c. Überlegene Marktmacht

Der Ansatzpunkt zur Bestimmung der Normadressaten des § 20 IV GWB ist nach der überwiegenden Literatur damit unmittelbar die überlegene Marktmacht. Normadressaten sind diejenigen Unternehmen, die über eine so große Durchsetzungskraft auf dem Markt verfügen, daß ihnen andere ("kleine") Unternehmen nicht als ebenbürtige Wettbewerber gegenübertreten können. Überlegene Marktmacht ist die durch § 20 IV GWB zu beschneidende Möglichkeit, Behinderungspraktiken gegenüber unterlegenen Marktteilnehmern erfolgreich einsetzen zu können. Nichts anderes meint die Literatur mit der Formulierung, überlegene

32 Schäfer S.68 mit einem anderen Beispiel in Fn 4

Marktmacht sei der Handlungsspielraum gegenüber kleinen und mittleren Wettbewerbern, der nicht hinreichend vom Wettbewerb kontrolliert wird[33].

Die Bestimmung der Marktmacht soll dabei grundsätzlich wie die Bestimmung der Marktbeherrschung aufgrund einer Gesamtbetrachtung anhand der in § 19 II Nr.2 GWB aufgezählten Kriterien erfolgen[34]. Der Unterschied zur Marktbeherrschung wäre danach nur graduell und bestünde darin, daß die Überlegenheit nur gegenüber einem Teil der Wettbewerber, nämlich den kleinen und mittleren, bestehen muß[35]. Wie sich aus den oben angeführten Beispielen ergibt, können hier Marktanteile und absolute Umsatzgrößen keine Rolle spielen. Vielmehr kommt es darauf an, aus einem konkreten Vergleich der Finanzkraft, des Zugangs zu Nachfrage- und Absatzmärkten und der sonstigen Einflußmöglichkeiten die überlegene Marktmacht im Einzelfall zu ermitteln[36].

Nach der Ansicht Markerts[37] kommt es bei der Bestimmung der überlegenen Marktmacht auch darauf an, ob auf dem relevanten Markt insgesamt Wettbewerb herrscht. Da die überlegene Marktmacht einen erweiterten Handlungsspielraum gegenüber den kleinen und mittleren Wettbewerbern voraussetze, müsse auch untersucht werden, ob der Wettbewerb zwischen den Großen überhaupt noch Spielräume lasse. Dazu sei es erforderlich zur Beurteilung der Marktstärke auch das Verhalten des Marktstarken in Betracht zu ziehen, das Aufschluß über besondere Verhaltensspielräume geben könne. Gerade im Zusammenhang mit Verkäufen unter Einstandspreis ist diese Ansicht jedoch abzulehnen. Solche Verkäufe sind ein hochgradig effektives Werbemittel und wirken auch gegenüber starken Wettbewerbern. Da diese Verkäufe nun per se verboten sind, lassen sie keinen Schluß auf Marktstärke zu[38]. Liegt ein Verkauf unter Einstandspreis vor, so ist die Marktstärke anderweitig zu bestimmen, um zur Anwendung des Verbots in § 20 IV S2 GWB zu kommen. Dabei spielen vorrangig Strukturmerkmale eine Rolle. Allenfalls können frühere andere Verhaltensweisen Indizcharakter haben.

Umstritten ist weiterhin, wem gegenüber die überlegene Marktmacht bestehen muß. Zwar ist klar, daß es sich hierbei um "kleine und mittlere Wettbewerber" handeln muß, doch sind die Ansichten darüber geteilt, ob die Marktmacht nur gerade gegenüber den behinderten Wettbewerbern bestehen muß, oder gegenüber allen kleinen und mittleren Marktteilnehmern. Mit der Entscheidung für eine rein relative Bestimmung der kleinen und mittleren Wettbewerber ist dieser Streit jedoch gegenstandslos geworden. Klein und mittel sind ja gerade die Unternehmen,

---

33 Westen S.100; Wuttke S.102; auch Hauptkorn S.285

34 Schäfer S.70

35 Helm S. 238

36 Schäfer S.72

37 Markert in I/M 3.A. § 20 Rn 288 f

38 so im Ergebnis auch Markert a.a.O. Rn 288

die dem großen Behinderer eklatant unterlegen sind. Da sich im Wettbewerb sowieso keine klaren Gruppen von Unternehmen bilden lassen, sondern immer ganz unterschiedlich mächtige Unternehmensformen und -größen existieren, zwischen denen die Übergänge fließend sind, erscheint es ohnehin fast unmöglich die Gruppe der kleinen und mittleren Unternehmen abschließend einzugrenzen. Dies wäre jedoch die Voraussetzung, wollte man überlegene Marktmacht gegenüber allen Unternehmen aus dieser Gruppe fordern.

Zu beantworten ist noch die Frage, wie groß die Anzahl der kleinen und mittleren Unternehmen eigentlich sein muß, um § 20 IV GWB anwenden zu können. Dieses auf den ersten Blick überraschende Problem hat einen historischen Hintergrund. § 37a III GWB a.F. hat nämlich noch verlangt, daß das marktmächtige Unternehmen in der Lage sein muß, den Wettbewerb auf dem relevanten Markt wesentlich zu beeinflussen. Damit sollte ein reiner Individualschutz für einzelne Kleinunternehmen ausgeschlossen werden (s.o.). Dies wurde zum Teil so verstanden, daß die potentiell von einer unbilligen Behinderung bedrohten kleinen und mittleren Wettbewerber zusammen mindestens 5 % Marktanteil haben müßten[39]. Dadurch sollte sichergestellt werden, daß § 37a III GWB a.F. nicht zu einer Individualschutznorm wird. Ob in der Sache auf diese Anforderung mit der Streichung des Tatbestandsmerkmals durch die Einführung des § 26 IV GWB a.F. verzichtet werden sollte, ist fraglich, wie bereits oben dargelegt. Damit ist nach wie vor zu klären, ob überlegene Marktmacht im Sinne von § 20 IV GWB auch dann vorliegen kann, wenn sie nur gegenüber einer kleinen Zahl von Wettbewerbern besteht, die nicht über einen nennenswerten Marktanteil verfügen[40].

Spätestens an dieser Stelle muß es sich auswirken, daß der Gesetzgeber den Gerichten und Kartellbehörden durch § 20 IV S2 GWB die Möglichkeit genommen hat, in einer Gesamtabwägung Bagatellfälle, die nicht von allgemeinem Interesse sind, auszuscheiden. Der Gesetzgeber wollte mit der Schaffung des § 20 IV S2 GWB zwar gegen den Verkauf unter Einstandspreis vorgehen, wenn dadurch der mittelständische Handel gefährdet wird, er wollte § 20 IV GWB jedoch nicht zu einer Norm zum Schutz von Einzelinteressen umgestalten. Dies ergibt sich schon daraus, daß sich § 20 IV S2 GWB ausdrücklich lediglich auf die Frage bezieht, was eine unbillige Behinderung ist. Auch sonst findet sich in den Gesetzesmaterialien kein Hinweis auf eine beabsichtigte Ausweitung des Anwendungsbereichs. Damit kann überlegene Marktmacht nur dann angenommen werden, wenn die Überlegenheit eines Wettbewerbers auch für den Markt insgesamt relevant ist. Somit ist den Stimmen in der Literatur zuzustimmen, die fordern,

39 Westen S.104; Markert, Wettbewerberbehinderung S. 50
40 so Wuttke S. 101, der von den "Karpfen im Hechtteich" spricht

daß den kleinen Unternehmen eine bestimmte Gesamtmarktrelevanz zukommen muß.

Zuletzt ist darauf einzugehen, ob überlegene Marktmacht auch dann vorliegt, wenn bereits die Voraussetzungen der Marktbeherrschung erfüllt sind. Sofern es auf dem Markt auch kleine und mittlere Unternehmen gibt, sollte dies eigentlich unbefangen bejaht werden können. Wer gegenüber allen Wettbewerbern überlegen ist, der ist es erst recht gegenüber den kleinen und mittleren. Dennoch findet sich bei Helm und bei Schmidt/Wuttke der Vorwurf, daß der Gesetzgeber mit § 20 IV S2 GWB die marktstarken Unternehmen strenger behandele, die marktbeherrschenden von der neuen Vorschrift jedoch nicht betroffen seien[41]. Diese Argumentation taucht jedoch nur dort auf, wo es gilt, Argumente gegen die Auslegung des § 20 IV S2 GWB als grundsätzliches Verbot des Untereinstandspreisverkaufs zu finden. Solange ein solches Verbot für marktbeherrschende Unternehmen nicht gelte, wäre es danach auch in § 20 IV S2 GWB systemwidrig[42]. Daß ein Unternehmen zu mächtig sein kann, um als marktstark zu gelten, soll damit wohl nicht behauptet werden. Daher läßt sich auch der von Schmidt/Wuttke gesehene Systembruch ganz einfach vermeiden. Ein Unternehmen, das marktbeherrschend ist, ist erst recht auch marktstark und daher mindestens denselben Verboten zum Schutz kleiner und mittlerer Wettbewerber unterworfen wie ein Unternehmen, das bloß marktstark ist.

3. Die Anwendung in der bisherigen Praxis

a. Das Kaufmarktverfahren der LKartB Bayern

Den ersten Praxistest hatte das Konzept der überlegenen Marktmacht im Kaufmarktverfahren[43] zu bestehen. Hier trat ein neuer großer Verbrauchermarkt im Norden Münchens gegen die etablierten Einzelhändler an.

Zunächst grenzte die LKartB den relevanten Markt auf Lebensmittel und sonstige Waren des täglichen Bedarfs im Raum München ab[44]. Für diesen Markt stellte die LKartB sodann eine Vielzahl von Kleinunternehmen mit einem Umsatz von durchschnittlich unter 1 Mio. DM fest. Die Überlegenheit der in diesem Markt neu auftretenden Normadressatin leitete die LKartB nun aus einer verglei-

41 Helm S.242 unter Berufung auf Schmidt/Wuttke BB 1998, 753, 758
42 Schmidt/Wuttke a.a.O.
43 WuW/E LKartB 223 ff
44 a.a.O. 225

chenden relativen Betrachtung ab, bei der die Kriterien des § 22 I Nr.2 GWB a.F. berücksichtigt wurden.

Der neue Markt der Verfügungsadressatin hatte nach den Feststellungen der LKartB eine Verkaufsfläche von 8700 qm und erzielte bereits in den anderthalb Monaten nach Eröffnung einen Umsatz von 54 Mio. DM. Für das Folgejahr wurde ein Umsatz von 200 Mio. DM erwartet[45]. Der neue Markt enthielt darüber hinaus eine eigene Metzgerei und Bäckerei. Die Unternehmensgruppe, der die Normadressatin angehörte, unterhielt außer dem neuen Markt noch zwei SB-Warenhäuser und fünf Supermärkte im Raum Nürnberg, sowie einen eigenen Import- und Exporthandel. Der Umsatz betrug in der ganzen Gruppe 800 Mio. DM p.a.[46]. Zum Marktanteil traf die LKartB keine Feststellungen, da er nur ein Kriterium unter vielen sei. Aus den übrigen genannten Kriterien leitete die LKartB dann die überlegene Marktmacht ab, wobei sie ausdrücklich darauf hinwies, daß der starke Wettbewerb mit den Filialen großer Einzelhandelskonzerne im selben Raum an der überlegenen Marktmacht nichts änderte[47].

Mit dieser Marktmachtbestimmung liegt die LKartB ganz auf der Linie der herrschenden Literaturansicht. Den Umsatz im lokalen Markt ordnete die LKartB dabei dem Kriterium "Umsatz" zu, den Gruppenumsatz auf anderen lokalen Märkten dem Kriterium "Finanzkraft" und die eigenen Metzgerei- und Bäckereibetriebe dem Kriterium "Zugang zu den Beschaffungsmärkten". Auffällig ist lediglich, daß die LKartB auf die Feststellung von Marktanteilen völlig verzichtet hat, obwohl diese in der wissenschaftlichen Diskussion doch eine ganz wesentliche Rolle gespielt hatten.

b. Das Coop-Bremen Verfahren

Die nächste Bestimmung der überlegenen Marktmacht nahm das BKartA im Verfahren gegen Coop AG im Raum Bremen vor[48].

Auch das BKartA beginnt mit einer Abgrenzung des Marktes auf den Lebensmitteleinzelhandel in der Region Bremen (Stadt Bremen und niedersächsisches Umland). Für dieses Gebiet stellt das BKartA als kleine Wettbewerber mehr als 700 selbständige Einzelhändler fest, die im Edeka-Verbund und Spar-Verbund organisiert sind und einzeln auf höchstens 8 Mio. DM Umsatz bzw. 0,5

45 a.a.O. 223
46 a.a.O. 225
47 a.a.O. S.226
48 WuW/E BKartA 2029

% Marktanteil kommen. Dabei geht das BKartA aufgrund einer Schätzung von einem Gesamtmarkt in der Region Bremen von 1.825,1 Mio. DM aus.

Die überlegene Marktmacht der Coop AG begründet das BKartA nun mit einer Ressourcenbetrachtung, die angeblich eine Vielzahl von Indizien berücksichtigt[49]. Aus einem bundesweiten Umsatz der Coop AG von damals 8,4 Milliarden DM schließt das BKartA auf überlegene Finanzkraft. Für diese soll auch eine jährliche Investitionssummme von damals 200 Mio. DM sprechen. Aus dem hohen Umsatz folgert das BKartA auch eine überlegene Einkaufsmacht und daraus dann wiederum einen überlegenen Zugang zum Absatzmarkt aufgrund niedrigerer Preise. Hier fällt auf, daß alle Indizien, die aus § 22 I a.F. stammen, allein aus dem Gesamtumsatz des Unternehmens abgeleitet sind. Es ist zwar unbestreitbar, daß die Indizien in § 22 I GWB a. F. nicht völlig beziehungslos nebeneinander stehen, sondern sich zumindest teilweise gegenseitig bedingen[50], doch zeigt die Begründung des BKartA abgesehen von der Feststellung des Umsatzes keinerlei Auseinandersetzung mit den sonstigen tatsächlichen Gegebenheiten. Die aus dem Umsatz in der Begründung abgeleiteten weiteren Machtkriterien bringen daher keinerlei zusätzlichen Erkenntnisgewinn.

Ein weiteres Indiz soll die Sortimentsgröße sein. Während die kleinen Händler durchschnittlich nur 2500 bis 4000 Artikel führten, hatten die großen Coop-Märkte 9000-12000 verschiedene Lebensmittel im Sortiment[51]. Dieses Argument steht jedoch auf tönernen Füßen, da die ebenfalls allgemein als marktstark angesehenen großen Discounter wie Aldi, Plus, Lidl etc. in der Regel mit erheblich kleineren Sortimenten von bloß ca.1000-2000 Artikeln arbeiten[52].

Zuletzt begründet das BKartA die überlegene Marktmacht noch mit dem Umsatzzuwachs von 10,6 % der Coop AG in der Region Bremen, dem eine Steigerung bei Edeka von nur 1% gegenübersteht. Auch dieses Argument ist jedoch sehr fragwürdig, da die Steigerung an sich nur etwas über den Erfolg von Coop aussagt, aber nicht darüber, ob dieser Erfolg auf Leistung oder auf Marktmacht beruht. Schließlich führt Marktmacht nicht von selbst zu größeren Umsätzen, sondern erst ihr unlauterer Einsatz, den es ja gerade nachzuweisen gilt. Um vom Erfolg auf die Marktmacht zu schließen, wäre daher zumindest erforderlich, einen Ursachenzusammenhang zwischen dem Wachstum und dem Einsatz von Mitteln festzustellen, die typischerweise Machtmißbrauch darstellen und daher in der Regel nur bei vorhandener Marktmacht Erfolg haben können.

---

49 a.a.O. 2032 f
50 Jüngst S.87
51 a.a.O.
52 BKartA Lidl S.2

Da die veröffentlichte Verfügung keine Angaben zum Marktanteil und den Umsätzen der Coop AG in der besagten Region enthält, bleibt als einziges brauchbares Kriterium, das die Entscheidung des BKartA zu tragen vermag, der bundesweite Gesamtumsatz der Coop AG und die dadurch vermittelte "Finanzkraft", die sich hier jedoch als reine Größenmacht darstellt.

c. Die Verfahren Wal-Mart, Lidl und Aldi-Nord

In den Verfahren Wal Mart, Aldi Nord und Lidl, die zeitgleich zum 1.9.2000 vom BKartA abgeschlossen wurden, sind die Feststellungen zur Marktabgrenzung und zu den kleinen Wettbewerbern identisch und auch die Ausführungen zur überlegenen Marktmacht überschneiden sich zum großen Teil wörtlich. In der Beschwerdeentscheidung zur Verfügung gegen Wal Mart hat das OLG Düsseldorf die Feststellung der Marktmacht, wie sie vom BKartA vorgenommen wurde vollumfänglich gebilligt[53]

Der sachliche Markt beschränkt sich nach Ansicht des BKartA auf den Lebensmittelmarkt ohne den sogenannten Spezialeinzelhandel, worunter das BKartA Bäckereien, Metzgereien, Fischgeschäfte und Wochenmärkte versteht. Dies wird mit der unterschiedlichen Sortimentstiefe und -breite erklärt. Einen gesonderten Markt für Discounter, der von Aldi Nord gefordert worden war, oder einen Markt für "Geschäfte des täglichen Bedarfs" (Nachbarschaftsgeschäfte) will das BKartA nicht anerkennen. Dies wird mit der Austauschbarkeit für den Verbraucher erklärt, der sich einerseits bei vielen großen Discounter nahezu vollständig eindecken kann, andererseits bei den großen Märkten fast immer auch ein Billigsortiment wie bei einem Discounter vorfindet[54].

Das BKartA stellt hier offensichtlich darauf ab, ob eine Vertriebsform die andere vollständig ersetzen kann, ob also ein Discounter aus der Sicht eines Verbrauchers einen großen Supermarkt in jeder Hinsicht überflüssig machen kann und umgekehrt. Damit geht das BKartA allerdings zu weit, da zwei Unternehmen auch dann auf demselben Markt tätig sind, wenn sich nicht die gesamte Angebotspalette überschneidet. Ein Supermarkt mit einer eigenen Fleischabteilung oder frischen Backwaren, die täglich von einer Großbäckerei angeliefert werden, tritt selbstverständlich zu den örtlichen Bäckereien und Metzgereien in Wettbewerb[55]. Dasselbe gilt für den Wochenmarkt, an dem die Verbraucher auch ihren Bedarf an gängigen Obst- und Gemüsesorten decken müßten, gäbe es nicht das

53 OLG Düsseldorf WuW/E DE-R 781, 786 f

54 BKartA Aldi Nord S.5

55 siehe die empirische Studie von Treis/Lademann GRUR 87, 262, 267

entsprechende Angebot der Supermärkte. Die unterschiedliche Sortimentsbreite und -tiefe ist lediglich eine Folge des zwischen den Vertriebsformen bestehenden Wettbewerbs. Es geht hier um verschiedene Arten, sich beim Verbraucher um die Deckung desselben Bedarfs zu bewerben.[56]

Den örtlichen Markt grenzt das BKartA wie gewohnt nach den lokalen Einzugsgebieten der einzelnen Niederlassungen ab. Für alle lokalen Märkte stellt das BKartA dann das Vorhandensein von kleinen Wettbewerbern fest. Hierbei stützt es sich offenbar auf die Mitgliederlisten der Einkaufsgemeinschaften Edeka und Spar.

Die Feststellung der überlegenen Marktmacht muß für die drei Verfügungsadressaten einzeln erfolgen, auch wenn die Herleitung aus einer Ressourcenbetrachtung in allen drei Verfügungen wortgleich begründet wird.

Wal-Mart ist ein weltweit operierender Einzelhandelskonzern, der 1999 einen Jahresumsatz von 338 Milliarden DM und einen Gewinn von 11,5 Mrd. DM erzielte. Auf dem deutschen Markt ist Wal-Mart allerdings erst seit 1998 tätig. Hier wurden zunächst 21 SB-Warenhäuser (vormals Wertkauf) und 1999 nochmals 70 "Großflächen-Warenhäuser" (vormals Spar) übernommen. Der Umsatz in Deutschland betrug 1999 5 Mrd. DM. Aus dieser Umsatzgröße und der daraus resultierende Finanzkraft, sowie der Sortimentsbreite von 70 000 Artikeln und der großen Verkaufsfläche der einzelnen Standorte und der aus der Größe des Umsatzes resultierenden Einkaufsmacht leitet das BKartA die überlegene Marktmacht von Wal-Mart her[57].

Im Verfahren gegen Lidl und Aldi Nord, die beide zu den größten Discountketten in Deutschland zählen, wird die Marktmacht etwas anders begründet. Bei beiden Unternehmen hebt das BKartA den großen Umsatz und die daraus resultierende Finanzkraft und die Machtstellung beim Einkauf hervor, die ebenfalls mit dem Umsatz zusammenhängt. Das BKartA führt die Machtstellung gegenüber den Lieferanten außerdem noch auf die "flächendeckende Präsenz" von Lidl und Aldi zurück. Auf die Situation an den einzelnen Standorten und die Größe der Filialen geht das BKartA nicht ein[58].

---

56 ausführlich Westen S.82 f

57 BKartA Wal-Mart S. 4f

58 BKartA Lidl S.4f; Aldi Nord S.5f; ebenso OLG Düsseldorf WuW/E DE-R 781, 786 f

4. Kritik an der Praxis des BKartA

a. Scheinbare Vielzahl von Indizien

Die vom BKartA in den neuen Verfahren vorgenommenen Marktmachtbestimmungen wirken alles andere als überzeugend. Zunächst liegt zunächst ein stillschweigender Wechsel der relevanten Kriterien vor. Die LKartB Bayern und das BKartA in Coop Bremen hatten noch die relevanten lokalen Märkte untersucht. Diese hat das BKartA nun zwar ebenso, wie in den alten Verfügungen abgegrenzt, doch bei der weiteren Marktmachtbestimmung überhaupt nicht mehr beachtet, sondern ausschließlich auf die Größe der Unternehmen insgesamt abgestellt. Wie die Situation sich für die Filialen der Discounter vor Ort darstellt, hat das BKartA dabei wohl ganz bewußt nicht hervorgehoben, da diese weder über große Sortimente (s.o.) noch über besonders große Verkaufsflächen verfügen. Häufig wird die Stellung der einzelnen Filialen vor Ort alles andere als übermächtig sein. Die früheren Verfügungen unterscheiden dagegen noch sauber zwischen dem Umsatz im relevanten Markt und dem Gesamtumsatz auf allen Märkten, der vor allem Finanzkraft vermittelt.

Die Stellung der Beteiligten im Wettbewerb spielte bei den neuen Verfügungen keine Rolle. Auf Marktanteile auf den relevanten örtlichen Teilmärkten, die nach der Literatur ein besonders wichtiges Indiz für Marktmacht sein sollen, ist das BKartA in der Ressourcenbetrachtung überhaupt nicht mehr eingegangen. Lediglich die bundesweiten Marktanteile werden erwähnt, ohne aber ein echte Rolle zu spielen, da sie lediglich die absolute Größe der Normadressaten unterstreichen sollen. Dasselbe muß für die "flächendeckende Präsenz" gelten, die hier nur insofern eine Rolle spielt, als sie zu einem größeren Umsatz beiträgt und damit die Nachfragemacht erhöht.

Die Vielzahl der Indizien, die berücksichtigt werden müssten, besteht daher in Wirklichkeit nicht. Die Finanzkraft und die Einkaufsmacht sind direkt aus der absoluten Umsatzgröße der Adressaten abgeleitet. Die Sortimentsgröße von Wal-Mart kann die Marktmacht nicht begründen (s.o.). Damit bleibt als einziges Argument, das die Feststellung der überlegenen Marktmacht trägt, die absolute Umsatzgröße der Unternehmen.

Diese reine Größenmacht ist jedoch nicht mit "Finanzkraft" im Sinne des § 22 I a.F. GWB gleichzusetzen. Was Finanzkraft eigentlich bedeutet ist in der Literatur zwar umstritten, da es für diesen Begriff in der Betriebswirtschaft keine Entsprechung gibt.[59] Nach herrschender Ansicht ist darunter jedoch die Fähigkeit eines Unternehmens zu verstehen, im Wettbewerb auf einem bestimmten Markt

59 Jüngst S.97

zusätzliche Geldmittel einzusetzen, um seine Marktposition zu verbessern. Dabei spielen neben dem Umsatz vor allem die Gewinne des Unternehmens und die Höhe der tatsächlich liquiden Mittel eine Rolle. Wenn ein Unternehmen auf einem anderen Markt zwar riesige Umsätze tätigt, dabei aber nur Verluste macht und das dort eingesetzte Kapital langfristig gebunden ist, kommt diesem Unternehmen trotz seiner Größe keine besondere Finanzkraft zu.[60] Auch die hohe Investitionssumme der Coop AG im Verfahren Coop Bremen stellte keine echtes Indiz für überlegene Finanzkraft dar. Bei einem bundesweit agierenden Unternehmen mit mehreren hundert Standorten steht der in absoluten Zahlen hohen Investitionssumme ein viel größerer Investitionsbedarf an den Standorten gegenüber. Außerdem ist Finanzkraft im herkömmlichen Sinn immer im Zusammenhang mit den Marktzutrittsschranken zu sehen. Bei niedrigen Zutrittsschranken kommt ihr nur eine untergeordnete Bedeutung zu, die es nicht rechtfertigt, allein darauf die Annahme einer starken Machtstellung zu stützen.[61] Gerade die bundesweit vertretenen Discounter sind jedoch an praktisch allen Standorten mit ihrem gesamten Sortiment intensivem Wettbewerb ausgesetzt und haben daher wenig Spielraum für gezielten Einsatz ihrer finanziellen Mittel auf einzelnen Märkten. Über die Frage der Marktzutrittsschranken auf den einzelnen lokalen Lebensmittelmärkten findet sich in den Verfügungen der Kartellbehörden nichts. Daher haben sie die Feststellung der überlegenen Marktmacht letztenendes ausschließlich auf die Unternehmensgröße der Verfügungsadressaten gestützt.

b. Fehlender Bezug der Bestimmung der Marktstärke zum Verkauf unter Einstandspreis

Es fällt auf, daß die bei der Bestimmung der Marktmacht herausgestellten Kriterien mit dem eigentlichen Mißbrauch zum Teil gar nichts zu tun haben. Die flächendeckende Präsenz der großen Handelsunternehmen kann eine Rolle spielen, wenn es um lokale Preisspreizungen geht, oder um die Vernichtung eines Mitbewerbers, der nur lokal beschränkt arbeitet, wie im Benrather Tankstellenfall. Werden die Sonderangebotsaktionen an allen Standorten genau gleich durchgeführt, wie im Falle Lidl, so spielt die gleichzeitige Präsenz auf mehreren lokalen Märkten für den Erfolg oder die Gefährlichkeit dieser Aktionen eigentlich keine Rolle. Die bundesweite Sonderangebotsaktion ist zwar flächendeckend wirksam, aber im Gegenzug auch um ein vielfaches teurer und riskanter.

---

60 Jüngst S.106
61 Schultz in Langen Bunte § 26 Rn 241

Auch die Nachfragemacht der großen Handelskonzerne erhöht zwar ihre Durchsetzungsfähigkeit im Wettbewerb um die Gunst der Verbraucher, doch hat sie mit dem Verkauf unter dem Einstandspreis wenig zu tun. Gerade die Verfügung gegen Wal-Mart zeigt deutlich, daß der eigentliche "Preiskrieg" oberhalb der Grenze des Einstandspreises stattfand und der Wettbewerbsdruck offenbar von den niedrigen Einstandspreisen von Wal-Mart ausging. Der beanstandete Mißbrauch war aber der Verkauf von gerade 6 Produkten (aus einem Sortiment von 70 000) geringfügig unter dem Einstandspreis. Dieser wurde aber nicht durch die Nachfragemacht von Wal-Mart ermöglicht und auch nicht dadurch gefährlicher.

Auch das zur Finanzkraft regelmäßig angeführte Argument, sie erlaube es, die Niedrigpreisstrategie "länger durchzuhalten" geht an der Sache vorbei, da die Sonderangebotsstrategie ja gerade auf einen Gewinn aus dem laufenden Geschäft abzielt. Wenn zwischen Wal-Mart und den anderen großen Supermarktbetreibern in Norddeutschland ein auf Dauer tödlicher Preiskampf herrschte, so lag die Gefahr nicht in der minimalen Unterschreitung einzelner Einstandspreise, sondern im weitgehenden Verzicht auf die Deckung der Fixkosten, die im Handel den größten Teil der Kosten ausmachen. Ein solcher zeitlich beschränkter, auf Vernichtung der Konkurrenz angelegter Preiskampf wäre jedoch bereits nach § 1 UWG zu unterbinden gewesen (s.o.).

Damit taucht die Frage auf, ob die Kriterien, die zur Begründung der Marktmacht herangezogen werden können, von vornherein mit Bezug auf den Verkauf unter Einstandspreis gesucht werden müssen, also ob hier nur das relevant sein kann, was den Verkauf unter Einstandspreis ermöglicht, oder seine Wirkung erhöht. Dafür spricht die Tatsache, daß es nach dem Gesetzeswortlaut gerade um das Ausnutzen der Marktmacht geht. Die Begründung des Regierungsentwurfes zu § 26 IV GWB a.F. läßt insoweit keinen Zweifel, daß vor allem behinderndes Verhalten erfaßt werden soll, das gerade wegen der Übermacht des Behinderers gefährlich ist[62]. Damit ist ein Bezug zwischen dem beanstandeten Verhalten und der Marktmacht zu fordern. Im Umkehrschluß sind bei der Feststellung der Marktmacht Umstände auszuscheiden, die keinen Bezug zur Behinderung haben.

Für das Marktmachtkriterium der Finanzkraft hat zum Beispiel Knöpfle festgestellt, daß es mit den üblichen Arten des Marktmachtmißbrauchs wie Ausschließlichkeitsbindungen, Koppelungsverträgen, Treuerabatten etc. wenig zu tun hat und eigentlich nur für die Frage von Preisunterbietungen eine Rolle spielt, dort aber das einzig relevante Kriterium ist[63]. Da gezielte Preiskämpfe nach sei-

62 abgedruckt in WuW 1989, 223
63 Knöpfle, BB 1991, 219, 224

ner Ansicht aber sehr selten vorkommen fordert er konsequenterweise einen Verzicht auf die Finanzkraft zur Feststellung von Marktmacht[64].

Für den Verkauf unter Einstandspreis einzelner Artikel im Handel sind in der Tat der Umsatz und die finanziellen Reserven, sowie die Möglichkeit, in den Medien Werbung zu betreiben die allein relevanten Kriterien. Die Sonderangebotsstrategie enthält nämlich ein gewisses Verlustrisiko, das kleine Händler offenbar scheuen, auch wenn es sich bei den großen selten zu verwirklichen scheint, wie die anhaltende Beliebtheit der Sonderangebote zeigt. Auch ist es plausibel, daß Sonderangebote ihre Lockwirkung nur entfalten, wenn sie in den Medien beworben werden, was erst ab einem bestimmten Betriebszuschnitt, oder bei einem zentralen Marketing für viele Filialen sinnvoll möglich ist. Auf Marktanteile, Zugangsschranken, Beweglichkeit der Nachfrage, Sortimentsgröße etc. kommt es dann nicht mehr an[65]. Die methodischen Schwierigkeiten des BKartA und seine Fixierung auf den Unternehmensumsatz ließen sich so erklären.

Andererseits muß die überlegene Marktmacht in diesem Fall nicht unbedingt mit der Marktbeherrschung wesensgleich sein. Die Machtkriterien, die speziell mit Bezug auf den Verkauf unter Einstandspreis gesucht wurden, können also tatsächlich auch zu einer Ergebnisänderung bei der Bestimmung der Marktmacht führen. Gegenstand der weiteren Untersuchung ist nun, ob diese Ergebnisänderung tatsächlich auch eine Wesensänderung des Begriffes der Marktmacht bedeutet und ob sich dies noch in das System des GWB einfügen läßt.

5. Verhältnis der überlegenen Marktmacht zur Marktbeherrschung

a. Ausgangspunkt des Vergleichs

Die Vorgehensweise des BKartA, in der Sache einfach aus der Umsatzgröße auf Marktmacht zu schließen und damit eben doch von "typischen Normadressaten" des § 20 IV S2 GWB auszugehen, auch wenn dies im Wortlaut der Verfügungen nicht klar zum Ausdruck kommt, wirft mehrere grundlegende Fragen auf, da der tatsächliche Ablauf der Marktmachtfeststellung nicht zur theoretischen Grundlage paßt, die aber als allgemein akzeptiert gilt.

Nach der herrschenden Ansicht in der Literatur ist die überlegene Marktmacht ein wesensgleiches minus zur Marktbeherrschung[66]. Der vom Wettbewerb nicht

64 Knöpfle BB 1991, 219, 224
65 i.E. wohl auch Lübbert in Wiedemann § 25 Rn 10
66 Markert in I/M 3.A. § 20 Rn 286 m. w. Nachw.; Carlhoff in Frankfurter Kommentar § 26 Rn 363 f

kontrollierte Verhaltensspielraum, der die Marktbeherrschung ausmacht, muß bei der überlegenen Marktmacht nicht gegenüber allen Wettbewerbern bestehen, sondern nur gegenüber den kleinen und mittleren [67]. Die dargestellte Vorgehensweise des BKartA legt aber den Verdacht nahe, daß es sich hier doch nicht um einen lediglich graduellen Unterschied handelt, sondern um ein aliud. Um diese Frage zu klären, soll zunächst die marktbeherrschende Stellung kurz dargestellt werden und dann mit der überlegenen Marktmacht verglichen werden.

b. Die marktbeherrschende Stellung

aa. Grundlagen

Die marktbeherrschende Stellung ist im GWB in §19 II definiert. Die Regelung des § 19 II GWB wird in § 19 III GWB um marktanteilsbezogene Vermutungen ergänzt, die aber widerleglich sind. In Verwaltungsverfahren, die die Mißbrauchsaufsicht betreffen, haben die Vermutungen aufgrund der Amtsermittlungspflicht der Kartellbehörden[68] daher vor allem die Funktion von Aufgreifkriterien[69]. Die einheitliche Regelung des § 19 GWB dient ganz unterschiedlichen Zwecken, da sie sowohl für die Fusionskontrolle, als auch für die Mißbrauchsaufsicht gilt. Nach herrschender Ansicht ist die marktbeherrschende Stellung daher einzelfallspezifisch mit Rücksicht auf den konkreten Zweck zu bestimmen[70].

Grundsätzlich besteht eine marktbeherrschende Stellung, wenn ein Unternehmen gemäß § 19 II Nr.1 GWB keinem wesentlichen Wettbewerb ausgesetzt ist, oder wenn es nach § 19 II Nr.2 GWB über eine überragende Marktstellung verfügt, die aufgrund von Indizien festzustellen ist. In allen Fällen erfolgt die Feststellung in einem zweistufigen Verfahren nach der Abgrenzung des relevanten Marktes[71].

bb. § 19 II Nr.1 GWB

§19 II Nr.1 macht zwar aber beim Nachweis der tatsächlichen Voraussetzungen Schwierigkeiten, ist dabei aber in der Auslegung und der rechtlichen Wertung relativ unproblematisch. Hier geht es um eine Feststellung, die sich auf den ge-

67 Markert in I/M a.a.O.
68 Karsten Schmidt in I/M § 57 Rn 1
69 ganz h. M. siehe Möschel in I/M § 19 Rn 92 f
70 Möschel in I/M 3.A. § 19 Rn 17
71 ganz h. M.: Möschel in I/M 3.A. § 19 Rn 18

samten Markt bezieht. Es kommt in rein relativer Betrachtungsweise ausschließlich darauf an, ob sich ein Unternehmen aktuellen oder potentiellen Wettbewerbern gegenübersieht, die seinen Handlungsspielraum auf dem relevanten Markt beschränken können. Es geht also darum, ob es sich ein Marktteilnehmer erlauben kann, sich aus der Sicht der Marktgegenseite unattraktiv zu verhalten, ohne daß dies vom Markt bestraft wird. Darin liegt wohl das Wesen der fehlenden Entmachtung durch den Wettbewerb, die § 19 II Nr.1 GWB zugrundeliegt[72]. Ursprünglich war hier noch umstritten, ob sich das Fehlen wesentlichen Wettbewerbs anhand des Marktverhaltens[73], oder anhand von Strukturmerkmalen erkennen läßt[74]. Mittlerweile geht man ganz überwiegend davon aus, daß es in einer Gesamtschau aller relevanten Umstände zu prüfen ist[75].

cc. § 19 II Nr.2 GWB

aaa. Die herrschende Ansicht

Größere dogmatische Schwierigkeiten macht § 19 II Nr.2 GWB, der mit der 2.GWB-Novelle 1973 eingeführt wurde und in der Praxis mittlerweile zur maßgeblichen Norm geworden ist[76]. Auch hier kommt es nach der Rechtsprechung darauf an, ob ein Unternehmen einen überragenden (einseitigen) Verhaltensspielraum bei der Entwicklung von Marktstrategien oder auch beim Einsatz einzelner Aktionsparameter hat[77].

In der Literatur war bei Einführung der Nr.2 lange umstritten, ob es sich hier nur um eine Beweiserleichterung handeln soll, ob die Anforderungen der Nr.1 in der Sache etwas gesenkt werden sollen, oder ob es sich um einen völlig neuen Tatbestand handelt, dem der Wettbewerbsbezug fehlt[78]. Vor allem die Frage, ob die überlegene Marktstellung nur anhand von strukturelle Merkmalen, oder auch anhand von Verhaltensweisen des betroffenen Unternehmens festzustellen ist, war nach Einführung des § 22 I Nr.2 GWB a. F. im Jahre 1973 Gegenstand heftiger Kontroversen.

Ein Teil der Literatur wollte eine marktbeherrschende Stellung auch nach § 22 I Nr.2 nur annehmen, wenn sich eine auf der Überlegenheit des Marktbe-

72 Knöpfle DB 1991, 1433, 1434
73 so z.B. Erich Hoppmann Marktmacht und Wettbewerb S.24
74 zum Streit Emmerich Kartellrecht 7.A,. S.245
75 Emmerich Kartellrecht 7.A. S.245; Möschel in I/M 3.A. § 19 Rn 48
76 Emmerich Kartellrecht 7.A. 1994 S.242
77 BGHZ 67, 104, 113 Vitamin B12; BGHZ 68, 23, 28 ff Valium
78 Darstellung des Streits bei Kouker S. 70 ff; auch Markert in Cox/Jens/Markert S. 297, 307

herrschers beruhende Beschränkung des Wettbewerbs auf dem relevanten Markt feststellen ließe. Nach dieser Auffassung wäre immer eine konkrete Störung der Funktion des Marktes nachzuweisen gewesen, die allein die behördliche Kontrolle eines Marktteilnehmers rechtfertigen könne.[79]

Die Gegenansicht sah durch dieses Erfordernis des Nachweises eines konkreten Marktversagens § 22 I Nr.2 GWB a.F. als eigenständigen Tatbestand entwertet. § 22 I Nr.2 dürfe nicht an Erfordernisse geknüpft werden, die bereits den Tatbestand der Nr.1 erfüllen. Daher sei für Nr.2 eine reine Strukturbetrachtung ausreichend, die eine echte Alternative zu Nr.1 darstelle.[80] Im Sinne eines konkreten Gefährdungstatbestandes komme es bei Nr.2 allerdings darauf an, daß die strukturelle Überlegenheit dem Unternehmen die Möglichkeit gebe, unabhängig vom Wettbewerb zu agieren. Es wäre danach also entscheidend, daß das Unternehmen zwar nicht mehr vom Wettbewerb kontrolliert wird, nicht aber, ob es seine Freiräume bereits ausgenutzt hat.[81]

Nach der Rechtsprechung (Vitamin B12, Valium) ist eine überragende Marktstellung nach Nr.2 auch bei wesentlichem Restwettbewerb möglich. Dabei kommt es aber darauf an, daß der überlegene Verhaltensspielraum auf fehlende Kontrolle durch den Wettbewerb zurückzuführen ist. Damit hat sich der BGH dafür entschieden, die zwei Tatbestände des § 19 II GWB zwar als selbständige Alternativen, aber doch als wesensgleiche Abstufungen derselben Voraussetzungen aufzufassen. Im Ergebnis ist das Wesen der marktbeherrschenden Stellung also immer gleich. Nur die Art der Feststellung und die Anforderungen an die Beweislage sind danach verschieden[82]. Zwar läßt § 22 I Nr.2 GWB a.F. eine Feststellung der Marktbeherrschung anhand von Strukturmerkmalen zu, doch kommt es letztenendes darauf an, daß die strukturelle Überlegenheit auch tatsächlich einen überlegenen Verhaltensspielraum im Wettbewerb vermittelt. Wenn dies dem BGH zufolge auch bei "wesentlichem Restwettbewerb" der Fall sein soll, so liegt darin keine neue Definition der marktbeherrschenden Stellung, sondern wohl eher eine eingeschränkte Definition des Begriffs "wesentlicher Wettbewerb".[83] Konsequenterweise hat der BGH in der Vitamin B 12 Entscheidung die marktbeherrschende Stellung trotz aller strukturellen Vorteile des größten Herstellers dann auch abgelehnt, weil es diesem nicht gelang, seinen Vorsprung am Markt gegen neu auftretende billigere Produzenten zu verteidigen[84]. In "Kfz-Kupplungen" hat der BGH wenig später noch einmal klargestellt,

---

79 vor allem Wirz WRP 1977, 246
80 Jüngst S.78 f m. w. Nachw.
81 Jüngst S. 84
82 Hootz BB1976, 1240 und BB 1977, 765 f; Hermanns WRP 1976, 745, 747
83 Hootz BB 1977, 766
84 BGHZ 67, 104, 118 f

daß ein Eingriff im Wege der Mißbrauchsaufsicht immer voraussetzt, daß ein Unternehmen keinem "wirksamen Wettbewerb" mehr ausgesetzt ist, oder daß auf dem Markt kein "funktionsfähiger Wettbewerb" mehr besteht[85]. Diese wettbewerbsbezogene Betrachtung des § 19 I Nr.2 GWB entspricht mittlerweile auch der allgemeinen Literaturmeinung[86].

bbb. Die Kritik von Knöpfle

In jüngerer Zeit hat vor allem Knöpfle an der heutigen Praxis des BKartA und des BGH bemängelt, daß bei der Anwendung der Nr.2 nicht genau zwischen wettbewerbsbezogenen und nicht wettbewerbsbezogenen Verhaltensspielräumen unterschieden werde[87]. Nur die ersteren rechtfertigten eine erweiterte Verhaltenskontrolle. Nach seiner Ansicht lag in der Einführung der Nr.2 in der Praxis eine Abkehr vom Marktmachtkonzept, da in der Anwendung eben auch nicht wettbewerbsbezogene Vorteile herangezogen würden, um eine marktbeherrschende Stellung zu begründen. Die herrschende Literaturmeinung ist darauf insoweit eingegangen, als sie postuliert, daß vor allem die unternehmensbezogenen Merkmale in § 19 I Nr.2, wie Finanzkraft oder die Verflechtung mit anderen Unternehmen, immer auch danach untersucht werden müssen, wie sie sich auf die Wettbewerber auswirken[88].

Die Kritik Knöpfles geht jedoch weiter. So meint Knöpfle, zur Bestimmung der überragenden Marktstellung nach Nr.2 sei nur auf die fehlende Beschränkung der Verhaltensmöglichkeiten durch die Konkurrenz abzustellen[89]. Dabei sei alles aus der Prüfung auszuscheiden, was zwar den Verhaltensspielraum erweitere, aber nicht wettbewerbsabhängig sei[90]. Die beispielhaft aufgezählten Kriterien der Nr.2 seien unter diesem Gesichtspunkt zum großen Teil verfehlt, da ihnen der direkte Bezug zur Wettbewerbssituation fehle und sie zum Teil nur ganz ausnahmsweise geeignet seien, den wettbewerbsabhängigen Verhaltensspielraum zu erhöhen. Ein Beispiel für die von Knöpfle gerügte fehlende Differenzierung fin-

85 BGH WuW/E BGH 1501, 1504 Kfz-Kupplungen; dazu Hoppmann Marktbeherrschung und Preismißbrauch S. 10 f

86 Emmerich Kartellrecht 9.A. S.177; Möschel Recht der Wettbewerbsbeschränkungen Rn 516, der in Nr.2 insoweit zumindest einen Gefährdungssachverhalt sieht; Kouker S. 74; Knöpfle BB 1991, 219, 220

87 Knöpfle DB 90, 1385, 1386

88 Möschel in I/M 3.A. § 19 Rn 58; kritisch Möschel Schwerpunkte des Kartellrechts 1984/85, 1 ff

89 im Ansatz auch Sölter, Der Januskopf des Preiswettbewerbs 1984, S.34, der für die Wettbewerbspolitik eine Differenzierung zwischen leistungsbedingten und marktmachtbedingten Marktanteilen fordert

90 Knöpfle DB 83, 430, 433

det sich bei Albach[91], der Finanzkraft für wettbewerbspolitisch relevant hält, wenn sie zu intensiverer Forschung führt[92]. Es ist jedoch sehr fraglich, ob höhere Forschungsleistungen tatsächlich eine verschärfte Verhaltenskontrolle rechtfertigen können (sollen).

Auch führe nach Knöpfle selbst das Vorliegen einer Vielzahl der Kriterien des § 19 I Nr.2 GWB nicht regelmäßig zu einem Erliegen des Wettbewerbs[93]. Lediglich den Kriterien des Marktanteils und der Zutrittsschranken zum Markt, also der Frage des potentiellen Wettbewerbs will Knöpfle primären Wettbewerbsbezug zuerkennen. Entscheidend für den Spielraum eines Unternehmens im Wettbewerb seien nämlich die Risiken, denen ein Unternehmen bei einer Verhaltensänderung ausgesetzt sei[94]. Daher komme es auch auf eine Marktabgrenzung nicht an, da diese den Blick auf die eigentlich wichtigen Fragen verstelle, ohne wesentlich zu ihrer Lösung beizutragen[95].

Knöpfle will bei der Prüfung der marktbeherrschenden Stellung entscheidend darauf abstellen, ob ein Unternehmen bei aus der Sicht der Marktgegenseite nachteiligen Verhaltensänderungen wettbewerblichen Risiken ausgesetzt ist. Vor allem erscheint es ihm wichtig, ob ein Unternehmen es sich leisten kann, seine Preise zu erhöhen, ohne dadurch Marktanteile zu verlieren. Eine Betrachtung der Prognose im Falle der Folgen, die nach einer hypothetischen fünfprozentigen Preiserhöhung eintreten würden, soll hier Erkenntnisse liefern[96]. Dabei kann sich Knöpfle auf das in der Wettbewerbstheorie allgemein anerkannte Kriterium der Kreuz-Preis-Elastizität stützen. Wenn eine Preiserhöhung für ein Produkt zu einer Abwanderung auf einen anderes Produkt führt, so spricht viel dafür, daß beide Produkte demselben Markt zuzurechnen sind[97]. Während die herrschende Meinung die Kreuz-Preis-Elastizität jedoch nur als ein Indiz bei der Marktabgrenzung verwenden will[98], möchte Knöpfle ohne Marktabgrenzung auskommen und eine antizipierte Reaktion auf eine hypothetische Preiserhöhung direkt zur Bestimmung der Marktbeherrschung heranziehen.

Das von ihm angeführte Beispiel zeigt jedoch, wie unsicher ein solches Kriterium sein muß: Wenn eine Sektkellerei bei 5 % Preiserhöhung nur 2 % Marktan-

---

91 Finanzkraft und Marktbeherrschung 1981, S. 74

92 zustimmend Möschel in I/M 3.A. § 19 Rn 63

93 a.a.O. 438

94 a.a.O. 438

95 Knöpfle DB 90, 1385 1393; in eine ähnliche Richtung geht auch die Kritik Hoppmanns: Hoppmann, Die Abgrenzung des relevanten Marktes im Rahmen der Mißbrauchsaufsicht über marktbeherrschende Unternehmen 1974, abgedruckt in Wirtschaftsordnung und Wettbewerb S. 504 ff insbesondere S. 512 f

96 Knöpfle DB 90, 1385, 1388

97 Möschel in I/M § 19 Rn 33 m. w. Nachw.

98 Möschel a.a.O.; Ruppelt in Langen/Bunte 8. A. § 22 Rn 13 jeweils m. w. Nachw.

teilsverlust hinnehmen muß, so soll dies eine marktbeherrschende Stellung indizieren. Dem ist jedoch ganz entschieden zu widersprechen[99]. Gerade bei Luxusgütern spielen Preis und meßbare Qualität oft eine ganz untergeordnete Rolle. Häufig ist die Produktion aus ganz anderen Gründen beschränkt. Dies können z.B. begrenzte Anbauflächen bei Spitzenweinen sein oder ein nicht ohne Qualitätseinbußen zu behebender Mangel an Fertigungskapazitäten bei Manufakturware wie Luxusuhren oder ein begrenztes Sitzplatzangebot z.B. in berühmten Opernhäusern. In diesen Fällen ließe sich die gesamte Produktion unter Umständen auch zu einem höheren Preis verkaufen. Oft ist eine Marke auf dem Markt auch einfach "im Kommen" und gewinnt daher trotz Preiserhöhung z.B. aufgrund einer Werbekampagne erheblich an Marktanteilen.

Auch in der Modebranche ist der Zusammenhang zwischen Absatzerfolg und Preis oft nicht besonders eng, wie die Untersuchung von Jacob zu diesem Thema zeigt[100]. Es findet sich bereits die Einschätzung, daß Markenware heutzutage praktisch gar nicht mehr über den Preis und die Qualität verkauft wird, sondern nur noch über so schwer meßbare Faktoren wie das "Markenimage"[101]. Das Verhältnis von Preis und Marktanteil ist daher gerade bei Konsumgütern in der Regel mit zu vielen Unsicherheiten behaftet, um für die Frage der Wettbewerbssituation auf einem Markt aussagekräftig zu sein.[102] Auch im hier relevanten Lebensmittelmarkt bestehen zum Teil erhebliche Preisdifferenzen, die rational kaum zu erklären sind. So beträgt z.B. der Preisunterschied bei Tiefkühlpizzas zwischen sog. Premiummarken und Handelsmarken bis zu 350%[103].

Dies schließt es jedoch nicht aus, aus der Reaktion auf Preiserhöhungen umgekehrt auf das Bestehen von Wettbewerb zu schließen. Knöpfle bringt ein drastisches Beispiel aus dem Tankstellensektor[104]: Aral und Texaco erhöhten 1982 die Preise einseitig um 2 Pf. und erlebten einen sofortigen Absatzrückgang um 60%. Da Benzin offenbar praktisch ausschließlich über den Preis verkauft wird, kann dieser Absatzrückgang zumindest für weite Teile des deutschen Marktes die Annahme einer Marktbeherrschung widerlegen.

Da eine Feststellung der Martkbeherrschung über die Frage der Auswirkungen einer hypothetischen Preiserhöhung insgesamt jedoch nicht möglich erscheint, muß es bei einer Gesamtschau der Indizien bleiben, nach der die herr-

---

99 Hoppmann Marktmacht und Wettbewerb S.16 f

100 Herbert Jacob, Preisbildung und Preiswettbewerb in der Industriewirtschaft 1985, S. 174 ff

101 Wolter/ Lubberger, GRUR 1999, 17, 20, Fezer GRUR 1990, 551, 552 f

102 Schwalba S.53 ff, S. 65 der auch auf die Möglichkeit des Marktanteilsverlustes durch Marketinganstrengungen der Konkurrenz hinweist

103 Lademann, Schwerpunkte des Kartellrechts 1999 S.67, 77

104 Indiziert der Marktanteil den Wettbewerbsgrad? BB 1982, 1805, 1807

schende Meinung die marktbeherrschende Stellung bestimmt. Die bei der Marktabgrenzung auftretenden Probleme, die Knöpfle für überflüssig hält, wie z.B. die Austauschbarkeit von Produkten, die Unterteilung von Märkten, wenn ein Produkt für verschiedene Zwecke eingesetzt wird, die Möglichkeit der Eigenherstellung eines Produktes durch die Abnehmer, die Einbeziehung verschiedener Fertigungsstufen in einen Markt etc.[105] sind bei der Frage nach der Beschränkung der Verhaltensspielräume eines Unternehmens am Markt auf jeden Fall zu beantworten, da sie alle mit den Risiken einer Verhaltensänderung zu tun haben. Sogar bei der Einschätzung der Folgen einer Preiserhöhung wären diese Fragen zu berücksichtigen. Mit Knöpfles Methode der Bestimmung der Marktbeherrschung wäre daher in der Praxis wohl kaum eine Vereinfachung verbunden, weshalb die seit langem anerkannte zweistufige Methode mit der Gesamtschau aller Indizien nach Abgrenzung des relevanten Marktes vorzugswürdig ist.

ccc. Die Ansichten von Emmerich und Leo

In eine andere Richtung gehen die Überlegungen Emmerichs, der § 22 I Nr.2 a.F. mit Blick auf die Fusionskontrolle untersucht hat[106]. Nach seiner Ansicht gehen im Rahmen der Fusionskontrolle von den Zusammenschlüssen großer Unternehmen, die auf einer Vielzahl von Märkten tätig sind besondere Gefahren für den Wettbewerb aus. Eine auf den einzelnen Markt bezogene Betrachtungsweise könne diesen Gefahren nicht gerecht werden. Daher beinhalteten die Kriterien des § 22 I Nr.2 a.F. eine Abkehr vom klassischen Marktmachtkonzept, indem sie eine Fusionskontrolle auch unter dem Gesichtspunkt der reinen Größenmacht gestatteten[107]. Für die Mißbrauchsaufsicht spiele dies keine Rolle, da hier eine rein verhaltensbezogene Sichtweise die strukturelle Prüfung der Marktbeherrschung verdränge[108].

Auch Leo[109] hält den konkreten Marktbezug von § 22 I Nr.2 GWB für zweifelhaft. Nach seiner Ansicht ist die Frage, ob durch § 22 I Nr.2 GWB ein neuartiger Marktbeherrschungsbegriff in das GWB gekommen sei, in den Beratungen zur 2.GWB-Novelle nicht geklärt worden. Der BGH sei in den zwei Leitentscheidungen Vitamin B12 und Valium auf diese Frage eingegangen und habe sich mit der Formulierung, die Frage der beherrschenden Stellung könne "nicht abschließend beantwortet werden, ohne die Wettbewerbsverhältnisse auf dem

105 Knöpfle a.a.O. 1390
106 2. FS für F. Böhm S.119, 125 ff; Kartellrecht, 7.A. 1994 S.233
107 a.a.O. 128
108 a.a.O. 126
109 FS Steindorff S. 1005 ff

relevanten Markt heranzuziehen"[110], verbal zu einer wettbewerbsbezogenen Definition des § 22 I Nr.2 bekannt, diese aber in der Sache aufgegeben[111]. Damit herrsche bis heute eine Unklarheit, die nur durch die Abschaffung der Nr.2 beseitigt werden könne[112].

Im Zusammenhang mit § 19 II Nr.2 GWB haben sich diese abweichenden Ansichten allerdings nicht durchsetzen können.[113] Nach ganz herrschender Ansicht sind zwar die Anforderungen des § 19 II Nr.2 GWB etwas niedriger, als die der Nr.1, aber nicht wesensmäßig verschieden.[114] Auch in seiner tatsächlichen Handhabung durch das BKartA und die Gerichte hat § 19 II Nr.2 demnach einen ganz klaren Wettbewerbs- und Marktbezug[115].

c. Bestimmung der überlegenen Marktmacht im Vergleich

aa. Marktabgrenzung

Die überlegene Marktmacht ist nach gängiger Ansicht wie die Marktbeherrschung erst nach Abgrenzung des relevanten Marktes zu prüfen (zweistufige Marktmachtbestimmung). Bei der Marktbeherrschung spielt die Marktabgrenzung dabei eine entscheidende Rolle, da sie de facto über die Höhe der relevanten Marktanteile entscheidet, die nicht nur für die Vermutungen des § 19 III GWB, sondern auch bei der Bestimmung der überragenden Marktstellung nach wie vor eine wesentliche Rolle spielen. Je kleiner der relevante Markt ist, desto eher ist eine marktbeherrschende Stellung anzunehmen[116]. Aus diesem Grund wird in Kartellverfahren oft vor allem um die insoweit vorentscheidende Marktabgrenzung gestritten[117].

Bei Verfahren, in denen es um große Fusionen im Lebensmitteleinzelhandel ging, hat das BKartA sich mit der Abgrenzung des Marktes in diesem Bereich ausführlich auseinandergesetzt. Während die Monopolkommission immer von produktbezogenen Einzelmärkten ausgeht[118], hat das BKartA einen einheitlichen

110 BGHZ 67, 104 Vitamin B 12 Leitsatz b
111 Leo a.a.O. S. 1015
112 a.a.O. S. 1016 f
113 so auch Emmerich selbst in ZHR 140, 97, 108
114 Jüngst, S. 64 – 66
115 Möschel in I/M 3.A. § 19 Rn 52 ff; ders. Recht der Wettbewerbsbeschränkungen Rn 519
116 für den Lebensmittelbereich Schwalba S.112
117 Knöpfle DB 1990, 1385; Emmerich Fusionskontrolle 1985/86 AG 86, 345, 347; Fusionskontrolle 1986/87 AG 87, 357, 358
118 MK Hauptgutachten V Nr. 660, 664

Markt für Grundnahrungsmittel angenommen, da nach seiner Ansicht die Händler immer auf der gesamten Breite des Sortiments miteinander konkurrieren[119] und einen eigenen Markt für den Sortimentseinzelhandel ohne den Spezialhandel und das Lebensmittelhandwerk angenommen. Auf diese Art und Weise ist das BKartA zu erheblich größeren Marktanteilen der Fusionspartner gekommen[120]. Dies erscheint für die Fusionskontrolle vertretbar, da ein großer Supermarktbetreiber tatsächlich keinen Wettbewerb von kleinen Bäckereien, Metzgereien und Spezialhändlern zu befürchten hat[121]. Zumindest im Bereich der haltbaren und abgepackten Lebensmittel kommt es daher nur auf den Sortimentseinzelhandel an, wenn es um die Bestimmung der Marktbeherrschung geht[122]. Für Fusionskontrolle und Mißbrauchsaufsicht ist letztenendes sogar das noch strengere konsequente Bedarfsmarktmodell der Monopolkommission vorzugswürdig, da Mißbrauch auch dann schon möglich ist, wenn den Abnehmern die Ausweichmöglichkeit nur bei einem einzigen Produkt fehlt. Auch erscheint es folgerichtig, die Attraktivitätssteigerung, die Supermärkte durch das Angebot eines umfassenden Sortiments erzielen, in erster Linie als Wettbewerbsmittel im Kampf um den Absatz der einzelnen Produkte zu sehen[123].

Bei der Bestimmung der überlegenen Marktmacht hat die genaue Marktabgrenzung dagegen nur eine ganz untergeordnete Rolle gespielt. Hier kommt es nicht darauf an, ob der große Supermarkt den Wettbewerb der kleinen Bäckerei bei der Planung seines Geschäftsgebarens berücksichtigen muß, sondern nur darauf, ob die Sonderangebotsaktionen des Supermarktes auch der kleinen Bäckerei schaden können. Soweit der Supermarkt selbst frische Backwaren verkauft ist dies eindeutig zu bejahen[124]. Ein größerer relevanter Markt unter Einbeziehung des Spezialhandels und des Lebensmittelhandwerks führt hier also eher zur Annahme der überlegenen Marktmacht. Dies liegt daran, daß Marktanteile, Marktzutrittsschranken etc. in der Praxis der Kartellbehörden bei der Bestimmung der überlegenen Marktmacht keine Rolle spielen und die Marktabgrenzung lediglich die Funktion hat, die Wettbewerber des Verfügungsadressaten festzulegen. Hier fehlt also der eigentliche Bezug zum relevanten Markt, weshalb dessen genaue Grenzen aus der Sicht des BKartA anscheinend auch offenbleiben kön-

---

119 BKartA WuW/E BKartA 1970, 1971 f coop-Supermagazin

120 1985 betrug der Gesamtmarkt für Lebensmitteleinzelhandel 181,2 Mrd. DM, ohne Lebensmittelhandwerk und Spezialhandel jedoch nur 113,9 Mrd. DM: Siehe Wendland, Zur sachlichen Abgrenzung der Angebotsmärkte des Lebensmittelhandels durch die Rechtsprechung WRP 88, 147

121 kritisch Lademann, Schwerpunkte des Kartellrechts 1999, 67, 90

122 grundsätzlich kritisch Verannemann-Watervliet S. 66 f

123 auch MK Hauptgutachten V Nr.666

124 siehe auch die Studie von Treis/Lademann GRUR 87, 262

nen, solange eine Wettbewerbsbeziehung zwischen den Beteiligten feststeht. Die unveränderte Übernahme der Marktabgrenzung aus der Fusionskontrolle im Lebensmitteleinzelhandel, die das BKartA in den Fällen Wal-Mart, Lidl und Aldi Nord zumindest verbal praktiziert hat[125], erscheint weder durchdacht, noch sollte man sich darauf verlassen, daß es dabei bleibt, wenn es wirklich einmal um eine Behinderung des Lebensmittelhandwerks durch einen großen Verbrauchermarkt geht.

bb. Drittmarktbehinderung

Hier taucht auch die Frage auf, ob § 20 IV GWB auf die sogenannte „Drittmarktbehinderung" anwendbar ist und ob eine solche Differenzierung angesichts der geringen Rolle der Marktabgrenzung überhaupt sinnvoll ist. Mit Drittmarktbehinderung ist der Fall gemeint, daß ein Unternehmen auf einem anderen Markt behindert, als dem, auf dem es seine dominante Stellung innehat. Wie dies beim Verkauf unter Einstandspreis aussehen kann, soll an einem Beispiel aus dem Alltag erläutert werden:

Um Kunden anzuziehen, verkaufen viele Lebensmitteldiscounter ein ständig wechselndes kleines Sortiment an Waren aus anderen Bereichen, wie Spielzeug, Unterhaltungselektronik, Bekleidung, Werkzeug etc. zu besonders günstigen Preisen. Bekannt sind auch die Kaffeeröster, die in ihren Filialen Haushaltswaren, Bekleidung etc. günstig verkaufen[126]. Wenn diese Angebote nun unter Einstandspreis kalkuliert sind, sind einerseits die Wettbewerber aus dem Bereich des Hauptsortiments betroffen, die die billig verkauften Waren selbst gar nicht anbieten und andererseits die Händler, welche die Waren vertreiben, die als verbilligte Zusatzangebote verwendet werden. Diese Händler konkurrieren mit den Preisunterbietern im Bereich ihres eigentlichen Sortiments gar nicht. Verkauft der große Discounter in der Vorweihnachtszeit einige Artikel aus dem Bereich Spielzeug unter Einstandspreis, so ist einerseits der kleine Lebensmittelhändler davon betroffen, weil der Discounter auch mit einem branchenfremden Angebot Kunden anlocken kann. Andererseits ist auch der Spielwarenhändler betroffen, da er unter Umständen Umsatzeinbußen hinnehmen muß, ohne mit dem Preis des Discounters mithalten zu können. Die beiden kleinen Händler sind von der Maßnahme des Discounters daher zwar unterschiedlich betroffen, aber ähnlich

---

125 Das BKartA spricht in Wal-Mart S.5 von einer „ständigen Praxis" (wortgleich in Lidl S.4 und Aldi Nord S.5)

126 z.B. BGH NJW 76, 2013 Rustikale Brettchen; BGH GRUR 1979, 55 Tierbuch; aus neuerer Zeit z.B. BGH GRUR 2001, 51 Parfumflakon; Hirtz Werbung mit dem Angebot branchenfremder Artikel BB 1979, 450; gute Darstellung der Methode bei Baumbach/Hefermehl § 1 Rn 140 m. w. Nachw.

schutzwürdig, ohne daß es darauf ankäme, wer auf welchem Markt tätig ist. Im Rahmen des § 1 UWG wird daher auch zu beiden ein Wettbewerbsverhältnis angenommen[127].

Entscheidend ist nicht, auf welchem Markt sich die Beteiligten dauerhaft betätigen, sondern wer von den Verkäufen unter Einstandspreis konkret betroffen ist. In dem Beispiel sollte die Abgrenzung also danach erfolgen, zu wessen Lasten das Handeln des Preisunterbieters geht, da es ja vor allem darauf ankommt, diejenigen unterlegenen (kleinen und mittleren) Wettbewerber zu finden, die von dem Verhalten des Marktstarken betroffen sind. Dies meint wohl auch Köhler, wenn er bei der Untersuchung der Frage, was " nicht nur gelegentlich" ist, darauf abstellt, wer von einer Niedrigpreisaktion im Einzelfall betroffen ist.[128] Diese Vorgehensweise steht aber wegen des fehlenden Gesamtmarktbezugs der Bestimmung eines konkreten Wettbewerbsverhältnisses wie sie im UWG stattfindet näher, als der Abgrenzung eines Marktes, wie sie vor allem im Rahmen der Fusionskontrolle wichtig ist.

cc. Die Marktmachtbestimmung

Wie oben gezeigt ist in der Praxis die Finanzkraft, die das BKartA nach der absoluten Umsatzgröße bestimmt, das entscheidende Kriterium bei der Marktmachtbestimmung. Damit unterscheidet sich diese Bestimmung aber grundlegend von der Feststellung der marktbeherrschenden Stellung, bei der es auf die Gesamtheit der Kriterien des §19 I Nr.2 GWB ankommt, wobei der Marktanteil nach wie vor im Vordergrund steht[129].

Das Kriterium des § 19 I Nr.1 GWB, das sich allein aus der relativen Stellung eines Unternehmens im Wettbewerb ableitet, hat bei der Bestimmung der überlegenen Marktmacht überhaupt keine Entsprechung, da es bei letzterer auf die Stellung zu den Wettbewerbern insgesamt gerade nicht ankommt.

Auch die überragende Marktstellung nach § 19 I Nr.2 GWB, die dem Unternehmen einen von den Wettbewerbern nicht kontrollierten Verhaltensspielraum vermittelt, ist von der überlegenen Marktmacht wesensverschieden. Die überragende Marktstellung ist nämlich immer mit Blick auf den Gesamtmarkt zu beurteilen, auf dem das Unternehmen handelt, da es um die Kontrolle dieses Marktes durch ein Unternehmen geht und um die Kontrolle des Unternehmens durch den Markt.

---

127 Hirtz a.a.O. 451

128 Köhler BB 1999, 699

129 Emmerich Kartellrecht 7.A. S. 247 f

Wer den Markt beherrscht, kann es sich leisten, überhöhte Preise zu fordern, einen Teil der Abnehmer willkürlich zu benachteiligen, eine Leistung sachfremd an den Erwerb einer anderen Leistung zu koppeln, oder unter Inkaufnahme zeitweiliger Verluste andere Wettbewerber zu bekämpfen. Es geht also darum, daß der Marktbeherrscher es sich erlauben kann, sich aufgrund fehlender Kontrolle durch den Wettbewerb nicht mehr marktkonform zu verhalten, sondern sich Freiheiten herauszunehmen, die bei funktionierendem Wettbewerb nicht möglich wären.

Das marktstarke Unternehmen dagegen steht in einem starken Wettbewerb und muß sich marktkonform verhalten, wenn es Erfolg haben will. Die Untereinstandspreise sind schließlich nicht nur gegenüber den kleinen Wettbewerbern wirksam, sondern gerade auch gegenüber den leistungsstarken großen Wettbewerbern[130]. Da ein bestimmtes Verhalten am Markt in der Regel also gar nicht selektiv nur gegenüber den kleinen Wettbewerbern möglich ist, besteht gar kein gesteigerter Verhaltensspielraum im eigentlichen Sinn. Das schließt zwar Behinderungswettbewerb oder sonstigen Nichtleistungswettbewerb nicht aus, aber mißbräuchliche Verhaltensweisen, die die Attraktivität gegenüber der Marktgegenseite eigentlich nicht erhöhen. Damit bedeutet Marktstärke nicht die Möglichkeit, die Gesetze des Marktes zu ignorieren, sondern die Möglichkeit, aufgrund von Größe und Finanzkraft in der Lage zu sein, auch in einem verschärften Wettbewerb mitzuhalten, ohne dabei die Gesetze des Marktes zu mißachten. Bei Marktbeherrschung geht es dagegen in der Regel um den Fall, daß ein Verhalten, das bei funktionierendem Wettbewerb an sich nicht geeignet wäre, den Absatz zu fördern, aufgrund der fehlenden Kontrolle durch den Markt ermöglicht wird, oder zumindest lohnend.

Marktstärke gründet zumindest beim Verkauf unter Einstandspreis offenbar darauf, daß ein an sich marktkonformes Verhalten nicht allen Wettbewerbern möglich ist. Dies trifft auch für unbedenkliche Verhaltensweisen zu, wie z.B. Fernsehwerbung oder bundesweiten Kundendienst, die in keiner Hinsicht Mißbrauch oder Nichtleistungswettbewerb darstellen. Maßnahmen, die nur bei Marktbeherrschung, also dem Fehlen von Wettbewerb, möglich sind, haben dagegen von vornherein die Vermutung des Mißbrauchs gegen sich.

130 so auch Schäfer S.5, der daraus allerdings nur die Konsequenz zieht "defensive" Verkäufe unter Einstandspreis zuzulassen (S.121)

6. Zweck der überlegenen Marktmacht

Die aufgezeigten Unterschiede in der Vorgehensweise bei der Bestimmung der überlegenen Marktmacht ergeben sich daraus, daß § 20 IV GWB einen anderen Zweck verfolgt, als § 19 I GWB. Die Kontrolle der marktbeherrschenden Unternehmen dient nämlich dem Zweck, die fehlende Kontrolle durch den Markt zu ersetzen. Der wissenschaftliche Beirat beim BMWi formulierte dies 1965 wie folgt:

"Die Maßstäbe, nach denen zu beurteilen ist, ob ein Verhalten mißbräuchlich ist, sind aus den Ordnungsprinzipien einer Wettbewerbswirtschaft abzuleiten. Die Kennzeichnung als mißbräuchlich behaftet ein solches Verhalten also nicht mit dem Makel der Sittenwidrigkeit. Die Mißbrauchsaufsicht kann und will den marktbeherrschenden Unternehmen nicht ein bestimmtes Verhalten vorschreiben; sie beschränkt sich darauf, solche Verhaltensweisen zu untersagen, die allein aufgrund seiner Marktmacht offenstehen, die einem einzelnen Unternehmen bei Vorherrschen von Wettbewerb unmöglich wären, oder durch die andere Unternehmen in einer Weise behindert oder benachteiligt werden, wie es bei wirksamem Wettbewerb ausgeschlossen wäre. Die Mißbrauchsaufsicht richtet sich also gegen bestimmte abgrenzbare Verhaltensweisen. Ihr Ziel sollte vor allem darin bestehen, den Zugang zum Markt des marktbeherrschenden Unternehmens offenzuhalten und seine Konkurrenten gegen Schädigungen zu schützen."[131]

Diese als nach wie vor allgemein akzeptierte Definition[132] zeigt ganz deutlich, daß erst die gesteigerten Verhaltensspielräume des Marktbeherrschers den regelnden Eingriff des Staates in das grundsätzlich freie Wettbewerbsgeschehen rechtfertigen. Deshalb muß die fehlende Kontrolle des Marktbeherrschers durch den Markt auch immer das entscheidende Kriterium bei der Feststellung der Marktbeherrschung sein.

Bei der überlegenen Marktmacht funktioniert die Kontrolle des Marktmächtigen durch den Markt, weil in der Regel noch andere große Wettbewerber vorhanden sind. Es gibt daher keine gesteigerten Verhaltensspielräume, die den Staat zum regelnden Eingriff zwingen. Hier geht es nur darum, Verhaltensweisen zu verhindern, die eine Verschärfung des Wettbewerbs darstellen, die für einige kleinere Unternehmen existenzgefährdend ist. In der Sache geht es also um das Verbot von Verhaltensweisen, die auch bei funktionierenden Wettbewerb mög-

131 BT-Drucks. IV/617, S.96 abgedruckt bei Möschel Recht der Wettbewerbsbeschränkungen 1983, S.294

132 nach Möschel a.a.O. "klassisch"

lich sind. Dies entspricht jedoch eher dem Zweck des UWG, das die Grenzen des Erlaubten im Wettbewerb bestimmen soll. Unklar bleibt dann allerdings, mit welcher sachlichen Rechtfertigung das Verbot des Verkaufs unter Einstandspreis nur für Großunternehmen gilt, wenn es doch vor allem darauf ankommt, eine Existenzgefährdung kleiner Unternehmen zu verhindern, die aber mehr von der Art und der Intensität der UEP-Aktion abhängt, als von der Art des Unternehmens, das hinter der Aktion steht.

Marktstärke ist im Ergebnis demnach tatsächlich ein aliud zur Marktbeherrschung und mit ihr wesensmäßig nicht vergleichbar. Dabei ist es allerdings sehr fraglich, ob der Einführung der Marktstärke in das GWB überhaupt eine überzeugende dogmatische und wettbewerbspolitische Konzeption zugrunde lag, oder ob eine Verankerung des Verbots des Verkaufs unter Einstandspreis im UWG und eine Anknüpfung des Verbots an die Marktfolgen des Verhaltens, wie sie der BGH im UWG (wenn auch sehr zurückhaltend) praktiziert, nicht überzeugender gewesen wären.

7. Innere Rechtfertigung der Abgrenzung der Normadressaten

Ein Verbot des Verkaufs unter Einstandspreis, das nicht für alle Marktteilnehmer gilt, sondern nur für einige wenige, ohne daß diese Differenzierung eine innere Rechtfertigung hätte, wäre nach dem bereits oben festgestellten unter dem Gesichtspunkt des Art. 3 I GG bedenklich. Daher ist nach einer inneren Rechtfertigung für die Beschränkung auf Marktmächtige zu suchen. Markert geht davon aus, daß auch überlegene Marktmacht immer mit Blick auf den Gesamtmarkt zu beurteilen ist und erweiterte Verhaltensspielräume voraussetzt[133]. Dieser theoretisch richtige Ansatz entspricht jedoch nicht der Praxis des BKartA. Aufgrund der Tatsache, daß der Verkauf unter Einstandspreis gar kein Versagen der Kontrolle des Wettbewerbs voraussetzt, erscheint ein Abstellen auf erweiterte Verhaltensspielräume in der Praxis überhaupt nicht umsetzbar.

Einen Lösungsansatz bietet das mit der Einführung des § 26 IV GWB a.F. gestrichene Tatbestandsmerkmal der "Fähigkeit zur wesentlichen Marktbeeinflussung". Wie bereits angedeutet kann die erweiterte Einflußmöglichkeit durchaus eine strengere Kontrolle rechtfertigen. Wer durch sein Verhalten größere Störungen des Marktgeschehens verursachen kann, muß sich eine verstärkte Kontrolle gefallen lassen. Nachdem der Gesetzgeber entschieden hat, daß der Einfluß, den Verkäufe unter Einstandspreis auf den Markt haben, grundsätzlich unerwünscht ist, kann er das Verbot dieses Verhaltens auf die Marktteilnehmer beschränken,

---

133 Markert in I/M 3.A. § 20 Rn 288

die den Markt überhaupt relevant beeinflussen können. Hinter der überlegenen Marktmacht gegenüber kleinen und mittleren Wettbewerbern würde sich dann in erster Linie eine Art Bagatellklausel verbergen. Ein Unternehmen, das so klein ist, daß es durch Verkäufe unter Einstandspreis keine Störung des Marktgeschehens verursachen kann, unterliegt nicht der Kontrolle der Kartellbehörden. Auch auf einem Markt, auf dem finanzkräftige Großunternehmen unter sich sind, ist eine Kontrolle dann überflüssig, da allen Marktteilnehmern der Verkauf unter Einstandspreis mit dem gleichen Effekt möglich ist und sich daher keine Störungen des Marktes ergeben. So verstanden ist § 20 IV S2 GWB eine Art Gefährdungstatbestand, der im Vorfeld der wettbewerbswidrigen Verkäufe unter Einstandspreis eingreift, die ja eine tatsächliche und erhebliche Marktstörung voraussetzen.

Der Gesetzgeber hat also den Beteiligten, die überhaupt eine Gefahr auslösen können, ein wettbewerbsrechtlich für bedenklich gehaltenes Verhalten pauschal verboten. Damit wird jedoch der Regelungszweck des GWB, die Sicherung des freien Wettbewerbs, verlassen. Das pauschale Verbot besonders gefährlicher Verhaltensweisen findet sich eher im UWG; z.B. im Verbot von Sonderveranstaltungen nach § 7 UWG oder im Verbot der Ausgabe von Berechtigungsscheinen an Endverbraucher gemäß § 6b UWG. Eine Regelung des Verbots des Verkaufs unter Einstandspreis im UWG, wie sie vor Einführung des § 37a III GWB a.F. diskutiert wurde[134], wäre daher wohl schlüssiger gewesen. Dies hätte jedoch eine Kontrolle durch die Kartellbehörden nicht ohne weiteres ermöglicht. Für eine Verankerung des Verbots im GWB sprechen also praktische Gründe, wenn man akzeptiert, daß der Gesetzgeber die Kartellbehörden zu einem regelnden Eingriff in einen an sich funktionierenden Markt ermächtigt hat.

Diese Auslegung der überlegenen Marktmacht führt zu einer "Rettung" vor Art. 3 I GG nicht durch eine besonders restriktive Anwendung, da sich nach dem bisher gesagten ja die wirklich "Marktmächtigen" gar nicht abgrenzen lassen, sondern zu einer verfassungskonformen Auslegung durch Erweiterung des Anwendungsbereichs "nach unten". Wenn alle ernstzunehmenden Wettbewerber in einem Markt an das Verbot des § 20 IV S2 GWB gebunden sind, ist das Gebot der Gleichbehandlung auch wieder gewahrt. Nur Wettbewerber, die so schwach sind, daß sie den Markt überhaupt nicht beeinflussen können, wären dem Verbot des § 20 IV S2 GWB dann nicht unterworfen. Das Ergebnis wäre für den Verkauf unter Einstandspreis ein allgemeines Verbot mit einer Art "adressatenbezogener Bagatellklausel". Mit einem subsidiären Eingreifen der Kartellbehörden dort, wo der Wettbewerb versagt, hat das allerdings nichts mehr zu tun.

---

134 dazu Pfeffer S.16; auch Spary MA 1985, 306 ff

8. Vergleich mit den übrigen Fällen unbilliger Behinderung durch marktstarke Unternehmen

a. Untersuchungszweck

Bisher wurde die überlegenen Marktmacht ausschließlich mit Blick auf den Verkauf unter Einstandspreis untersucht. Der Begriff der unbilligen Behinderung ist in § 20 IV S1 GWB allerdings ebensowenig auf die Preisunterbietung beschränkt, wie in den Vorgängernormen. Zwischen der unbilligen Behinderung durch marktstarke Unternehmen und der unbilligen Behinderung durch marktbeherrschende Unternehmen soll nach herrschender Ansicht sogar weitgehend Übereinstimmung bestehen[135]. Jedoch soll die Interessenabwägung bei § 20 IV 1 GWB etwas restriktiver vorgenommen werden, um der großzügigeren Annahme der Normadressatenstellung gerecht zu werden[136]. Daher werden im folgenden die bisherigen Fälle einer anderweitigen Behinderung durch marktstarke Unternehmen untersucht, um festzustellen, wie dort die überlegenen Marktmacht begründet wurde. Folgt man der herrschenden Ansicht, daß diese ein wesensgleiches minus zur Marktbeherrschung darstellt, so müßten sich zahlreiche Fälle finden lassen, in denen zwar eine marktbeherrschende Stellung nicht nachzuweisen war, aber unter den behinderten Unternehmen auch kleine und mittlere waren, so daß eine Untersagungsverfügung auf § 37a III bzw. § 26 IV GWB a.F. gestützt werden konnte. Sollte das Konzept der überlegenen Marktmacht für das allgemeine Behinderungsverbot doch schlüssig sein, müßte die Kontrolle marktstarker Unternehmen in der Praxis als Auffangtatbestand zur Mißbrauchsaufsicht über Marktbeherrscher eigentlich eine bedeutende Rolle spielen können. Ein solche überzeugende Anwendungspraxis würde auch gegen die hier vertretene Ansicht sprechen, daß die überlegene Marktmacht kein Rechtsbegriff ist, der eine Schutzlücke schließt, sondern eine Konstruktion um großen Handelsunternehmen ohne Berücksichtigung der tatsächlichen Marktverhältnisse den politisch offenbar unerwünschten Verkauf unter Einstandspreis zu untersagen.

b. Kurfürstendamm-Filmtheater

Ein erster Versuch, § 37a III GWB a.F. auf ein anderweitiges Wettbewerbsverhalten anzuwenden, ist im Beschluß Kurfürstendamm-Filmtheater des Kammergerichts dokumentiert.

---

135 Markert in I/M 3.Aufl. § 20 Rn 292; Schultz in Langen/Bunte 8. Aufl. § 26 Rn 247
136 Schultz in Langen/Bunte 8. Aufl. § 26 Rn 247; Markert a.a.O. Rn 293

Ein großer Kinobetreiber in Berlin hatte bei attraktiven neuen Spielfilmen für seine Berliner Kinos ein exklusives Aufführungsrecht verlangt und auch bekommen. Dies hatte die LKartB Berlin in einer einstweiligen Anordnung untersagt, die sich zum Zeitpunkt des Verfahrens vor dem Kammergericht bereits erledigt hatte. Das Kammergericht hatte nur noch über die Verfahrenskosten zu entscheiden und nahm eine Kostenaufhebung vor.[137]

In einer summarischen Prüfung befand es dabei, daß sich eine überlegene Marktstellung der Verfügungsadressatin daraus ergeben könne, daß sie einen bei weitem überlegenen Marktanteil in Berlin hatte und außerdem bundesweit über Kinos verfügte, wobei sie offenbar in etlichen Städten ein Monopol innehatte.

Diese Begründung kann die Annahme überlegener Marktmacht durchaus rechtfertigen, wobei die Tatsachen sogar dafür sprechen könnten, daß die Filmverleiher auf die Verfügungsadressatin als Vertragspartnerin gar nicht verzichten konnten, was sogar für eine Marktbeherrschung sprechen könnte. Da das Verfahren ohne Sachentscheidung lediglich mit einer absolut summarischen Plausibilitätskontrolle der Verfügung der LKartB beendet wurde, gibt es für die Anwendbarkeit des § 37a III GWB a.F. außerhalb des Bereichs der Preisunterbietung nicht viel her.

c. Müller GmbH & Co.

Das erste veröffentlichte Verfahren zu § 20 IV S1 GWB, das sich wirklich in der Sache mit der Kontrolle eines marktstarken Unternehmens auseinandersetzt und in dem es nicht um den Verkauf unter Einstandspreis geht, ist damit das Verfahren des BKartA gegen die Müller GmbH & Co.

Die Molkerei Müller errichtete in Sachsen eine moderne Milchverarbeitungsanlage, die 70% der in ihrem Einzugsbereich produzierten Milch aufnehmen konnte. Der Marktanteil von Müller betrug allerdings nur 50 %. Da die produzierte Milchmenge relativ konstant blieb, mußte Müller, um neue Milchlieferanten zu gewinnen, die Lieferanten dazu bringen, die Molkerei zu wechseln. Dabei bestand das Problem, daß die meisten Milcherzeuger üblicherweise langfristige Lieferverträge abschlossen und deshalb zu einem großen Teil an andere Molkereien gebunden waren. Um die Lieferanten zum Wechsel zu animieren, versprach Müller die Übernahme von Vertragsstrafen bei einem Wechsel unter Bruch bestehender Verträge und bot den Erzeugern auch für den Fall eines Wechsels nach

137 KG WuW/E OLG 3527

Ablauf des alten Vertrages ein Einstandsgeld an. Beides untersagte das Bundeskartellamt nach § 20 IV S1 GWB[138].

Die Normadressateneigenschaft leitete es dabei aus einer Ressourcenbetrachtung her, die sich vor allem darauf stützte, daß Müller in dem relevanten Markt einen Anteil von 50 % hatte, die größten Mitbewerber jedoch lediglich zwischen 5 % und 14 %. Der Umsatz von Müller betrug 1,44 Mrd. DM, die kleinen Mitbewerber hatten Umsätze von 50 bis 150 Mio. DM. Einen weiteren Vorteil sah das Amt in der neuen Milchverarbeitungsanlage[139]. Diese Bestimmung der überlegenen Marktmacht ähnelt im Prinzip der für den Verkauf unter Einstandspreis vorgenommenen. Müller überragt die kleineren Mitbewerber vor allem im Umsatz deutlich mit allen Vorteilen, die das mit sich bringt.

In der Übernahme der Vertragsstrafen und dem Angebot von Einstandsgeldern sah das Amt einen Mißbrauch der Überlegenheit. Bezüglich der Übernahme von Vertragsstrafen liegt hier unzweifelhaft ein eklatanter Verstoß gegen die guten Sitten vor, der unabhängig von der Stellung der Beteiligten am Markt auch nach § 1 UWG verboten ist.[140] Das Angebot von Einstandsgeldern für neue Lieferanten ist per se nicht wettbewerbswidrig. Insoweit wollte die Müller GmbH & Co. die Verfügung auch nicht akzeptieren und legte Beschwerde zum Kammergericht ein. Dieses hob die Untersagung bezüglich der Einstandsgelder wieder auf, weil es weder die Normadressateneigenschaft, noch die unbillige Behinderung erkennen konnte.[141]

Zwar billigt das KG ausdrücklich die Anwendung des § 26 IV GWB a.F. im Bereich des Nachfragewettbewerbs, sowie die vorgenommene Marktabgrenzung und bestätigt nochmals, daß Marktmacht immer bezogen auf den konkreten Markt zu bestimmen ist, doch will es das Ergebnis des BKartA nicht teilen. Für die überlegene Marktmacht verlangt das Kammergericht das "Vorhandensein eines vom Wettbewerb nicht hinreichend kontrollierten Verhaltensspielraums der Beschwerdeführerin." Dazu führt das KG weiter aus: "Befände sie sich in dieser für sie komfortablen Situation, hätte sie keine Veranlassung, sich durch das Einstandsgeld als im Vergleich zu den übrigen Milcherfassern besonders attraktive Vertragspartnerin zu positionieren."[142] Daher sprächen die Einstandsgelder sogar gegen überlegene Marktmacht der Müller GmbH & Co.

Diese Definition der überlegenen Marktmacht entspricht im Prinzip der Definition der Marktbeherrschung. Das KG verlangt einen Verhaltensspielraum, der vom Wettbewerb unabhängig ist. Wenn es um die Gestaltung der allgemeinen

138 BKartA NJWE-RR 98, 66
139 BKartA NJWE-RR 98, 67
140 B/H § 1 Rn 697 ff
141 KG NJWE-RR 99, 295
142 KG a.a.O. 295

Vertragskonditionen mit den Kunden geht, kann dieser Spielraum im Wettbewerb aber nur allgemein gegenüber allen Wettbewerbern bestehen, oder gar nicht. Wer seine Konditionen nicht frei festlegen kann, weil er sich starker Konkurrenz von anderen Großunternehmen ausgesetzt sieht, der hat auch gegenüber den kleinen Konkurrenten keinen erweiterten Handlungsspielraum. Ein solcher wäre nur bei gezielten Behinderungsmaßnahmen gegenüber einzelnen Mitbewerbern denkbar, die aber in aller Regel über § 1 UWG erfaßbar sind.

Bestätigt wird diese Folgerung durch das zweite Argument des KG, daß ein überlegenes Unternehmen es nicht nötig hätte, besonders attraktive Bedingungen zu bieten. Darin kommt zum Ausdruck, daß sich die Müller GmbH & Co. gerade wettbewerbskonform verhalten hat und daher keine Freiräume im Wettbewerb in Anspruch genommen hat. Da auch keine Hinweise darauf vorlagen, daß die Müller GmbH & Co. mit den Einstandsgeldern Verlust machte und daher nur ihre Finanzkraft im Markt ausspielte, konnte das KG auch keine unbillige Behinderung erkennen, sondern nur eine Verschärfung des Preiswettbewerbs auf der Nachfrageseite.[143]

Die Erwägungen des Kammergerichts im Verfahren Müller GmbH & Co. treffen auch für den Verkauf unter Einstandspreis zu. Auch dieser läßt ein Geschäft gegenüber der Marktgegenseite besonders attraktiv erscheinen und ist daher lediglich eine besonders scharfe Waffe in einem funktionierenden Wettbewerb. Somit bestätigt der Fehlschlag des Verfahrens gegen die Müller GmbH & Co., daß dem Rechtsbegriff der überlegenen Marktmacht kein überzeugendes wettbewerbspolitisches Konzept zugrunde liegt. Bei § 20 IV GWB handelt es sich um Sonderrecht gegen Preisunterbietungen und nicht um die Schließung einer allgemeinen "Schutzlücke unterhalb der Schwelle der Marktbeherrschung".

d. Tankstellenpreise und Freie Tankstellen

aa. Verfahrensgang

Zuletzt ist das Verfahren Tankstellenpreise vor dem BKartA und die darauf bezogene Entscheidung Freie Tankstellen des OLG Düsseldorf darzustellen, wo es wie in Vergaserkraftstoff-Abgabepreise um die Preisgestaltung der großen Mineralölkonzerne ging.[144]

Der Sachverhalt ist im Prinzip derselbe wie in Vergaserkraftstoff-Abgabepreise. Die sechs großen Mineralölkonzerne lieferten sich in einigen Re-

143 KG a.a.O. 296
144 BKartA NJWE-RR 2000, 304

gionen heftige Preiskämpfe. Dabei sank der Benzinpreis an der Zapfsäule zum Teil unter den Abgabepreis ab Raffinerie. Die freien Tankstellen, die darauf angewiesen sind, ihren Kraftstoff von den Raffinerien zu beziehen, die ebenfalls von den großen Konzernen betrieben werden, kamen dadurch in eine Lage, in der sie im Wettbewerb nicht mehr mithalten konnten. Das BKartA versuchte, nicht mehr den Fehler wie im Vergaserkraftstoff-Abgabepreise Verfahren zu begehen und untersagte den Mineralölkonzernen nach § 20 IV S1 GWB diesmal eine Preisgestaltung, bei der die Abgabepreise an der Zapfsäule die Preise ab Raffinerie unterschritten. Damit bezog sich die Verfügung nach Ansicht des BKartA auf das Horizontalverhältnis, in dem § 20 IV GWB ausschließlich anwendbar ist.

Die überlegene Marktmacht der sechs Verfügungsadressaten ergab sich daraus, daß alle sechs mit internationalen Konzernen verbunden sind, die selbst auch in der Rohölförderung tätig sind und jeweils viele Milliarden DM Umsatzerlöse erzielen. Alle Verfügungsadressaten verfügen über mindestens 1000 Tankstellen in ganz Deutschland, die betroffenen freien Unternehmer dagegen in der Regel nur über eine Tankstelle mit ca. 5-10 Mio. DM Umsatz oder über wenige regional verbreitete Tankstellen mit unter 100 Mio. DM Umsatz. Die freien Tankstellen sind alle darauf angewiesen, ihr Benzin ab Raffinerie zu kaufen.

Der Haupteinwand der Verfügungsadressaten bestand darin, daß sie nicht marktstark seien, sondern im Tankstellensektor selbst scharfem Wettbewerb ausgesetzt[145] und daß außerdem nach wie vor die Verfügung nur im Vertikalverhältnis bei Mißbrauch der Angebotsmacht nach § 20 II GWB ergehen könne[146]. Dann hätte allerdings eine Abhängigkeit der freien Tankstellen von den jeweiligen Anbietern nachgewiesen werden müssen.

In einer ausführlich begründeten Entscheidung hat das OLG Düsseldorf die aufschiebende Wirkung der Beschwerde gegen die Verfügung Tankstellenpreise wiederhergestellt[147]. Diese Entscheidung hat es später in einem Feststellungsbeschluß nach Erledigung des Verfahrens in der Hauptsache im wesentlichen noch einmal bestätigt[148].

Wie das Bundeskartellamt leitet das OLG die überlegene Marktmacht der großen Konzerne aus deren Umsatzgröße und vertikaler Integration ab. Überlegene Marktmacht sei der im Verhältnis zu kleinen und mittleren Wettbewerb überlegene Verhaltensspielraum, der dem Verhaltensspielraum eines Marktbeherrschers gegenüber allen Wettbewerbern vergleichbar sei[149]. Dies sei aufgrund

---

145 a.a.O. 305
146 a.a.O. 306
147 OLG Düsseldorf WuW/E DE-R 589
148 OLG Düsseldorf WuW/E DE-R 829
149 a.a.O. 591

der Kriterien des §19 II Nr.2 GWB festzustellen und unproblematisch zu bejahen.

Rechtliche Bedenken hat das OLG jedoch aus anderen Gesichtspunkten. Zum einen sieht es durch die Verfügung in erster Linie die Lieferbeziehung zwischen den freien Tankstellen und den Mineralölkonzernen auf dem Großhandelsmarkt betroffen. Ob § 20 IV GWB auch hier anwendbar sei, erscheine zumindest fraglich.

Des weiteren sei auch bei Anwendbarkeit des § 20 IV S1 GWB im Vertikalverhältnis die Behinderung unzureichend dargelegt. Eine genaue Feststellung der Lieferbeziehungen zwischen den behinderten freien Tankstellen und den Verfügungsadressaten sei nicht erfolgt. Ohne Lieferbeziehung sei aber eine Behinderung nicht denkbar[150]. Auch fehle eine Darlegung von schwerwiegenden Preisscheren über einen relevanten Zeitraum.

Zuletzt rügt das OLG die unzureichende Interessenabwägung. Bei § 20 IV S1 GWB komme es nach wie vor auf die schwerwiegende Gefährdung des Wettbewerbs im Sinne der Hitlisten-Platten Rechtsprechung an[151]. Bei der Interessenabwägung sei außerdem zu berücksichtigen, ob die freien Tankstellen durch Wechsel des Lieferanten der Preisschere entkommen könnten[152] und ob die großen Konzerne bei der Preisgestaltung an der Zapfsäule überhaupt Spielräume besäßen, wogegen einige Anzeichen sprächen[153].

bb. Kritik

Wie vom OLG Düsseldorf zutreffend gesehen, stehen sich die großen Mineralölkonzerne und die freien Tankstellen sowohl als Anbieter und Nachfrager für Benzin ab Raffinerie und als Wettbewerber auf dem Tankstellenmarkt gegenüber. Das BKartA hat daher durchaus recht, wenn es eine Anwendbarkeit von § 20 IV GWB für den Fall bejaht, daß eine Behinderung auf dem Tankstellenmarkt vorliegt. Dann hätte es eine marktstarke Stellung auf diesem Markt nachweisen müssen und sich insoweit auch mit der Entscheidung des KG in der Sache Müller auseinandersetzen und den Spielraum der Konzerne bei der Preisgestaltung aufzeigen müssen. Obwohl das BKartA die Entscheidung des KG für die Frage der Marktabgrenzung zitiert, wird diese Entscheidung bei der Feststellung der Marktmacht nicht einmal erwähnt und schon gar nicht inhaltlich umgesetzt. Ein

150 a.a.O. 595
151 a.a.O. 597
152 a.a.O. 599
153 a.a.O. 598

besonderer Handlungsspielraum steht den Konzernen im Preiskampf an der Zapfsäule nämlich gar nicht offen.

Dies hat auch das OLG Düsseldorf erkannt, jedoch erst bei der Frage der Interessenabwägung berücksichtigt. Wenn aber auch die großen Konzerne auf dem Tankstellenmarkt mit ihren Preisen den Vorgaben eines funktionierenden Wettbewerbs folgen müssen, dann fehlt hier von vornherein der Spielraum, der für die Normadressatenstellung nach § 20 IV GWB erforderlich ist.

Anders wäre der Sachverhalt nur dann zu beurteilen, wenn den großen Mineralölkonzernen nachzuweisen wäre, daß die Preissenkungen an den Zapfsäulen nicht Ergebnis eines scharfen Wettbewerbs waren, sondern auf abgestimmtem Verhalten beruhten. Dann läge aufgrund von fehlendem Binnenwettbewerb unter Umständen eine gemeinsame Marktbeherrschung der großen Mineralölkonzerne vor. Dieser Vorwurf wurde vom BKartA in der Tat bereits erhoben, jedoch ohne die erforderlichen Nachweise[154]. Damit ist aber davon auszugehen, daß die niedrigen Tankstellenpreise Ergebnis des Wettbewerbs an der Zapfsäule sind.

In der Sache geht es außerdem um etwas ganz anderes. Solange nämlich die Preise an der Zapfsäule kostendeckend sind und nicht gezielt eingesetzt werden, um die freien Tankstellen zu vernichten und nach einer "Marktbereinigung" durch temporären Preiskampf die Preise wieder anzuziehen, liegt gar keine echte Wettbewerberbehinderung vor. Die großen Konzerne setzten lediglich ihre Kostenvorteile ein, um dem Verbraucher eine bessere Leistung zu bieten. Dies kann das BKartA eigentlich nicht verbieten. Bezeichnenderweise hat es die Verfügung auch nicht auf ein Verbot der Niedrigpreise beschränkt, sondern lediglich die aufgetretene Preisschere untersagt. Die Mineralölkonzerne können der Verfügung also genauso gut dadurch gerecht werden, daß sie ihre Preise ab Raffinerie ebenfalls senken. Dies ist mit Sicherheit auch das eigentliche Anliegen des BKartA, dem nicht daran gelegen sein kann, daß die Konzerne ihren prinzipiell begrüßenswerten Leistungswettbewerb an der Zapfsäule zu Lasten der Verbraucher einschränken. Anderenfalls würde, wie Kurz/Rall treffend formulieren die Bestandsgarantie für die Kleinen zur Gewinngarantie für die Großen[155]. Damit wirkt die Verfügung, wie das OLG Düsseldorf festgestellt hat, aber doch primär im Vertikalverhältnis, obwohl hier § 20 IV GWB eigentlich nicht anwendbar sein soll.

Der Fehler des BKartA liegt wohl darin, daß es versäumt hat, zu fragen, worin der eigentliche Mißbrauch liegt, beziehungsweise die Augen vor dieser

---

154 BKartA WuW/E BKartA 1840 Texaco-Zerssen; aufgehoben von KG WuW/E OLG 2663, 2666; KG bestätigt von BGH WuW/E BGH 2025; weitere Nachweise bei Möschel in I/M § 19 Rn 89

155 Kurz/Rall S.253

Tatsache bewußt verschlossen hat. Die behördliche Kontrolle soll nicht auf dem wettbewerbsintensiven Markt an der Zapfsäule stattfinden, sondern dort wo der Preiswettbewerb offenbar versagt. Dies ist der Markt für Benzin ab Raffinerie. Wie aus der Verfügung des BKartA hervorgeht, beliefern sich die großen Konzerne im Austausch gegenseitig in Regionen, in denen einer von ihnen keine eigenen Lagerkapazitäten hat[156]. Dies ist jedoch nicht ein Indiz für überlegene Marktmacht an den Zapfsäulen, wie das BKartA meint, sondern ein starkes Indiz dafür, daß auf dem Markt für Benzin ab Raffinerie kein ausreichender Wettbewerb besteht. Da die großen Konzerne offensichtlich kein echtes Interesse am Verkauf von Benzin ab Raffinerie haben, gibt es hier auch keinen Preiswettbewerb. Auch scheint es regionale Monopolstellungen einzelner Konzerne zu geben, worauf die gegenseitige Belieferung hindeutet. Das BKartA müßte daher auf diesem Markt aktiv werden, da hier offenbar kein ausreichender Wettbewerb besteht. Dabei wäre entweder die Abhängigkeit der freien Tankstellen von ihren Lieferanten nachzuweisen oder stillschweigende horizontale Absprachen zwischen den großen Konzernen. In diesem Markt müßte die behördliche Kontrolle dann auf möglichst niedrige Preise hinwirken, wenn dies der Wettbewerb allein nicht vermag.

Deutlich wird dies, wenn das OLG Düsseldorf in der Interessenabwägung eine Darlegung der Ausweichmöglichkeiten der freien Tankstellen auf dem Großmarkt verlangt. Eine Behinderung durch die Mineralölkonzerne soll ohne konkrete Lieferbeziehung sogar ausgeschlossen sein und auch dann nicht gegeben, wenn die freien Tankstellen auf andere Lieferanten ausweichen können. Damit verlangt das OLG nichts anderes, als die Darlegung einer Abhängigkeit im Sinne des § 20 II GWB. Da die eigentliche Behinderung innerhalb der vertikalen Lieferbeziehung stattfindet, ist dies in der Sache absolut folgerichtig. Dann sollte das OLG aber auch konsequent sein und eine rechtliche Begründung der Verfügung über § 20 II GWB verlangen und den Umweg des BKartA über § 20 IV GWB untersagen.

Die Verfügung in Sachen Tankstellenpreise ist somit im Ergebnis kein überzeugendes Beispiel für die Anwendung des § 20 IV GWB, sondern eher ein abschreckendes. Es zeigt sich nämlich, daß die Kartellbehörden dazu neigen, es sich mit der überlegenen Marktmacht zu leicht zu machen, weil die Grenzen nicht genau zu bestimmen sind. Das Ergebnis sind dann schlimmstenfalls behördliche Eingriffe in funktionierende Märkte wie im Fall Müller oder Verfügungen, die wie im Fall Tankstellenpreise dem Verdacht der Umgehung der eigentlich erforderlichen Ermittlung anderweitiger Tatbestandsvoraussetzungen ausgesetzt sind.

---

156 a.a.O. 305

9. Vergleich mit der überlegenen Marktmacht im Vertikalverhältnis

a. Gegenstand des Vergleichs

Wenn nach Markert[157] die überlegene Marktmacht im Horizontalverhältnis auf einer zweifachen Analogie zur horizontalen Marktbeherrschung und zur relativen vertikalen Marktmacht beruht und diese Analogie nach der hier vertretenen Auffassung zumindest im Vergleich zur Marktbeherrschung nicht tragfähig ist, dann müßte das Konzept der relativen Marktmacht im Vertikalverhältnis entweder auch nicht funktionieren, oder ebenfalls entscheidende Unterschiede aufweisen. Anderenfalls wäre die bisher vorgetragene Kritik an der überlegenen Marktmacht im Horizontalverhältnis zumindest wieder in Frage gestellt.

b. Überlegene Marktmacht nach § 20 II GWB

aa. Verbotsinhalt

Das Konzept der relativen Marktmacht wurde in das GWB erstmals in der 2.Novelle 1973 eingeführt. Bis 1973 waren die führenden Markenartikelhersteller vor allem als Preisbinder einer umfassenden Mißbrauchskontrolle unterworfen. Mit dem Verbot der Preisbindung entfiel auch die damit verbundene Kontrolle der großen Hersteller. Um dies auszugleichen wurde das Behinderungs- und Diskriminierungsverbot auf alle Unternehmen erstreckt, von denen andere Unternehmen abhängig waren (heute § 20 II S1 GWB). Diese Kontrolle wurde 1980 um eine Abhängigkeitsvermutung (heute § 20 II S2 GWB) und das Verbot des Verlangens von Vorzugsbedingungen (§ 20 III S2 GWB) ergänzt[158]. Mit der 5.GWB-Novelle 1990 wurde der Schutzbereich insoweit beschränkt, daß die abhängigen Unternehmen kleine oder mittlere Unternehmen sein mußten. Mit der 6.GWB-Novelle wurde für die relative Marktmacht im Vertikalverhältnis ein eigener Absatz geschaffen. Inhaltlich brachte die 6.GWB-Novelle keine Veränderungen.

§ 20 II GWB verbietet in seiner heutigen Fassung die Diskriminierung von Unternehmen und die unbillige Behinderung. Damit erweitert er nach überwiegender Ansicht das Verbot des § 20 I GWB auf eine zusätzliche Gruppe von Normadressaten, ohne es inhaltlich zu verändern[159]. § 20 II GWB verbietet dabei

157 Markert in I/M § 20 Rn 278

158 Darstellung der Gesetzgebungsgeschichte bei Kouker S. 24 – 26

159 Kouker S. 89; Markert in I/M 3.A. § 20 Rn 38 jeweils m. w. Nachw.

nicht nur die Behinderung im Vertikalverhältnis, sondern auch die mittelbare Behinderung von Wettbewerbern, die nicht selbst abhängig sind, unter Ausnutzung der Macht im Vertikalverhältnis. Streit besteht darüber, ob auch der Schutz vor mittelbarer Behinderung sich auf kleine und mittlere Unternehmen beschränkt, auch wenn der Wortlaut des § 20 II dies nicht zwingend gebietet. Es wäre nach Ansicht von Markert widersinnig, wenn große Unternehmen zwar vor mittelbarer Behinderung als Wettbewerber, nicht jedoch vor unmittelbarer Behinderung als Nachfrager geschützt wären[160]. Die gegenteilige Auffassung wird vom BKartA vertreten[161]. Dieses geht davon aus, daß auch die mittelbare Behinderung großer Unternehmen verboten ist, weil das Verbot des § 20 II GWB an die Einflußmöglichkeit auf die abhängigen Nachfrager/Anbieter anknüpfe, deren Ausnutzung hier allein entscheidend sei[162]. Auch diese Frage hat mit der inneren Rechtfertigung der erweiterten Kontrolle nach § 20 II GWB zu tun und läßt sich daher erst mit der genauen Bestimmung des Kreises der Normadressaten klären.

bb. Normadressateneigenschaft

Bei der Mißbrauchsaufsicht über marktstarke Unternehmen im Vertikalverhältnis ist nach allgemeiner Ansicht der Untersuchung des Mißbrauchs eine Prüfung der Normadressateneigenschaft voranzustellen[163]. Während die Marktbeherrschung auch im Vertikalverhältnis nach § 19 II Nr.1 und 2 GWB darauf abstellt, ob ein Unternehmen noch wesentlichem Wettbewerb ausgesetzt ist, oder ihm zumindest aufgrund einer Ressourcenbetrachtung eine überragende Marktstellung zugeschrieben werden kann, richtet sich die relative Marktmacht nach § 20 II GWB entscheidend nach der Abhängigkeit der Marktgegenseite, deren Feststellung eigenen Regeln folgt.

Die Prüfung der relativen Marktmacht findet wie die Prüfung der Marktbeherrschung grundsätzlich nach Abgrenzung des relevanten Marktes statt[164]. Für die dabei entscheidende Abhängigkeit kleiner und mittlerer Unternehmen kommt es nach dem Gesetz darauf an, ob den geschützten Unternehmen ausreichende und zumutbare Ausweichmöglichkeiten auf dem relevanten Markt zur Verfügung stehen[165]. Dabei ist Kouker zuzustimmen, wenn er meint, daß es hier letzten Endes nur auf die Zumutbarkeit ankommt. Was nicht ausreichend ist, ist niemals zumutbar und was zumutbar ist, muß immer auch ausreichend sein.

---

160 Markert a.a.O. § 20 Rn 45
161 BKartA WuW/E BKartA 2459, 2460 VW-Leasing
162 BKartA a.a.O.
163 Markert in I/M 3.A. § 20 Rn 38
164 Carlhoff S. 28
165 Markert in I/M 3.A § 20 Rn 39

Markert möchte dagegen bei der Frage der ausreichenden Ausweichmöglichkeiten objektiv-generalisierend prüfen und erst bei der Frage der Zumutbarkeit individuelle Besonderheiten des Falles berücksichtigen[166]. Dazu ist anzumerken, daß diese Differenzierung in der Praxis insbesondere bei der Beurteilung des Abbruchs bestehender verfestigter Lieferbeziehungen nur schwer durchzuführen ist und im Ergebnis wohl nie zu abweichenden Resultaten führen dürfte. Weiter ist mittlerweile anerkannt, daß die relative Marktstärke nicht ausschließlich in der konkreten Lieferbeziehung zu suchen ist, sondern daß sie auch ein generalisierendes Element der allgemeinen Stärke auf dem relevanten Markt enthält[167].

In der Praxis haben sich zur Feststellung der Abhängigkeit mittlerweile vier klassische Fallgruppen herausgebildet, die auch in der Literatur anerkannt sind[168]. Diese Fallgruppen machen das eigentliche Wesen der relativen Marktmacht im Vertikalverhältnis aus[169].

Die Sortimentsbezogene Abhängigkeit liegt vor, wenn ein Händler darauf angewiesen ist, die Produkte aller oder zumindest einiger führender Hersteller im Sortiment zu haben, um für seine Kunden interessant zu sein. Hier besteht zwischen den führenden Händlern noch wirksamer Wettbewerb, doch ergibt sich die Abhängigkeit des Handels aus seiner spezifischen Vermittlerfunktion zwischen Hersteller und Endverbraucher. Anders als der Endverbraucher kann der Händler nicht zwischen mehreren konkurrierenden Markenartikeln wählen, sondern muß dem Kunden diese Wahl ermöglichen, wenn er interessant bleiben will. Dazu muß er dem Kunden aber die wichtigsten Angebotsalternativen bereitstellen können. Daher ist die sortimentsbedingte Abhängigkeit nicht nur als Abhängigkeit von einem ganz bestimmten führenden Hersteller (Spitzenstellungsabhängigkeit), sondern auch als Abhängigkeit von einer Gruppe von Herstellern anerkannt (Spitzengruppenabhängigkeit). Die zweite Variante greift dabei bereits ein, wenn der Händler nachweisen kann, daß er darauf angewiesen ist, von mehreren Herstellern aus einer bestimmten Gruppe beliefert zu werden, aber nicht von allen. Die Rechtsprechung billigt dem Händler in dieser Situation einen Belieferungsanspruch gegen jeden führenden Hersteller zu, bis er genug Lieferanten hat, um auf dem Markt bestehen zu können[170].

Der umgekehrte Fall ist die nachfragebedingte Abhängigkeit. Diese liegt vor, wenn ein kleiner Hersteller darauf angewiesen ist, im Sortiment eines großen Abnehmers vertreten zu sein, weil er sonst von einem großen Teil des Marktes ausgeschlossen wäre.

---

166 Markert in I/M 3.A. § 20 Rn 51 ff
167 Markert a.a.O. § 20 Rn 39
168 Heuchert S. 31
169 Möschel, Recht der Wettbewerbsbeschränkungen Rn 629
170 Markert in I/M 3.A. § 20 Rn 66; BGH WuW/E BGH 2125, 2127 Technics

Die mangelbedingte Abhängigkeit tritt auf, wenn die Nachfrage nach einem Produkt das Angebot erheblich übersteigt. In diesem Fall sind die Lieferanten, die an der Quelle sitzen, in der Lage, zwischen mehreren Abnehmern auszuwählen, wenn eine Belieferung aller Abnehmer nicht mehr möglich ist. Der typische Fall war die Weigerung der Mineralölkonzerne, während der Ölkrise die freien Tankstellen zu beliefern, da der Kraftstoff nicht einmal für die konzerninterne Nachfrage ausreichte[171].

Zuletzt bleibt die unternehmensbedingte Abhängigkeit, die entsteht, wenn ein Hersteller oder Händler seinen Betrieb auf einen großen Vertragspartner ganz eingestellt hat und daher auf eine Fortsetzung der Geschäftsbeziehung zumindest für eine angemessene Übergangszeit angewiesen ist[172]. Der klassische Fall sind die Automobilzulieferer, die ihre Fertigung nach den Vorgaben eines großen Automobilkonzerns eingerichtet haben und die Kfz-Vertragshändler, die sich z.B. bei der Gestaltung der Verkaufsräume und der Ausrüstung der Werkstatt ebenfalls auf einen Hersteller einstellen müssen[173].

Während sich die ersten drei Fallgruppen nach ihrer Definition auf die Stellung des marktmächtigen Unternehmens auf dem Markt allgemein beziehen und eine bestehende Lieferbeziehung zu dem behinderten kleinen Unternehmen zumindest in der Theorie nicht erfordern, baut die Fallgruppe der unternehmensbedingten Abhängigkeit gedanklich auf einer bereits bestehenden Sonderbeziehung auf. In der Literatur wird daher darauf hingewiesen, daß hier bei der Auslegung darauf zu achten ist, nicht etwa im Gewande der kartellrechtlichen Mißbrauchsaufsicht eine Art Sozialschutz entstehen zu lassen, der eigentlich nur in das Arbeits- und Handelsvertreterrecht paßt[174].

c. Vergleich mit der relativen Marktmacht nach § 20 IV GWB

aa. Ausgangspunkt

Die Abhängigkeit nach § 20 II GWB, setzt logisch voraus, daß es möglich ist, daß nur einzelne Unternehmen von einem starken Anbieter oder Nachfrager abhängig sind, andere jedoch nicht[175]. Wären nämlich alle Unternehmen der Marktgegenseite abhängig, bestünde eine Marktbeherrschung des Anbieters oder Nachfragers, die § 20 II GWB gerade nicht verlangt. Nachdem die Möglichkeit

171 Carlhoff S. 37
172 Bayreuther S. 221
173 Möschel, Recht der Wettbewerbsbeschränkungen Rn 636
174 Markert in I/M 3.A. § 20 Rn 41, 54; Heuchert S. 37 f
175 in diesem Sinne auch Markert in I/M 3.A. § 20 Rn 55

eines lediglich relativ erweiterten Handlungsspielraums im Horizontalverhältnis abgesehen von gezielten Bekämpfungsmaßnahmen verneint wurde, fragt sich, ob das Vertikalverhältnis sich insoweit unterscheidet, daß es einen solchen relativen Spielraum ermöglicht.

Sofort zu erklären wäre die bloß relative Abhängigkeit einzelner Unternehmen, wenn die Abhängigkeit eine bestehende Lieferbeziehung voraussetzen würde. Dies ist nach ganz herrschender Ansicht jedoch nicht der Fall[176]. § 20 II GWB hat gerade die Funktion, die Märkte offenzuhalten. Daher müssen neben etablierten Unternehmen auch Newcomer einen Belieferungsanspruch geltend machen können, um in einen Markt eindringen zu können[177]. Diese sind mit den etablierten Nachfragern/Anbietern grundsätzlich gleich zu behandeln. Damit setzt die Abhängigkeit prinzipiell nicht eine bestehende Lieferbeziehung voraus, sondern eine allgemein starke Stellung am Markt, aus der sich die Abhängigkeit ergeben muß.

bb. Der Vergleich in der praktischen Anwendung

aaa. Die unternehmensbedingte Abhängigkeit

Fraglich ist jedoch, ob sich eine bestehende Lieferbeziehung nicht doch faktisch auf die Feststellung der Abhängigkeit auswirkt. Hier fällt zunächst die Fallgruppe der unternehmensbedingten Abhängigkeit ins Auge. Wenn die Abhängigkeit erst aus der langen Geschäftsbeziehung entstanden ist und diese daher voraussetzt, ist sofort einleuchtend, daß die Überlegenheit hier nur gegenüber den einzelnen Unternehmen bestehen kann, mit denen eine solche Geschäftsbeziehung besteht[178]. Diese Fallgruppe kann daher auf den ersten Blick bei der überlegenen Marktmacht im Horizontalverhältnis keine Entsprechung haben[179].

bbb. Die mangelbedingte Abhängigkeit

Eine weitere insoweit interessante Fallgruppe bildet die mangelbedingte Abhängigkeit. Hier geht es oft um einen Anspruch auf Weiterbelieferung in Zeiten der Rohstoffknappheit. Der Anbieter muß die Belieferung der Kunden anteilig reduzieren, anstatt einige zu bevorzugen und andere ganz auszuschließen. Auch in Zeiten des Mangels muß ein Neueintritt in den Markt jedoch möglich bleiben.

---

176 Carlhoff S.29

177 Markert a.a.O. § 20 Rn 58 m. w. Nachw.

178 Markert in I/M 3.A. § 20 Rn 74

179 Arndt spricht hier von Partnermacht im Gegensatz zu Marktmacht, Arndt in Cox/Jens/Markert S. 49, 60

Newcomer sind daher nach Markert prinzipiell zu beliefern. Bei der Interessenabwägung, die bei der Zuteilung der Belieferungsquoten stattzufinden hat, spielen die vorhandenen Lieferbeziehungen jedoch eine wichtige Rolle. So wird von Newcomern z.B. verlangt, erst einmal ihre Verarbeitungskapazitäten darzulegen, bevor sie Belieferung fordern können[180]. Auch erscheint eine Belieferung von Newcomern ausgeschlossen, wenn der Anbieter bereits durch langfristige Lieferverträge gebunden ist[181].

Diese Ansicht ist jedoch nicht unbestritten. So verweist Benisch darauf, daß hier zwischen Marktbeherrschern und Monopolisten einerseits und lediglich starken Anbietern andererseits zu unterscheiden ist[182]. Während der Marktbeherrscher in jedem Fall alle Nachfrager nach gleichen Kriterien beliefern muß, weil ohne sein Zutun ein Markteintritt nicht möglich ist, verneint Benisch diese Pflicht im Falle des marktstarken Anbieters nach § 20 II GWB[183]. Bei noch funktionierendem Wettbewerb auf der Anbieterseite soll ein Newcomer seinen Neueinstieg in einen Markt nicht entgegen der wirtschaftlichen Lage erzwingen können. Eine dieser Ansicht entsprechende Entscheidung des Kammergerichts[184] ist zwar nach Ansicht von Markert vereinzelt geblieben[185], doch betreffen die scheinbar widersprechenden späteren Entscheidungen allesamt entweder Fälle von sortimentsbedingter Abhängigkeit oder die Abhängigkeit von echten Marktbeherrschern, die keinem wesentlichen Wettbewerb mehr ausgesetzt waren[186].

Überhaupt ist die Feststellung von mangelbedingter Abhängigkeit in Wirklichkeit häufig zugleich die Feststellung einer marktbeherrschenden Stellung. Wenn nämlich von mehreren großen Lieferanten keiner bereit ist, neue Nachfrager zu beliefern, ist offensichtlich keiner der Lieferanten bei seinem Absatz mehr wesentlichem Wettbewerb ausgesetzt[187]. Damit greift aber schon § 20 I GWB iVm § 19 II Nr.1 GWB ein. Echte mangelbedingte Abhängigkeit, die nicht zugleich ein Fehlen von Wettbewerb bedeutet, würde schließlich voraussetzen, daß auch auf der Angebotsseite des Marktes noch echter Wettbewerb stattfindet[188]. Daher ist es in der Tat fraglich, ob die mangelbedingte Abhängigkeit in der Pra-

180 KG WuW/E OLG 1507, 1513 Chemische Grundstoffe II

181 KG a.a.O. 1514

182 so differenziert auch das KG: KG WuW/E OLG 1499, 1502 AGIP II; dazu Möschel Recht der Wettbewerbsbeschränkungen Rn 637 Fn 125, der aber anderer Ansicht ist.

183 Benisch in GK § 26 Rn 44

184 KG WuW/E OLG 1499, 1502 Agip II

185 Markert a.a.O. § 20 Rn 76, 169. Nach Carlhoff S.37 gibt ein keine einzige Entscheidung des BGH zur mangelbedingten Abhängigkeit. Damit ist die Frage der Abhängigkeit von Newcomern hier wohl nach wie vor offen.

186 in KG WuW/E 3957 Straß ging es z.B. um einen Lieferanten mit 80 % Marktanteil

187 Fischötter WuW 1974, 379, 388 f, zustimmend Heuchert S. 39

188 Markert a.a.O. § 20 Rn 75

xis mehr leisten kann, als den bereits vorhandenen Kunden in Zeiten der Knappheit eine lediglich anteilig gekürzte Weiterbelieferung zu sichern.

ccc. Die nachfragebedingte Abhängigkeit

Einer generellen Betrachtung der Marktsituation sind vor allem die sortimentsbedingte und die nachfragebedingte Abhängigkeit zugänglich. Hier ist es zumindest nach der allgemein akzeptierten abstrakten Definition tatsächlich die allgemeine Bedeutung des Marktstarken auf der Marktgegenseite, die die Abhängigkeit begründet. Allerdings besteht hier häufig eine ganz spezifische Erleichterung für die Kleinunternehmen. Sie brauchen nicht nachzuweisen, daß sie auf Belieferung gerade durch oder an einen bestimmten Marktstarken angewiesen sind. Es reicht viel mehr aus, daß die Abhängigkeit von einem oder mehreren Unternehmen aus einer marktstarken Gruppe besteht. Welches Mitglied der Gruppe dann tatsächlich auf Belieferung/Abnahme in Anspruch genommen werden soll, liegt in der Hand des kleinen Unternehmens[189]. Fraglich ist jedoch, ob diese allgemeine Definition auch der konkreten Begründung der Abhängigkeit in den einzelnen Fällen entspricht.

Hier ist zunächst die nachfragebedingte Abhängigkeit zu untersuchen. Diese wird in der Literatur in zwei verschiedenen Fallgruppen angenommen[190]. Zunächst soll sie in den Fällen gegeben sein, in denen sich ein Anbieter auf einen bestimmten Nachfrager eingestellt hat. Dies kann aufgrund einer besonderen Ausrichtung des Lieferanten auf die Bedürfnisse des Kunden geschehen, wie z.B. bei Automobilzulieferern, oder allgemein aufgrund einer dauerhaft hohen Abnahmemenge durch den Nachfrager[191]. Dabei wird davon ausgegangen, daß eine solche Abhängigkeit möglich ist, wenn ein Nachfrager zehn Prozent des Absatzes eines Anbieters abnimmt[192]. Diese Fallgruppe scheint jedoch von der inneren Rechtfertigung eher der unternehmensbedingten Abhängigkeit zu entsprechen[193]. Vor allem setzt diese Art von Abhängigkeit eine bestehende Lieferbeziehung logisch voraus. Die Abhängigkeit wird nicht aus der Marktstärke eines Nachfragers

---

189 Schultz in Langen/Bunte 8.A. § 26 Rn 103 m. w. Nachw.

190 Einen Sonderfall bildet das Verfahren Importarzneimittel vor dem BKartA und dem BGH (WuW/E BKartA 2543; WuW/E BGH 2990): Hier weigerten sich alle Pharmagroßhändler auf Druck der Industrie, reimportierte Medikamente in ihr Sortiment aufzunehmen. In der Sache ging es daher nicht um die Marktmacht des einzelnen Großhändlers, sondern darum, den deutschen Markt überhaupt für Importe zu öffnen (der BGH spricht von einer „generellen Bezugssperre" a.a.O. 2993).

191 siehe Heuchert S. 41 f, der daraus zwei eigene Fallgruppen bildet

192 Markert in I/M 3.A. § 20 Rn 80 f

193 so auch Carlhoff S. 37

begründet, sondern aus dem Ungleichgewicht in einer bestehenden Lieferbeziehung. Es geht also ganz konkret darum, wie stark ein Nachfrager in der bestehenden Vertragsbeziehung zwischen den Geschäftspartnern ist, und nicht um seine Stärke am Markt allgemein. Auch diese Fallgruppe ist daher mit der Marktstärke im Horizontalverhältnis nicht vergleichbar.

Eine zweite Fallgruppe im Rahmen der nachfragebedingten Abhängigkeit soll die "goodwill-bedingte" Abhängigkeit sein. Diese soll vorliegen, wenn ein Markenhersteller allgemein darauf angewiesen ist, im Sortiment eines bestimmten Händlers vertreten zu sein, weil dies aufgrund des guten Rufs des Händlers für das Image des Markenprodukts erforderlich sein soll[194]. Konkrete Fälle, in denen ein Hersteller einen Abnehmer, der nicht marktbeherrschend ist, erfolgreich auf die Abnahme seiner Produkte in Anspruch genommen hat, gibt es in der Praxis allerdings nicht. Eine einzige veröffentlichte einschlägige Entscheidung der LKartB Bayern[195] fand in der Literatur keine Zustimmung[196] und wurde außerdem aus formalen Gründen vom OLG München aufgehoben[197]. Inhaltlich ging es in der Entscheidung auch lediglich um ein Auskunftsersuchen wegen des Verdachts des Forderns unzulässiger Sonderrabatte durch eine große Handelskette. Ein echte Begründung der Abhängigkeit der Lieferanten findet sich in der Verfügung nicht[198]. Daher meint auch Markert, daß die Interessenabwägung in solchen Fällen besonders sorgfältig ausfallen müsse[199]. Dahinter verbirgt sich wohl die Vermutung, daß es in der Praxis bisher nicht gelungen ist, eine echte Abhängigkeit in solchen Fällen überzeugend darzulegen[200]. Damit ist aber auch die nachfragebedingte Abhängigkeit in der praktischen Anwendung auf die Fortsetzung bestehender Lieferbeziehungen beschränkt.

ddd. Die sortimentsbedingte Abhängigkeit

Es bleibt als mögliches Beispiel der echten allgemeinen Marktstärke im Vertikalverhältnis die sortimentsbedingte Abhängigkeit. Diese Fallgruppe trägt der besonderen Funktion des Handels Rechnung. In den allermeisten Fällen geht es nämlich um Hersteller von bekannten Markenartikeln, die sich weigern, be-

---

194 Markert a.a.O. Rn 82

195 LKartB Bayern BB 1979, 1058

196 Markert in I/M 2.A. §26 Rn 135

197 OLG München WuW/E OLG 2156

198 Auch in den bei Heuchert angeführten Beispielen ging es immer um Fälle, in denen bereits eine Lieferbeziehung bestand (Heuchert S. 42)

199 a.a.O. § 20 Rn 82

200 Möschel Recht der Wettbewerbsbeschränkungen Rn 638

stimmte Händler zu beliefern. Diese Hersteller befinden sich meistens im Wettbewerb mit anderen Herstellern, weshalb sie nicht marktbeherrschend sind.

Dennoch findet im Verhältnis zu den Händlern als der direkten Marktgegenseite kein echter Wettbewerb statt, was man daran erkennen kann, daß die Hersteller oft allesamt kein Interesse haben, einen bestimmten Händler überhaupt zu beliefern. Dies hängt mit der Vermittlerfunktion des Handels zusammen. Über den Erfolg oder Mißerfolg der einzelnen Markenartikel entscheidet nicht der Handel, sondern der Endverbraucher, an den sich die Hersteller häufig auch gezielt durch Werbemaßnahmen wenden[201]. Der Kampf zwischen den Herstellern wird eigentlich auf dem Markt der Endverbraucher ausgetragen und nicht auf der Großhandelsebene. In der Unterscheidung zwischen inter-brand Wettbewerb und intra-brand Wettbewerb kommt dies zum Ausdruck[202]. Die Hersteller sind im Ergebnis an Erfolgen im inter-brand Wettbewerb interessiert, während ihnen viele Händler vor allem eine Verschärfung des intra-brand Wettbewerbs bieten. Die Händler stehen als Vermittler zwischen den Herstellern und ihren eigentlichen Kunden[203]. In dieser Rolle sind sie nicht nur darauf angewiesen, den Verbrauchern eine Auswahl zwischen den Produkten mehrerer Hersteller bieten zu können, sondern sie sind auch gegenüber den Herstellern in einer schwachen Verhandlungsposition. Die Hersteller werden nämlich nicht in erster Linie versuchen, bei den Händlern Erfolg zu haben, sondern den Handel nur als Mittel zum Erfolg auf dem Endverbrauchermarkt einsetzen. Daher fallen die Entscheidungen über die Belieferung einzelner Händler oder ganzer Geschäftszweige wie der großen Verbrauchermärkte nach strategischen Gesichtspunkten, wie z.B. dem Aspekt der Markenpflege durch exklusiven Vertrieb über den Fachhandel[204]. Ein zusätzlicher Händler als Kunde bedeutet für einen Hersteller nicht automatisch bessere Geschäfte. Der Wettbewerb zwischen den Herstellern funktioniert aus der Sicht der Händler nur eingeschränkt, was sie in den Augen der Gerichte und Kartellbehörden schutzbedürftig werden läßt.

cc. Ergebnis

Der Vergleich der Fallgruppen zu § 20 II GWB mit der überlegenen Marktmacht nach § 20 IV GWB zeigt, daß die Feststellung der relativen Marktmacht im Vertikalverhältnis mit der Ressourcenbetrachtung, wie sie im Horizontalverhältnis gefordert wird nicht vergleichbar ist. Die bei § 20 II GWB entscheidende Abhän-

---

201 Heuchert S. 57

202 dazu Sonneberg S.43 ff

203 Hoppmann bezeichnet den Handel daher als "wirtschaftlichen Hilfsbetrieb des Herstellers", Behinderungsmißbrauch S. 47

204 Sonneberg S. 25 ff; Heuchert S. 59

gigkeit hat ihre Ursachen in aller Regel in dem Verhältnis der Parteien zueinander. Die Handlungsfreiheit durch Überlegenheit gegenüber der Konkurrenz, die den Kern der Marktstärke im Horizontalverhältnis ausmacht, hat im Vertikalverhältnis keine Entsprechung. Abgesehen vom Sonderfall der sortimentsbedingten Abhängigkeit haben alle Fallgruppen zumindest in der Praxis einen starken Bezug zu bereits bestehenden Sonderbeziehungen, aus denen sich die erweiterten Pflichten des überlegenen Marktpartners erklären lassen.

Dieses Konzept der relativen Abhängigkeit wird von Kouker als Abschied vom Marktmachtkonzept bezeichnet[205]. Er meint, de facto gelte in Deutschland bereits ein allgemeines Diskriminierungs- und Behinderungsverbot im Vertikalverhältnis. Bestätigt sieht er sich vor allem durch die Vermutung des § 20 II S 2 GWB für marktstarke Nachfrager. Wenn ein Unternehmen sich Mißbrauch im Sinne des § 20 III GWB leisten kann, dann werde einfach vermutet, daß das Unternehmen auch Adressat des entsprechenden Verbots ist. Darin liegt in der Tat ein gewisser Zirkelschluß, der in der Sache jedoch nicht unberechtigt ist[206]. Wenn es einem Unternehmen nämlich tatsächlich gelingt, seine Vertragspartner im Sinne des § 20 III GWB unangemessen zu erpressen, spricht viel dafür, daß diese Vertragspartner sich deshalb darauf einlassen, weil sie nicht anders können, d.h. abhängig sind.

Der Unterschied zur relativen Marktmacht im Sinne des § 20 IV GWB liegt vor allem darin, daß es bei § 20 II GWB immer um Fälle geht, in denen die kleinen Unternehmen auf eine Zusammenarbeit mit den großen angewiesen sind. Es geht nicht darum, auf dem Markt bei den eigenen Geschäften schlicht und ergreifend in Ruhe gelassen zu werden, sondern darum, daß die kleinen von den großen aktive Zusammenarbeit wollen.

Diese Unterscheidung findet sich auch im Zivilrecht wieder. Während dort im Deliktsrecht im Prinzip alle die gleichen Pflichten treffen, kennt das Vertragsrecht die Rechtsfiguren des Kontraktionszwangs aus Treu und Glauben ebenso, wie eine verschärfte Inhaltskontrolle bei Verträgen im Falle der gestörten Vertragsparität. Das allgemeine Bürgerliche Recht trägt damit der Tatsache Rechnung, daß beim Abschluß von Verträgen Machtungleichgewichte bestehen, die zu unangemessenen Ergebnissen führen können. Auch das AGBG sowie viele Verbraucherschutzgesetze, wie z.B. das Verbraucherkreditgesetz beruhen zumindest auch auf diesem Gedanken[207].

---

205 Kouker S. 86

206 Kouker S. 118 f; ablehnend Heuchert S. 43 und Möschel Recht der Wettbewerbsbeschränkungen Rn 641 m. w. Nachw.

207 Hier bestehende Parallelen zeigt Jebens S. 181 ff auf.

Auch die mangelbedingte Abhängigkeit hat Parallelen im Vertragsrecht. Sie ähnelt der aus dem Recht der Gattungsschulden bekannten Repartierungspflicht bei Teilunmöglichkeit. Wenn ein Schuldner aus einem beschränkten Vorrat mehrere Gläubiger beliefern muß, aber aufgrund einer nicht zu vertretenden Unmöglichkeit nur einen Teil der Verpflichtungen erfüllen kann, so verlangt die Rechtsprechung eine Gleichbehandlung der Gläubiger durch anteilig gekürzte Belieferung, wenn der Schuldner sich auf § 275 BGB berufen will[208].

Genauso geht es bei § 20 II GWB auch um eine verschärfte Verhaltenskontrolle, wenn sich Machtunterschiede aufgrund er engen Berührung der Beteiligten stärker auswirken. Da Vertragsabschlüsse niemals gegenüber der Allgemeinheit passieren, sondern immer in einer Sonderbeziehung, leuchtet die Möglichkeit der bloß relativen Marktmacht im Vertikalverhältnis ein. Die Überlegenheit braucht nicht gegenüber allen zu bestehen, sondern nur gegenüber demjenigen, mit dem eine Sonderbeziehung besteht, oder eingegangen werden soll.

Im Falle der horizontalen Marktmacht ist dies anders, da hier ein wettberbsinkonformes Verhalten gegenüber der Marktgegenseite bei wesentlichem Wettbewerb von jedem beliebigem Wettbewerber bestraft werden kann. Aus Sicht der Marktgegenseite bestehen in diesen Fällen ausreichende Ausweichmöglichkeiten im Sinne des § 20 II GWB.

Eine nähere Betrachtung der in ihrer ökonomischen Berechtigung keineswegs unbestrittenen[209] Fallgruppen zur vertikalen Abhängigkeit zeigt, daß sich dieses Konzept keineswegs auf die horizontale Ebene übertragen läßt. Die vertikale Abhängigkeit stützt sich nämlich nicht auf eine umfassende Analyse der Marktstellung der beteiligten Unternehmen, sondern beschränkt sich auf ganz spezifische Sondersituationen, die mittlerweile als Fallgruppen etabliert sind. Diese Fallgruppen sind jedoch nur aus sich heraus zu verstehen und begründen kein Konzept der relativen Marktmacht, das allgemeine Geltung beanspruchen könnte. Eine Erweiterung dieses Konzepts auf die Beziehung der Wettbewerber untereinander zur Schließung einer "Schutzlücke" erscheint daher voreilig.

10. Gesamtergebnis

Markert hatte bereits kurz nach der 5. GWB-Novelle gerügt, daß der "für die ordnungspolitische Legitimität der neuen Vorschrift erforderliche Machtbezug" bisher nur "verbal postuliert", aber noch nicht empirisch belegt sei. Es sei vom

208 Medicus Bürgerliches Recht, 17.A. Rn 256; Staudinger-Löwisch 12.A. § 279 Rn 13; RGZ 84, 125; RGZ 95, 264
209 ablehnend Heuchert S. 56 ff

Gesetzgeber nämlich gar nicht untersucht worden, ob aufgrund der geforderten Ressourcenbetrachtung überhaupt eine Abgrenzung der Normadressaten möglich sei[210]. Auch Möschel hielt das Konzept des § 37a III GWB a.F. von Anfang an für widersprüchlich, weil das bilaterale Machtgefälle mit einer gesamtmarktbezogenen besonderen Handlungsfreiheit nicht zusammenpasse[211].

Die Untersuchung der "überlegenen Marktmacht" hat ergeben, daß dem Begriff tatsächlich kein überzeugendes wettbewerbspolitisches Konzept zugrunde liegt. Bei der Einführung des Begriffs in das GWB mit § 37a III GWB a.F. wurde vom Gesetzgeber zwar die Behauptung aufgestellt, es ginge hier um relative Marktmacht im Horizontalverhältnis im Vergleich zu absoluter Marktmacht, so wie es im Vertikalverhältnis relative Abhängigkeit und absolute Marktbeherrschung gebe, doch ist dabei bis heute unklar geblieben, was "relative" Marktmacht im Horizontalverhältnis eigentlich ausmacht. Fest steht, daß sie keinesfalls mit der Marktbeherrschung wesensgleich sein kann. Nach zwanzig Jahren Anwendungspraxis zeigt sich, daß es nicht gelungen ist, dem neuen Rechtsbegriff eine überzeugende konkrete Gestalt zu geben.

Im Bereich des Verkaufs unter Einstandspreis läßt sich § 20 IV S2 GWB dadurch retten, daß das relativ eng definierte Verbot auf alle großen und finanzstarken Unternehmen angewandt wird, was in der Sache nahezu einem Verzicht auf den Nachweis irgendeiner Marktmacht gleichkommt. Für andere Behinderungsfälle ist dies kein gangbarer Weg. Hier sollte von einer Anwendung des § 20 IV S1 GWB ganz abgesehen werden, was bis auf wenige zweifelhafte Ausnahmen offenbar auch der Praxis der Kartellbehörden entspricht. Im Ergebnis sollte der Gesetzgeber die Konsequenzen ziehen, auf den allgemeinen § 20 IV S1 GWB verzichten und sich auf das offenbar für notwendig gehaltene Verbot des Verkaufs unter Einstandspreis beschränken, das ja von Anfang an im Zentrum seiner Aufmerksamkeit stand.

---

210 Markert in I/M 2.A. § 26 Rn 354; ebenso 3. Aufl. § 20 Rn 278

211 Möschel, Recht der Wettbewerbsbeschränkungen Rn 675; skeptisch, aber nicht grundsätzlich ablehnend wohl auch Herdzina Wettbewerbspolitik S. 197 f

8. Kapitel: Ausdehnung des § 20 IV S2 GWB auf alle Fälle der Unterschreitung der variablen Kosten

1. Vergleichbarkeit

Das Regelbeispiel des § 20 IV S2 GWB betrifft unmittelbar nur den Verkauf unter Einstandspreis. Der Gesetzgeber hatte bei der Einführung dieses Regelbeispiels auch direkt die Änderung der Verhältnisse im Einzelhandel im Sinn. Das BKartA will sich bei der Anwendung des § 20 IV S2 GWB daher auf den Handel beschränken und die Auswirkungen der Norm für andere Bereiche, wie Dienstleistungen oder das produzierende Gewerbe ignorieren[1]. In diesen Bereichen will es die alte Rechtsprechung vor Erlaß des § 20 IV S2 GWB unverändert anwenden[2]. Besonders überzeugend ist diese Differenzierung des BKartA jedoch nicht. Als Regelbeispiel ist § 20 IV S2 GWB nämlich auch offen für andere Fälle des Verkaufs unter Kosten, die dem direkt geregelten wertungsmäßig gleich sind. Daß der Gesetzgeber § 20 IV GWB nicht auf den Einzelhandel beschränken wollte, läßt sich schon daraus ersehen, daß in S2 ausdrücklich von "Waren oder gewerblichen Leistungen" die Rede ist. Damit macht der Gesetzgeber schon im Wortlaut klar, daß er § 20 IV GWB auch für neue Fälle z.B. aus dem Dienstleistungsbereich offenhalten möchte, die in der Praxis bisher noch nicht diskutiert wurden. Da das GWB den Wettbewerb der Wirtschaft regelt, ist bei einer Ausdehnung des § 20 IV S2 GWB über seinen Wortlaut hinaus eine wirtschaftliche Betrachtungsweise angebracht[3]. Es kommt darauf an, Fälle zu finden, die dem Verkauf unter Einstandspreis wirtschaftlich gleichkommen.

Der Verkauf unter Einstandspreis wird im wesentlichen durch zwei Elemente gekennzeichnet. Zum einen geht es um Fälle der Weitergabe einer Leistung, die durch den Gewerbetreibenden anderweitig erworben wurde und nicht selbst hergestellt. Zum anderen ist der Einstandspreis, wie oben gezeigt, die Grenze unterhalb derer ein Weiterverkauf isoliert betrachtet verlustbringend sein muß. Fraglich ist nun, ob bei einer Ausdehnung des Regelbeispiels auf andere Fälle wirklich beide Elemente vorliegen müssen.

---

1 TB BKartA 1999/2000 S. 40

2 BKartA a.a.O.

3 Auch das KG hat § 20 IV GWB auf die kostenlose Bereitstellung eines Internet-Zugangs angewandt, sich dabei aber auf § 20 IV S1 GWB beschränkt: KG WRP 2001, 68 Internet komplett kostenlos.

2. Weitergabe einer anderweitig erworbenen Leistung

Die Weitergabe einer von außerhalb des eigenen Betriebs angeschafften Leistung ist logische Voraussetzung, um überhaupt zu einem "Einstandspreis" zu kommen. Der Einstandspreis enthält selbst aber auch Kostenelemente, die innerhalb des Betriebs entstanden sein können, wie eindeutig zurechenbare Kosten einer selbst vorgenommenen Verpackung oder eines Transports. Die Entstehung der Kosten außerhalb des Betriebs ist also nicht entscheidend für die vom Gesetzgeber getroffene Wertung. Mit der Beschränkung auf den Einstandspreis sollte vor allem klargestellt werden, daß keine anteilige Zurechnung der Fixkosten des Handels vorgenommen werden darf. Ein Geschäft, das einen Anteil zur Deckung der Fixkosten leistet ist kein Geschäft im Sinne des § 20 IV S2 GWB. Damit entspricht der Einstandspreis im Handel auf den ersten Blick weitgehend den variablen Kosten in der Industrie. Eine Anwendung des § 20 IV S2 GWB erscheint also immer dann denkbar, wenn bei der Preisgestaltung die variablen Kosten unterschritten werden.

Gegen diese Auslegung könnte sprechen, daß der Gesetzgeber in S2 ganz bewußt eine Beschränkung auf den "Einstandspreis" vorgenommen hat, um den Kartellbehörden die schwierige Ermittlung interner Betriebskosten zu ersparen. Dies würde jedoch der Tatsache, daß nach § 20 IV S1 GWB ausdrücklich ein allgemeines Behinderungsverbot gewollt ist nicht gerecht werden und eine Differenzierung zwischen wertungsmäßig an sich gleichen Sachverhalten bei der Anwendung und Auslegung des § 20 IV S1 GWB unter Berücksichtigung des S2 nicht rechtfertigen. § 20 IV GWB ist nicht nur Eingriffsermächtigung, sondern auch zivilrechtliche Anspruchsgrundlage. In diesem Zusammenhang liegt es am Kläger, die Unterschreitung der variablen Kosten darzulegen. Der Gefahr, daß § 20 IV GWB auf diese Weise mißbraucht werden könnte, um in einem Prozeß die Kosten eines Konkurrenten auszuspionieren kann man nicht dadurch begegnen, daß man an sich gerechtfertigte Ansprüche ausschließt. Mißbräuchlichen Klagen zur Ausforschung muß vielmehr durch eine angemessene Verteilung der Beweislast und eine Eingrenzung der prozessualen Auskunftspflichten Einhalt geboten werden.

In der Regel wird im produzierenden Gewerbe der Anteil der Fixkosten sehr hoch sein. Es kann also nicht darum gehen durch § 20 IV S2 GWB Firmen, die keine Gewinne erwirtschaften zu einem beschleunigten Ausscheiden aus dem Markt zu zwingen. § 20 IV S2 GWB greift erst dann ein, wenn das konkrete Geschäft zu größeren Verlusten führt, als ein vollständiger Verzicht auf ein Geschäft oder einen Auftrag.

Daß hier eine Differenzierung auch in der Praxis grundsätzlich möglich ist, zeigt ein neueres Urteil des BGH aus dem Bereich des Geschmacksmusterrechts[4]. Der Kläger hatte wegen der Verletzung seines Geschmacksmusters aus dem Schmuckbereich Schadensersatz verlangt. Im Rahmen seines Wahlrechts hatte er sich für eine Berechnung des Schadens nach dem Verletzergewinn entschieden. Hier kam es nun darauf an, den Gewinn des beklagten Herstellers aus genau einem bestimmten Geschäft zu ermitteln. Dieser besteht in den Bruttoeinnahmen abzüglich der Kosten. Bei den Kosten machte der Hersteller einen Gemeinkostenanteil geltend, den ihm der BGH nicht zugestand. Während das Berufungsgericht noch einen pauschalen Abzug von Gemeinkosten zulassen wollte, verlangte der BGH eine konkrete Zuordnung von Kosten, die speziell durch das beanstandete Geschäft entstanden sind[5]. Dabei sah der BGH die Beweislast auf der Seite der Beklagten, die selbst Einblick in ihren Betrieb hat. Ein Kläger, der die Abläufe des Betriebs von außen beurteilen muß würde hier auf erheblich größere Schwierigkeiten stoßen. Das ist jedoch kein Grund, ihm den Anspruch von vornherein zu verweigern. Aus dem Urteil des BGH ist vielmehr zu entnehmen, daß der BGH davon ausgeht, daß die Feststellung der variablen Kosten eines bestimmten Geschäftes im Rahmen eines Zivilprozesses grundsätzlich möglich ist.

3. Definition der variablen Kosten

Für eine Anwendung des § 20 IV GWB auf alle Fälle der Unterschreitung der variablen Kosten in der Industrie sind Unterschiede bei der Feststellung der variablen Kosten in verschiedenen Zusammenhängen zu beachten. Der Begriff "variable Kosten" ist nämlich keineswegs so eindeutig definiert, wie dies die bisherigen Ausführungen zum Einstandspreis vermuten lassen. So war beim Verkauf unter Einstandspreis z.B. völlig unstreitig, daß Lohnkosten für die von Festangestellten zur Warenbeschaffung aufgewandte Arbeitszeit, die auch ohne den konkreten Auftrag angefallen wären, nicht berücksichtigt werden dürfen, da es hier schon um Deckung der allgemeinen Betriebskosten geht. In dem erwähnten Verfahren vor dem BGH, in dem die Gewinnberechnung bei einer Geschmacksmusterverletzung streitig war, wurden konkret zurechenbare Lohnkosten hingegen als variable Kosten behandelt, die in der Regel abzugsfähig sind, da hier der tatsächliche Gewinn des Rechtsverletzers im Vordergrund steht. Insoweit kann je nach Zweck der Kostenberechnung ein anderer Ansatz notwendig sein. Eine unkriti-

4 MarkenR 2001, 57 Gemeinkostenanteil
5 a.a. O. S.60

sche Gleichsetzung der Begriffe "Einstandspreis" und "variable Kosten" verbietet sich mit Blick auf die gezeigten Widersprüche jedenfalls von selbst[6].

4. Der Ansatz von Areeda/Turner

Das Problem der nicht kostendeckenden Preise in der Industrie ist in der kartellrechtlichen Literatur bereits ausführlich diskutiert. Hier bereitet die Feststellung einer Kostenuntergrenze wesentlich größere Schwierigkeiten, als im Handel, wo mit dem Einstandspreis zumindest eine eindeutige Untergrenze feststeht. Diese Schwierigkeiten liegen in der Unklarheit begründet, welche Kosten bei einem Produktionsbetrieb "fix" sind, und welche "variabel". Nette weist zurecht darauf hin, daß über einen langen Zeitraum betrachtet immer mehr Kosten variabel werden[7]. Einen berühmten Lösungsansatz für dieses Problem, der auch in der deutschen Literatur große Beachtung gefunden hat[8], gibt es in der amerikanischen Literatur mit dem Modell von Areeda/Turner, das im folgenden kurz skizziert werden soll, um daraus Erkenntnisse für die Anwendung des § 20 IV S2 GWB zu gewinnen.

In der amerikanischen Rechtsprechung zu predatory pricing wurde ursprünglich wie im Benrather Tankstellenfall auch auf den Vorsatz der Parteien abgestellt. Mitte der siebziger Jahre versuchten nun Areeda/Turner zu zeigen, daß sich aus den Kosten des Unternehmens allgemeingültige objektive Regeln für die Grenzen der zulässigen Preisgestaltung ableiten lassen[9]. Dabei gehen sie von der Annahme aus, daß predatory pricing immer dann vorliegt, wenn ein Unternehmen kurzfristig Verluste in Kauf nimmt, weil es dann offensichtlich versucht durch Marktveränderungen langfristige Monopolpreise zu ermöglichen[10]. Diese Wertung findet sich im Prinzip auch schon in der Entscheidung des Reichsgerichts im Benrather Tankstellenfall als Indiz für die unlautere Vernichtungsabsicht.

In ihrem grundlegend angelegten Versuch, verbindliche Kostenuntergrenzen für Monopolunternehmen zu finden, untersuchen Areeda/Turner zunächst die durchschnittlichen Kosten eines Unternehmens, die alle Kosten der Herstellung eines Produkts umfassen[11]. Hier sind nicht nur alle fixen und variablen Kosten enthalten, sondern auch der Betrag, den ein Unternehmen erwirtschaften muß, um

---

6 daher sind die Ausführungen von Helm S. 132 f abzulehnen

7 Nette S.139

8 siehe vor allem Mestmäcker, Der verwaltete Wettbewerb 1984 S. 191 ff und Hahn, Behinderungsmißbräuche marktbeherrschender Unternehmen 1984

9 Areeda/Turner Antitrust Law 1978 Vol. III Nr.711 f

10 a.a.O. Nr. 711b

11 Areeda/Turner, Antitrust Law Vol. III. 1978, Nr.714

eine angemessene Verzinsung des eingesetzten Kapitals zu erzielen. Auch diese Verzinsung, die eigentlich bereits zum Gewinn gehört, sei notwendig, um das Kapital der Gesellschaft zu erhalten und einen Wertverfall des Unternehmens am Kapitalmarkt zu verhindern. Solange ein Unternehmen diese Kosten vollständig decken kann, soll nach Areeda/Turner grundsätzlich kein unzulässiger Preiswettbewerb vorliegen, auch wenn der Monopolist bei der Preisgestaltung auf mögliche Gewinne verzichtet und ganz klar eine Vernichtungsabsicht verfolgt[12]. Andererseits ist aber eine Unterschreitung der vollen Kostendeckung nicht sogleich wettbewerbswidrig, da man von keinem Unternehmen verlangen kann, im Markt immer Erfolg zu haben.

Die entscheidende Grenze bei der Bewertung der Preisgestaltung eines Monopolisten sollen nach Areeda/Turner daher die kurzfristigen Grenzkosten bei der Herstellung einer zusätzlichen Produktionseinheit sein[13]. Dies sind die Kosten, die anfallen, wenn die Produktion um eine Einheit erhöht wird. Diese Kosten seien deshalb relevant, weil ein Monopolist, bei der Kalkulation eines neuen Angebots im Wettbewerb konkret berechnen müsse, ob ihm der zusätzliche Verkauf noch einen Gewinn bringe. Sei dies der Fall, so sei seine Preisgestaltung rational und prima facie nicht wettbewerbswidrig. Verlange der Monopolist für die zusätzlich verkaufte Einheit jedoch einen Preis, der die Kosten des zusätzlichen Geschäfts nicht decke, so sei anzunehmen, daß er damit unzulässige Zwecke, wie die konkrete Bekämpfung oder Abschreckung von Mitbewerbern, verfolge.

Das Abstellen auf die Grenzkosten bewirkt, daß bei einem nicht voll ausgelasteten Monopolisten auch Preise, die nicht zur vollen Kostendeckung führen, noch zulässig sind, da die Produktion einer weiteren Einheit in der Regel billiger ist, als die bisherige Produktion im Durchschnitt. Dieses Ergebnis rechtfertigen Areeda/Turner damit, daß die optimale Auslastung der Anlagen des Monopolisten auch volkswirtschaftlich gesehen die beste Lösung sei. Wenn ein Wettbewerber insgesamt nicht effektiver arbeiten könne, als der Monopolist bei Ausweitung der Produktion, so habe die Gesellschaft kein Interesse am Schutz des Wettbewerbers[14].

Umgekehrt kann es bei voller Auslastung der Anlagen des Monopolisten ausnahmsweise auch vorkommen, daß die Produktion zusätzlicher Einheiten erhebliche neue Investitionen erfordert. In diesem Fall können die Grenzkosten die durchschnittlichen variablen Kosten bei weitem übersteigen. Solche Ausnahmen seien jedoch in der Regel nicht besonders praxisrelevant, da sie selten vorkämen und ein absolut ausgelasteter Monopolist oft auch gar kein Interesse an der Be-

12 a.a.O. Nr. 714c
13 a.a.O. Nr. 715a
14 a.a.O. Nr. 715 a

kämpfung von Konkurrenz haben werde, wenn eine Produktionsausweitung nicht rentabel zu bewerkstelligen sei. Außerdem gelte hier auch der Grundsatz, daß am Markteintritt eines weniger effektiven Konkurrenten kein Interesse bestehe, wenn er zwar die hohen Grenzkosten des Monopolisten unterbieten könne, nicht aber die durchschnittlichen Kosten des Monopolisten insgesamt[15].

Ein Problem macht die Feststellung der Grenzkosten im konkreten Einzelfall. Da die Grenzkosten für die Herstellung einer zusätzlichen Einheit auf die Zukunft bezogen sind, sind sie durch die herkömmliche Kostenrechnung nicht zu ermitteln. Deshalb wollen Areeda/Turner für die Praxis auf die durchschnittlichen variablen Kosten abstellen, die nach ihrer Ansicht in den allermeisten Fällen den kurzfristigen Grenzkosten ungefähr entsprächen[16]. Da die Fixkosten bereits gedeckt seien träten bei der Produktion einer zusätzlichen Einheit nur noch die variablen Kosten auf, die ja unmittelbar durch die Mehrproduktion verursacht würden. Zu diesen Kosten gehören nach Areeda/Turner anteilig alle Kosten, die nicht absolut unabhängig von der Produktionsmenge sind. Als fixe Kosten blieben nur noch ertragsunabhängige Steuern, die Verzinsung des Kapitals und altersbedingte Abschreibungen auf Anlagen, die nicht nutzungsabhängig sind[17]. Alle anderen Kosten wie Arbeit, Material, Treibstoff, Instandhaltung der Anlagen und nutzungsbedingte Abschreibungen, sollen zu den variablen Kosten gerechnet werden. Die variablen Kosten sollen nach Areeda/ Turner sogar die Ausgaben für Forschung und Entwicklung, Werbung und allgemeine Verwaltung enthalten[18].

5. Übertragbarkeit des Ansatzes von Areeda/Turner auf § 20 IV S2 GWB

Bereits mit der Definition der variablen Kosten wird klar, daß der Ansatz von Areeda/Turner ein völlig anderer ist, als der des deutschen Gesetzgebers in § 20 IV S2 GWB. Allgemeine Verwaltungskosten, Abschreibungen etc. haben mit dem Einstandspreis im Handel nichts zu tun, da sie hier geradezu typische Beispiele für allgemeine Handlungskosten sind[19]. Es ist weiter zu beachten, daß die Regel von Areeda/Turner für einen Monopolisten gedacht ist, der den Markt beherrscht, während der deutschen Gesetzgeber mit § 20 IV GWB eine Verhaltensregel für alle starken Wettbewerber geschaffen hat.

---

15 a.a.O. Nr.715b2
16 a.a.O. Nr.715d
17 a.a.O. Nr.715c
18 a.a.O. Nr. 715c
19 a.A. offenbar Nette S.138 und S.143, der den Begriff "Fixkosten" im Zusammenhang mit der Regel von Areeda/Turner und dem Verkauf unter Einstandspreis im deutschen Einzelhandel teilweise synonym gebraucht

Areeda/Turner versuchen außerdem, eine allgemeine Regel für die relevante Kostengrenze zu finden, die die gesamte Beurteilung von Kampfpreistaktiken beherrschen und für die Zulässigkeit einer Preisgestaltung abschließende Aussagen liefern soll[20]. § 20 IV S2 GWB soll dagegen nicht eine volkswirtschaftlich fundierte Aussage über die optimale kartellrechtliche Preiskontrolle liefern, sondern lediglich Geschäfte per se verbieten, die der betriebswirtschaftlichen Vernunft nach Ansicht des deutschen Gesetzgebers offensichtlich widersprechen, also eine Preisgrenze unterschreiten, die von allen starken Marktbeteiligten im Regelfall einzuhalten ist. Für die Preiskontrolle marktbeherrschender Unternehmen gelten im deutschen Recht andere Regeln, die das Verbot von Preisen auch über den Einstandspreisen zulassen. Hier sind andere Kriterien ausschlaggebend, wie z.B. die konkrete Vernichtungsabsicht. Auch in den USA ist die Regel von Areeda/Turner in der Praxis der Gerichte keineswegs das einzige Kriterium zur Beurteilung von Kampfpreisen[21], wobei ein Analyse der dortigen Rechtslage den Rahmen dieser Arbeit sprengen würde[22].

Kostenorientierte Bewertungsansätze im deutschen Kartellrecht, die auf Areeda/Turner aufbauen, sind aus denselben Gründen in der Regel nicht auf § 20 IV S2 GWB übertragbar. Dies muß zum Beispiel für die von Hahn vorgeschlagene Mißbrauchskontrolle gelten, der die Feststellung der Unterschreitung der "in vernünftiger Weise vorweggenommenen durchschnittlichen variablen Stückkosten" um eine Marktstrukturbeobachtung ergänzen will[23]. Die Mißbrauchskontrolle soll danach eingreifen, wenn die Kostenunterschreitung eine "nicht nur vorübergehende und nicht unerhebliche Gefährdung des Restwettbewerbs" mit sich bringt[24]. Auch hier scheitert eine Übertragung der Wertungen auf § 20 IV S2 GWB an der viel zu weitgehenden Einbeziehung von Gemeinkosten in die variablen Kosten[25], abgesehen davon, daß mit dem Korrektiv über die Wettbewerbsbestandsgefährdung eigentlich nur der bereits im UWG vor Einführung des § 37a III GWB a.F. erreichte Stand wiedergegeben wird.

---

20 kritisch wegen der mangelnden Praktikabilität bei Mehrproduktunternehmen z.B. Schwarz WuW 1987, 93, 96 f m. w. Nachw.

21 Mestmäcker, Der verwaltete Wettbewerb S. 194

22 siehe dazu Mestmäcker a.a.O. S. 195 ff; Nette S.119 ff; Mueller WuW 1986 533, 536 f m. w. Nachw.; Areeda/Kaplow S. 508 ff

23 Hahn WuW 1984, 285

24 a.a.O. 294

25 a.a.O. 291 f

6. Ausgangspunkt für eine eigenständige Wertung

Die Übertragung der Wertung des § 20 IV S2 GWB auf das produzierende Gewerbe bedarf einer anderen Festlegung der Kostenuntergrenze. Da dem Einstandspreis im Handel die Kostendeckungsbeitragsrechnung zugrunde liegt, kommt es darauf an, ob ein Geschäft noch einen Beitrag zur Deckung der laufenden Fixkosten leisten kann. Verkäufe unter Einstandspreis zeichnen sich nämlich dadurch aus, daß sie nichts zur Deckung der laufenden Betriebskosten beitragen. Dabei müssen alle Betriebskosten als Fix angesehen werden, die auch ohne das konkrete Geschäft angefallen wären. In den Einstandspreis werden nämlich auch nur diejenigen Kosten einbezogen, die durch die Beschaffung der ganz konkret bestimmten Ware verursacht wurden.

Bei der Bestimmung der "variablen" und "fixen" Kosten im Sinne des § 20 IV S2 GWB muß immer die Situation eines Handelsgeschäfts als Vergleich dienen. Auch hier fallen Personalkosten, Energiekosten und Materialkosten an, die mit der Beschaffung der Waren zu tun haben. Dies gilt zum Beispiel für die Kosten eines eigenen Fuhrparks, den ein Handelsunternehmen zur Warenverteilung unterhält. Diese Kosten haben eindeutig mit dem Warenumsatz zu tun und gehören ebenso eindeutig nicht in den Einstandspreis. Auch ein Handelsunternehmen, das keinerlei Betriebskosten erwirtschaften kann, verkauft nicht unter Einstandspreis, obwohl der gesamte Geschäftsbetrieb auf Dauer verlustbringend ist. Dies ist bei der Anwendung von § 20 IV S2 GWB in der Weise zu berücksichtigen, daß ein Unternehmen nicht gegen § 20 IV S2 verstoßen kann, das mit Verlustpreisen arbeitet, die wirtschaftlich lediglich dem Verzicht auf einen Kostendeckungsbeitrag im Handel entsprechen.

Die eigentliche Schwierigkeit besteht nun darin, zu bestimmen, was im produzierenden Gewerbe wirtschaftlich dem Verzicht auf einen Kostendeckungsbeitrag entspricht und was schon einem Verkauf unter Einstandspreis gleichkommt. So sind zum Beispiel Personalkosten, die auch dann anfallen, wenn ein Auftrag nicht übernommen wird, weil das Personal auf die schnelle nicht gekündigt werden kann, eher den Fixkosten zuzurechnen. Wenn der Auftrag nämlich dazu beiträgt, nur einen Teil der Personalkosten abzudecken, so war er aus der Sicht des Unternehmers wirtschaftlich schon so sinnvoll wie ein Verkauf von Waren über dem Einstandspreis, der lediglich nicht in der gewünschten Weise zur vollen Deckung der Fixkosten beitragen kann.

Ein nicht ganz kostendeckend kalkulierter Auftrag bei schwieriger Marktlage ist etwas völlig anderes, als ein Verkauf unter Einstandspreis, der zur Begrenzung von Verlusten nichts beitragen kann. Wer in einem solchen Fall darlegen will, daß ein nicht kostendeckend arbeitendes Unternehmen seine Mitbewerber durch Preisdumping behindert, muß mehr tun, als sich auf das Regelbeispiel des § 20

IV S2 GWB zu berufen. Der Gesetzgeber hat sich ganz bewußt gegen ein Verbot des Verkaufs unter Selbstkostenpreis entschieden und damit von einer Regelung abgesehen für den schwierigen Bereich der Preise, die Verlustpreise sind, weil sie nicht ausreichen, um die Fixkosten zu decken. Eine andere Auslegung, etwa im Sinne der Regel von Areeda/Turner würde die Einführung einer umfassenden Preiskontrolle in der Industrie bewirken, die der Gesetzgeber nicht gewollt hat und die auch mit dem Zweck des GWB nicht mehr zu vereinbaren wäre.

In die variablen Kosten, die nach § 20 IV S2 GWB in der Regel nicht unterschritten werden dürfen, sind prima facie nur Materialkosten, Energiekosten, konkret anfallende Steuern und solche Personalkosten einzubeziehen, die durch flexible Arbeitszeiten oder anderweitigen Einsatz der Arbeitskräfte vermeidbar wären. Diese Definition hätte mit dem gängigen Verständnis von variablen Kosten wenig gemein und würde dazu führen, daß § 20 IV S2 GWB im produzierenden Gewerbe praktisch wenig relevant werden dürfte. Dieses Ergebnis entspricht andererseits aber den Vorstellungen des Gesetzgebers, der § 20 IV S2 GWB zwar allgemein formuliert hat, dabei jedoch vor allem Mißstände im Handel im Auge hatte.

7. Vergleich mit den Herstellungskosten in der Bilanz

a. Grundlagen

Trotz der vermutlich geringen praktischen Relevanz soll kurz untersucht werden, ob die so definierten "variablen Kosten" wenigstens mit den Herstellungskosten aus § 255 II HGB übereinstimmen. Für diese Parallele könnte sprechen, daß der Einstandspreis weitgehend mit den Anschaffungskosten übereinstimmte[26].

Schon ein Blick ins Gesetz zeigt jedoch, daß die Vergleichbarkeit nur begrenzt gegeben sein kann. Der Gesetzgeber differenziert nämlich bereits in § 255 II HGB zwischen verschiedenen Arten von Herstellungskosten. Auf der einen Seite stehen die Einzelkosten in § 255 II S 1 und S2 HGB, die zwingend zu den Herstellungskosten gehören und auf der anderen Seite die Herstellungs- und Verwaltungsgemeinkosten in § 255 II S3 und S4 HGB, die nach § 255 II S 5 und S 6 HGB wahlweise in die Herstellungskosten eingerechnet werden dürfen.

---

26 Es ist anzumerken, daß die steuerrechtliche Definition von der handelsrechtlichen wiederum erheblich abweicht (siehe dazu Coenenberg, S. 87 f) und hier außer acht gelassen werden soll.

b. Wahlbestandteile der Herstellungskosten

Bei den Gemeinkosten nach § 255 II S3 und S4 HGB handelt es sich zum Beispiel um die Kosten für die Unterhaltung einer Lohnbuchhaltung, die technische Leitung des Betriebs, die Steuerabteilung, die Kosten des Aufsichtsrats, die allgemeinen Telefonkosten, sowie sogar Kosten für freiwillige soziale Leistungen wie Jubiläumsgeschenke, Kantine, Betriebsausflüge etc. Es ist evident, daß diese Kosten in keiner Weise mit dem Einstandspreis eines Handelsunternehmens in Verbindung zu bringen sind, da es sich um geradezu typische allgemeine Betriebskosten handelt. Nach dem AktG von 1965 waren die Wahlbestandteile der Herstellungskosten nach herrschender Ansicht sogar identisch mit den "Fixkosten"[27], wenn es sich auch nicht um "Fixkosten" handelt, wie Areeda/Turner sie verstehen.

Der Regelungszweck des § 255 II HGB ist auch ein anderer. Es geht im Bilanzrecht um eine realistische Bewertung des Betriebsvermögens, und nicht um die Steuerung des Verhaltens im Preiswettbewerb. Werden Produkte von außen eingekauft, so sind die genannten Gemeinkosten bereits im Betrieb des Verkäufers angefallen und in der Regel im Anschaffungspreis berücksichtigt. Werden die Güter im Betrieb des Bilanzierenden selbst hergestellt, so fallen die Gemeinkosten bei der Produktion ganz genauso an, nur eben in einem anderen Betrieb. Es erscheint deshalb nicht unrealistisch, diese Kosten bei der Bewertung der hergestellten Ware zu berücksichtigen, da sie den Verkehrswert der Güter wegen ihrer allgemeinen Berücksichtigung in den Verkaufspreisen erhöhen. Diese Kosten bei § 20 IV S2 GWB einzubeziehen hieße dagegen, einen Verzicht auf ein Geschäft zu fordern, das nicht geeignet ist, zum Beispiel den Betriebsausflug zu finanzieren, was völlig abwegig wäre.

c. Pflichtbestandteile der Herstellungskosten

aa. Zusammensetzung der Pflichtbestandteile

Interessanter für den Vergleich mit dem Einstandspreis sind die Einzelkosten aus § 255 II S1 und S2 HGB, die zwingend den Herstellungskosten zuzurechnen sind. Eine Verwendbarkeit der Einzelkosten für das Kartellrecht wäre auch deshalb reizvoll, weil in der Praxis häufig nur die Einzelkosten als Herstellungskosten bilanziert werden[28], was kartellrechtliche Ermittlungen erleichtern könnte.

27 Knop/Küting in Küting/Weber § 255 Rn 134
28 Knop/Küting in Küting/Weber § 255 Rn 177

Diese Pflichtbestandteile der Herstellungskosten wurden nach der Rechtslage 1965 sogar mit den variablen Kosten gleichgesetzt[29]. Heute geht man im Bilanzrecht davon aus, daß die Einzelkosten auf jeden Fall variable Kosten sind, aber nicht alle variablen Kosten auch Einzelkosten. Einer gängigen Definition zufolge sind Einzelkosten ausschließlich die Kosten, die auftreten, "wenn eine zusätzliche Einheit eines Kostenträgers hergestellt wird."[30] Negativ formuliert gehören solche Kosten nicht zu den Einzelkosten, "die auch im Falle der Nichtproduktion eines einzelnen Stückes anfielen."[31]

Die Übereinstimmung dieser Definition mit den "Grenzkosten" bei Areeda/Turner springt sofort ins Auge. Der Ansatz von Areeda/Turner eignete sich im Zusammenhang mit § 20 IV S2 GWB nur deshalb nicht, weil er zu grundlegend war. Aufgrund einer zu langfristigen Betrachtungsweise wurden zu viele Kosten als variabel betrachtet, die aus der Sicht des Unternehmers, der hier und jetzt über die Rentabilität eines Auftrags entscheiden muß, de facto doch fix sind. Für die Verhaltenskontrolle im Preiswettbewerb sind die konkreten Grenzkosten allerdings durchaus interessant. Entscheidend für die Brauchbarkeit der Einzelkosten als Wertungsmaßstab im Kartellrecht ist daher nicht der Wortlaut der Definition, sondern die Frage der praktischen Handhabung bei der Berechnung. Es kommt darauf an, welche Kosten in der Bilanz tatsächlich als unmittelbar zurechenbar verursacht angesehen werden und ob diese Kosten bei der kartellrechtlichen Verhaltenssteuerung relevant sein können.

Die Einzelkosten bestehen nach dem Gesetzeswortlaut aus den Materialkosten, den Fertigungskosten und den Sonderkosten der Fertigung. Zu den Materialkosten gehören die bei der Herstellung direkt anfallenden Kosten für Materialverbrauch. Die Sonderkosten der Fertigung enthalten z.B. Aufwendungen für Patent- und Lizenzgebühren, spezielle Versuchs- und Konstruktionskosten sowie Kosten für Spezialwerkzeuge, die nur für die Ausführung der konkreten Herstellung benötigt werden. Diese Kosten erscheinen auf Anhieb mit den Einstandskosten eines Kaufmanns vergleichbar. Wer etwas produziert und dabei nicht einmal diese Material- und Sonderkosten decken kann, die nur durch den konkreten Auftrag verursacht werden, der handelt genauso wie ein Kaufmann, der unter seinen Einstandskosten verkauft. Ein solches Geschäft wäre aus anderen Aufträgen quersubventioniert und hätte für sich betrachtet wirtschaftlich keinen Sinn, wenn es nicht anderweitig zu rechtfertigen wäre.

---

29 Knop/Küting in Küting/Weber § 255 Rn 134
30 Knop/Küting a.a.O. Rn 160
31 Knop/Küting a.a.O. Rn 173

bb. Die Einbeziehung der Lohnkosten

Problematisch sind die Fertigungskosten, die ganz unstreitig vor allem die Lohnkosten mit den Sozialabgaben enthalten. Hier wird ein Vergleich mit den Einstandkosten des Kaufmanns schon wesentlich schwieriger, da der Einstandspreis eigene Lohnkosten des Kaufmanns gerade nicht enthält. Andererseits ist die Wertung im Bilanzrecht einleuchtend, da Lohnkosten, die unmittelbar zur Fertigung eines Produkts aufgewandt werden müssen, dessen Wert bestimmen. Das für die Herstellung aufgewandte Kapital ist daher in Form des fertigen Produkts noch im Betrieb vorhanden[32].

Aufgrund der nicht eindeutigen Zurechenbarkeit von Zeitentlohnung auf die Produktion einzelner Stücke und der im deutschen Arbeitsrecht wegen des Kündigungsschutzes zumeist fehlenden kurzfristigen Vermeidbarkeit von Lohnkosten ist die Behandlung im Bilanzrecht jedoch umstritten. Nach der Ansicht von Knop/Küting sollen nur Akkordlöhne und Prämienlöhne den Einzelkosten zuzurechnen sein[33]. Die normalen Lohnkosten der Festangestellten wären danach immer Gemeinkosten. Eine Ausnahme wollen Knop/Küting nur noch bei den projektbezogen kalkulierten Arbeitskosten zulassen, die vor allem bei industriellen Großprojekten auftreten.[34]

Die Gegenansicht will auch Zeitlöhne in Einzelkosten einbeziehen, die zwingend bei den Herstellungskosten zu aktivieren sind[35]. Ausführlich befaßt sich Moxter mit dem Problem[36]. Er legt dar, daß die Lohnkosten tatsächlich nicht im ganz engen Sinne "variabel", also bei Verzicht auf das einzelne Fertigungsstück vermeidbar sind[37]. Andererseits weist er zurecht darauf hin, daß auch solche Kosten für den Wert eines Produkts maßgeblich sind und daher die Einbeziehung der Fertigungslöhne zu einer wesentlich realistischeren Bewertung führt, was dem Ziel der Handelsbilanz, das tatsächliche Vermögen genau abzubilden, eher entspricht[38]. Die Ansicht von Knop/Küting hat sich daher nicht durchsetzen können[39]. Mit der ganz herrschenden Lehre[40] will auch Moxter die Lohnkosten im Ergebnis als bilanzierungspflichtige Einzelkosten behandeln.

---

32 Knop/Küting a.a.O. § 255 Rn 146

33 a.a.O. Rn 192

34 a.a.O. Rn 191

35 Baumbach/Hopt § 255 Rn 15; Marsch-Barner in Ensthaler HGB § 255 Rn 18; Glade Teil I Rn 572; Adler/Düring/Schmaltz § 255 Rn 153; Pankow/Schmidt-Wendt in Beck´scher Bilanzkommentar § 255 Rn 351

36 Moxter BB 1988, 937 ff

37 BB 1988, 939

38 a.a.O. 939 f

39 Moxter a.a.O. 940 f; Glade a.a.O., Coenenberg a.a.O. und Großfeld Bilanzrecht gehen auf dieses Problem gar nicht ausdrücklich ein.

cc. Übertragung des Ergebnisses auf das Kartellrecht

Eine Einbeziehung der Lohnkosten in die Kosten, die dem Einstandspreis nach § 20 IV S2 GWB entsprechen ist nicht von vornherein logisch ausgeschlossen. Sie wäre vor allem bei Großaufträgen denkbar, bei denen ein Unternehmer ein Angebot für ein Projekt kalkuliert, das eine lange Laufzeit und einen erheblichen Arbeitskräftebedarf hat. In solchen Fällen ist eine Anpassung des Personalbestands bei Übernahme des Auftrags bzw. bei Ablehnung auch in ihren Auswirkungen auf die Kosten berechenbar. Der Unternehmer könnte bei Verzicht auf einen großen Auftrag unter Umständen ganz konkret Personalkosten sparen, die in die Kalkulation der durch den Auftrag vermeidbar verursachten Kosten einfließen könnten. Wenn der Erlös aus dem Geschäft den zusätzlichen Personalaufwand nicht deckt, hat es zu den allgemeinen Betriebskosten genauso wenig beigetragen, wie ein Verkauf unter Einstandpreis nach § 20 IV S2 GWB.

Eine allgemeine Berücksichtigung von Lohnkosten im Kartellrecht hätte wirtschaftlich jedoch drastische Folgen. Es wäre grundsätzlich verboten, Aufträge anzunehmen, wenn der Preis nicht die anfallenden Lohnkosten deckt. In diesem Fall wäre der Unternehmer gezwungen, anstatt seine Mitarbeiter trotz Verlusten erst einmal weiter zu beschäftigen, auf den Auftrag zu verzichten und letzten Endes Kündigungen auszusprechen. Dies hat der Gesetzgeber bei Erlaß des § 20 IV S2 GWB sicher nicht beabsichtigt, da die Konsequenzen in einigen ertragsschwachen Branchen unter Umständen extrem sein könnten. Die Übernahme eines Auftrags zur Beschäftigung der vorhandenen Belegschaft und zur Vermeidung von Personalabbau ist daher nicht per se verboten. Lediglich Personalkosten, die durch einen Auftrag erst neu entstehen und nicht zu dauerhaften Arbeitsplätzen führen, wie Überstunden, oder stundenweise bezahlte Aushilfen, Prämien und Akkordlöhne könnten in die Kosten nach § 20 IV S2 GWB einbezogen werden. Im übrigen läßt sich Arbeitskraft anders als Material nicht kurzfristig auf dem Markt erwerben oder bei geringerem Bedarf einfach auf Reserve im Lager halten. Dies muß auch das Kartellrecht berücksichtigen, wenn es die Verhaltensspielräume der Unternehmer einschränkt. Bei Ausschluß der Lohnkosten der Festangestellten dürfte § 20 IV S2 GWB für das produzierende Gewerbe jedoch kaum praktische Relevanz erlangen.

Im Ergebnis sind die Einzelkosten im Sinne des § 255 II S1 HGB somit nur dann mit dem Einstandspreis nach § 20 IV S2 GWB vergleichbar, wenn man für den Bereich der Fertigungskosten der Mindermeinung von Knop/Küting folgt. In diesem Fall können sie allerdings auch für die Anwendung von § 20 IV S2 GWB

40 Siehe auch Leffson, Die Grundsätze ordnungsgemäßer Buchführung, S.328; Wirtschaftsprüfer-Handbuch S. 228

im Bereich der Eigenproduktion brauchbare Anhaltspunkte liefern. Die nach Knop/Küting berechneten Einzelkosten dürften aber in der Regel so niedrig sein[41], daß die Anwendung des § 20 IV S2 GWB in der Industrie praktisch ausscheidet.

41 so auch Knop/Küting a.a.O. § 255 Rn 194

9. Kapitel: Die Anwendung des § 20 IV S2 GWB auf Koppelungspraktiken

1. Einführung

a. Eingrenzung der relevanten Fälle

Häufig werden besonders günstige Waren nicht gesondert angeboten, sondern nur zusammen mit anderen Waren. Der Verbraucher kann ein Sonderangebot in diesen Fällen nur dann nutzen, wenn er eine andere Leistung dazuerwirbt. Ein bekanntes Beispiel aus der jüngeren Zeit ist das Handy für 1 DM, das nur bei Abschluß eines sog. Kartenvertrages abgegeben wird. Der angegebene Gerätepreis liegt hier ganz offensichtlich unter dem Einstandspreis. Daher soll im folgenden untersucht werden, ob § 20 IV S2 GWB auch auf solche gekoppelten Angebote und auf Zugaben anwendbar ist.

Auszuklammern sind von vornherein die Fälle, in denen sich die Zusatzleistung auf Drittmärkten nicht auswirken kann, weil sie keine selbständige Nachfrage befriedigt. Hier ist z.B. die Fahrpreiserstattung durch Geschäftsinhaber zu nennen.[1] Der Kaufmann, der seinem Kunden die Anfahrtskosten erstattet, wird auf dem Markt für Beförderungsleistungen gar nicht tätig und kann dort auch keine negativen Folgen auslösen, da er die Beförderungsleistung nicht selbst erbringt, sondern nur deren Kosten übernimmt. Lediglich im Verhältnis zu den direkten Konkurrenten darf der Verkauf mit Fahrtkostenerstattung unter dem Strich nicht zum Verlustgeschäft werden.

Keine Rolle spielen auch Konstellationen, in denen die Zusatzleistung keine eigenständigen Wert besitzt, wie etwa die Möglichkeit, den Kaufmann über eine 0130-Telefonnummer gebührenfrei anrufen zu können[2]. Zu untersuchen bleiben also die Fälle, in denen der Kunde mehrere selbständige Leistungen erhält, von denen zumindest eine unter Einstandskosten abgegeben wird.

Nicht relevant sind zuletzt die Angebote, in denen zwar eine besonders günstige branchenfremde Zusatzware beworben wird, jedoch auch ohne Erwerb der

---

1 siehe dazu z.B. Nacken, Fahrpreiserstattung, WRP 1991, 212 und Wenzel, Nochmals: Fahrpreiserstattung, WRP 1991, 545

2 Lohaus, Telefonieren zum Nulltarif und unlauterer Wettbewerb 1995, sieht darin allerdings eine unzulässige Zugabe (S. 207)

Hauptware abgegeben. Hier handelt es sich um ein ganz normales Sonderangebot mit Mischkalkulation, das nach § 20 IV S2 GWB zu beurteilen ist.[3]

b. Differenzierung bei der Bewertung nach dem UWG

Im Lauterkeitsrecht sind die sogenannten Koppelungsangebote ein altbekanntes Problem. Mit diesem Begriff sollen hier alle Fälle bezeichnet werden, in denen ein Kaufmann seine Leistungen nicht einzeln zu gesonderten Preisen anbietet, sondern zwei Angebote miteinander verbindet. Dabei werden rein wirtschaftlich betrachtet nicht zwei verschiedene Preise berechnet, sondern ein gemeinsamer Preis. Es sind in der Darstellung des Angebots gegenüber dem Kunden jedoch mehrere Varianten denkbar, die die Rechtsprechung alle schon ausgiebig beschäftigt haben:

Der Erwerb der einen, mit einem besonders günstigen Preis ausgezeichneten Ware setzt zwingend den Erwerb einer anderen Ware voraus. Hier dient das als besonders günstig herausgestellte Sonderangebot als Lockmittel zum Kauf der eigentlichen Ware (offene Koppelung)[4].

Oft gibt es auch Vergünstigungen für eine Ware beim zusätzlichen Kauf der anderen, oder ein Gesamtangebot für beide Waren unter Ausweisung nur des Gesamtpreises (verdeckte Koppelung)[5].

Die Zwecke, die ein Gewerbetreibender mit solchen Angeboten verfolgen kann, sind unterschiedlich. Zum einen kann es ihm darum gehen, durch ein spektakulär günstiges Zusatzangebot Aufmerksamkeitswerbung zu betreiben, zum anderen kann er aber auch versuchen, durch die Koppelung den wahren Preis der Ware zu verschleiern, weil das Angebot nüchtern betrachtet gar nicht so attraktiv ist. Zuletzt können Koppelungen und Kombinationsrabatte auch dazu eingesetzt werden, auf schwächere Konkurrenten Druck auszuüben, weil diese nicht alle gekoppelten Artikel anbieten können, oder weil bei einem der angebotenen Artikel die Ausweichmöglichkeit der Abnehmer fehlt. Die bei gekoppelten Angeboten auftretenden Probleme sind vielfältig und werden seit langem in der Literatur diskutiert. In der Rechtsprechung wurden solche Angebote oft am Zugaberecht gemessen, das immer dann eingreifen konnte, wenn aus der Sicht des Verbrauchers kein einheitliches Angebot vorlag, sondern eine Hauptware mit Zugabe und der Preis der Zugabe so niedrig war, daß er nur noch als Scheinent-

---

3 siehe dazu oben und Baumbach /Hefermehl § 1 Rn 140 ff mit weiteren Nachweisen
4 Baumbach/Hefermehl § 1 Rn 130
5 Baumbach/Hefermehl § 1 Rn 128

gelt anzusehen war[6]. Mit der Aufhebung der ZugabeVO haben sich diese Probleme jedoch erledigt.

Rechtliche Schwierigkeiten im Zusammenhang mit § 1 UWG treten vor allem auf, wenn branchenfremde Produkte zu einem sachfremden Koppelungsangebot zusammengespannt werden[7]. Auch kann eine Irreführung der Verbraucher vorliegen, wenn aufgrund der ausgewiesenen Einzelpreise der Verbraucher den Eindruck haben muß, daß er die Zusatzware geschenkt bekomme, oder er sich ein besonders günstiges Geschäft erhofft, das in Wirklichkeit nicht vorliegt[8].

2. Kartellrechtliche Relevanz

Hier soll die Untersuchung darauf beschränkt werden, welche Rolle § 20 IV S2 GWB bei der Beurteilung von Koppelungsangeboten spielen kann. Dabei sind die Grenzen zwischen den verschiedenen denkbaren Fällen unter Umständen anders zu ziehen, als im Lauterkeitsrecht, da es bei § 20 IV S2 GWB vor allem um eine wirtschaftliche Betrachtung der Geschäfte und ihrer Wirkung auf den Markt geht und weniger um den Schutz der Verbraucher.

In der Literatur wird das Problem der gekoppelten Angebote seit langem diskutiert. Während dabei in letzter Zeit hauptsächlich der Schutz des Verbrauchers vor Irreführung und psychologischem Kaufzwang im Vordergrund steht, finden sich vor allem in älteren Veröffentlichungen auch Argumente, die von der Diskussion um den Verkauf unter Einstandspreis her vertraut sind. So weist Sack[9] auf die Gefahr der Marktverstopfung durch billige Zugaben hin. Darüber hinaus sieht er die Möglichkeit eines Verstoßes gegen § 1 UWG wegen der Gefährdung der Funktionsfähigkeit des Wettbewerbs und des Mittelstandes[10]. Auch wenn sich diese Sichtweise nicht durchsetzen konnte, so zeigt sich die Stichhaltigkeit der Bedenken Sacks daran, daß das Rabattgesetz und die Zugabeverordnung ursprünglich in erster Linie zum Schutz des mittelständischen Handels erlassen wurden[11]. Damit lagen ihnen dieselben Erwägungen zugrunde, die auch das Ver-

---

6 dazu z.B. BGH GRUR 1998, 500 Skibindungsmontage; BGH WRP 1999, 90 Handy für 0,00 DM; NJW-RR 1999, 25 ff Handy für 1 DM

7 B/H § 1 Rn 135; zuletzt OLG Köln GRUR 2001, 853 Fernseher für 1 DM; anders jedoch OLG Celle GRUR 2001, 855 Elektrische Geräte für 1 DM

8 B/H § 1 Rn 131; zunehmend großzügiger der BGH: BGH WRP 1999, 90 Handy für 0,00 DM WRP 1999, 94 Handy-Endpreis; NJW-RR 99, 25 Handy für 1 DM

9 WRP 1975, 65, 69 gegen Borck WRP 1975, 1 ff

10 a.a.O. 69 ff

11 Emmerich UWG 5.A. 1998, S.156; ausführlich Götting, Die neuere Entwicklung des Zugaberechts in Deutschland, Belgien, Frankreich und Schweden 1986, S.6 f

bot des Verkaufs unter Einstandspreis tragen. Dies rechtfertigt es, die Anwendbarkeit des § 20 IV S2 GWB auf gekoppelte Angebote zu untersuchen.

Aus der neueren Literatur ist vor allem die Arbeit von Abel erwähnenswert[12]. Zwar legt auch Abel den Schwerpunkt auf Fragen des Verbraucherschutzes, doch geht er auf die Gefährdung des Wettbewerbs auf dem Markt für die Zugabe ausführlich ein. Dabei lehnt er eine Wettbewerbswidrigkeit unter dem Stichwort des "Brancheneinbruchs" entschieden ab[13]. Er verweist auf die grundsätzliche Preisgestaltungsfreiheit und will die Sittenwidrigkeit erst dort beginnen lassen, wo der Bestand des Wettbewerbs durch die Zugabe gefährdet wird[14]. Dies entspricht der bereits dargestellten Rechtslage beim Verschenken von Originalware und beim Verkauf unter Einstandspreis nach § 1 UWG. Auch wenn die grundsätzlichen Argumente Abels für die Bewertung des Problems nicht die Grenze der Zulässigkeit nach § 20 IV S2 GWB bestimmen können, so zeigt seine Streitdarstellung deutlich, daß bei Zugaben genau dieselben Interessenkonflikte auftreten, wie bei isolierten Verlustpreisangeboten[15].

3. Anwendbarkeit von § 20 IV S2 GWB trotz Abschaffung der ZugabeVO

Ein Argument, das grundsätzlich gegen die Anwendung des § 20 IV S2 GWB auf Koppelungsangebote sprechen könnte, ist die Aufhebung der ZugabeVO. Es läßt sich nicht leugnen, daß der Gesetzgeber mit der ersatzlosen Streichung dieser Vorschrift seinen Willen zur Liberalisierung in diesem Bereich gezeigt hat. Er geht daher wohl grundsätzlich von der Zulässigkeit von Zugaben aus. Es könnte daher dem Willen des Gesetzgebers zuwiderlaufen, Zugaben nun über § 20 IV S2 GWB doch wieder zu verbieten.

Eine solche Argumentation im Sinne eines freieren Wettbewerbs hat zwar einiges für sich, doch würde sie eine Überbewertung der gesetzgeberischen Intention bei der Abschaffung der ZugabeVO bedeuten. Der Gesetzgeber wollte nämlich keineswegs kostenlose Zugaben grundsätzlich erlauben, sondern lediglich ein überflüssiges Verbot streichen und die Bewertung der Zugaben dem allgemeinen Wettbewerbsrecht überlassen[16]. Zwar verbietet es sich, nun über § 1 UWG zu einem allgemeinen Zugabenverbot zu kommen, doch ist nach wie vor jede Zugabe

---

12 Abel, Die wettbewerbsrechtliche Beurteilung von Zugaben, 1999

13 S. 47-51

14 S.48

15 Auch in Frankreich wurde die Anwendung des Verbots des Verkaufs unter Einstandspreis auf kostenlose Zugaben in der Rechtsprechung offenbar bereits erwogen. Nachweise bei Luber WuW 2001, 686, 688

16 Berneke WRP 2001, 615

auf ihre Vereinbarkeit mit dem sonstigen Wettbewerbsrecht zu prüfen. Dabei ist auch das Kartellrecht grundsätzlich anwendbar[17].

In diesem Zusammenhang widerspricht auch eine Anwendung des § 20 IV S2 GWB nicht unbedingt dem Willen des Gesetzgebers bei der Abschaffung der ZugabeVO. Die ZugabeVO wurde zwar ursprünglich auch aus Gründen des Mittelstandsschutzes eingeführt[18], doch zuletzt ganz überwiegend vor allem als Gesetz zum Schutz der Verbraucher vor unsachlicher Beeinflussung gesehen[19]. Insoweit greift § 20 IV S2 GWB einen Schutzgedanken auf, der bei der Abschaffung der ZugabeVO aus der Sicht des Gesetzgebers offenbar keine herausragende Rolle gespielt hat.

Auch der Anwendungsbereich des § 20 IV S2 GWB ist nicht deckungsgleich mit dem der aufgehobenen ZugabeVO, da sich § 20 IV S2 GWB nur an marktstarke Unternehmen richtet und außerdem nur dann eingreifen kann, wenn auf dem betroffenen Markt kleine und mittlere Unternehmen vorhanden sind. Die ZugabeVO stellte dagegen von vornherein in erster Linie auf das Erscheinungsbild des Angebotes ab, wollte also echte Gesamtangebote niemals erfassen[20]. Des weiteren können Zugaben auch sachlich gerechtfertigt oder nur gelegentlich im Sinne des § 20 IV S2 GWB sein. § 20 IV S2 GWB eröffnet lediglich eine kartellrechtliche Möglichkeit, Zugaben zu überprüfen, ohne die Aufhebung der ZugabeVO "durch die Hintertür" wieder rückgängig zu machen. Somit steht die Streichung der ZugabeVO einer Anwendung des § 20 IV S2 GWB auf Koppelungsangebote und kostenlose Zugaben nicht grundsätzlich entgegen.

4. Von dritter Seite subventionierte Leistungen

Der Einfachheit halber sollen zunächst Fälle untersucht werden, in denen die billige Zusatzleistung auf einem gesonderten Vertrag mit einem Dritten beruht und von Dritter Seite subventioniert wird. In diesen Fällen ist aufgrund der rechtlichen Trennung der Geschäfte die Abgabe von Leistungen unter Einstandskosten und eine Quersubventionierung am leichtesten festzustellen.

---

17 Heermann WRP 2001, 855, 858; Berneke WRP 2001, 615 f; für die Anwendung des § 20 IV S2 GWB bei Rabatten Cordes WRP 2001, 867, 876

18 siehe oben Fn 11, Meyer GRUR 2001, 98, 104 m. w. Nachw.

19 siehe z.B. Heermann WRP 2001, 855, 862 und Heermann/Ruess WRP 2001 , 883; BGH WRP 1999, 424, 428 Bonusmeilen

20 Meyer GRUR 2001, 98, 99

a. Handy-Fälle

aa. Sachverhalt

Zur Klarstellung der Fragestellung sei zunächst folgendes Beispiel einer offenen Koppelung unter Nennung der Einzelpreise aus der Rechtsprechung (BGH Handy für 1 DM) geschildert:

Der Betreiber eines Mobilfunknetzes bietet seine Dienste zu festen Tarifen an. Der Kunde kann zwischen Verträgen mit dreimonatiger, sechsmonatiger, einjähriger und zweijähriger Laufzeit wählen, die sich im Preis pro Monat nicht unterscheiden. Zur Werbung und Betreuung der Kunden hat der Netzbetreiber eine Vielzahl von Vertragspartnern (z.B. Elektromärkte oder Kaufhausketten), die Kartenverträge vermitteln und selbst auch Mobiltelefone verkaufen. Diese Geräte kosten bereits im Einkauf in der Regel deutlich über hundert DM und werden mit handelsüblichen Spannen weiterverkauft. Wenn ein Kunde jedoch einen Mobilfunkvertrag über eine feste Laufzeit von zwei Jahren abschließt, kann er ein Mobiltelefon zu einem symbolischen Preis von einer DM erwerben. Dieses günstige Angebot wird von dem Verkäufer auch in der Werbung stark herausgestellt. Finanziert wird der billige Verkauf des Mobiltelefons über die Provision, die der Netzbetreiber für den Abschluß des langfristigen Kartenvertrages gewährt. Der Verkäufer des Geräts gibt aus seiner Sicht lediglich einen Teil der Provision an den Kunden weiter.

Im vorliegenden Fall haben die Gerichte die Abgabe des Mobiltelefons für eine DM oder sogar kostenlos als nicht sittenwidrig beurteilt, da der Verbraucher heutzutage wisse, daß hier ein einheitliches Geschäft vorliege und daher nicht irregeführt werde. Auch die Koppelung der Geschäfte sei nicht rechtswidrig, da ein Sachzusammenhang bestehe und daher kein sittenwidriges Vorspannangebot[21]. Eine Zugabe liege ebenfalls nicht vor, da der Verbraucher in der Regel neben dem Mobiltelefon ohnehin einen Kartenvertrag benötige und deshalb den Abschluß des Kartenvertrages und den Erwerb des Mobiltelefons als einheitliches Geschäft auffasse. Eine relevante Irreführung könne jedoch dann vorliegen, wenn der Kunde aus der Werbeanzeige die tatsächlichen Kosten des Angebots nicht einwandfrei erkennen könne.[22]

21 Für die Koppelung eines Stromvertrages mit einem Fernseher für 1 DM gehen die Meinungen hier auseinander. Siehe OLG Köln GRUR 2001, 853 und OLG Celle GRUR 2001, 855

22 siehe auch BGH WRP 99, 90; WRP 99, 94

bb. Wirtschaftliche Bewertung

Die großzügige Beurteilung der Rechtslage durch den BGH bezieht sich nur auf die Gefahren, die von dem Angebot sei es durch Täuschung, sei es durch übertriebenes Anlocken, für die Kunden ausgehen können. Aus der Sicht des Wettbewerbs fällt allerdings auf, daß der Preis des Mobiltelefons deutlich unter dem Einstandspreis liegt und hier eine Quersubventionierung durch die Abschlußprovision aus dem Kartenvertrag stattfindet. Für den Verbraucher wird der billige Erwerb des Mobiltelefons auch nicht unbedingt dadurch entwertet, daß er zusätzlich einen Kartenvertrag abschließen muß, da ihn dieser Vertrag auch ohne den Kauf des Mobiltelefons genau dasselbe gekostet hätte. Auch wenn der Verbraucher zum Erhalt des Telefons eine (in der Regel) zweijährige Bindung beim Abschluß des Kartenvertrages hinnehmen muß, hätte er keine Möglichkeit, den Kartenvertrag günstiger zu erhalten, wenn er schon ein Mobiltelefon hätte, oder es anderweitig kaufen würde. Damit beträgt aus der Perspektive des Kunden der Preis des Mobiltelefons wirtschaftlich tatsächlich nur eine Mark. Dies liegt jedoch deutlich unter dem Einstandspreis und hat wohl auch dazu geführt, daß Mobiltelefone nur noch von Händlern vertrieben werden, die auch entsprechende Vergünstigungen in Zusammenhang mit Mobilfunkverträgen anbieten können[23].

Ob die Einheit von Kartenvertrag und Gerätekauf wirtschaftlich wirklich so zwingend ist, wie vom BGH behauptet, muß jedoch bezweifelt werden. Die Annahme des BGH, daß jeder Erwerber eines Mobiltelefons auch einen Kartenvertrag braucht, trifft nämlich nur für die Erstausstattung der Verbraucher mit Mobiltelefonen zu. Aufgrund der schnellen Verbreitung der Geräte dürfte die Anzahl der Verbraucher, die bereits ein Gerät oder einen Kartenvertrag oder beides haben und nur noch ein neues Gerät kaufen wollen bzw. nur einen neuen Kartenvertrag abschließen wollen bereits groß sein. Es besteht damit an sich durchaus ein gesonderter Markt für den Verkauf von Mobiltelefonen, der jedoch dadurch gefährdet ist, daß die potentiellen Käufer eines neuen Gerätes sich nach Ablauf ihres ersten Zweijahresvertrages einfach für weitere zwei Jahre an einen Netzbetreiber binden, um wieder ein neues Gerät "gratis" zu erhalten. Außerdem liegt die Besonderheit des Falles ja gerade darin, daß die zwei Verträge von verschiedenen Vertragspartnern abgeschlossen werden und daher eigentlich wirtschaftlich getrennt sind. Der Verkäufer selbst verkauft nur das Mobiltelefon und hat auf den Kartenvertrag, den er nur vermittelt keinerlei Einfluß.

---

23 zu diesem Befund BGH WRP 99, 90, 91

cc. Anwendbarkeit des § 20 IV S2 GWB

Da ähnliche Vertragsgestaltungen häufig vorkommen, liegt es nahe, vorliegend die Anwendbarkeit des § 20 IV S2 GWB unabhängig davon zu erwägen, ob es auf dem Markt für Mobiltelefone in Deutschland überhaupt kleine und mittlere Wettbewerber gibt. Die Anwendung des § 20 IV S2 GWB hätte nämlich zur Folge, daß beide Teile des gekoppelten Angebots zumindest über dem Einstandspreis liegen müßten, was extreme Preisverzerrungen verhindern würde und damit die Werbung mit absoluten Niedrigpreisen in Kombination mit sogenannten "Sternchenhinweisen" verhindern würde. Um wirtschaftlich dasselbe Ergebnis zu erreichen, könnte der Mobilfunknetzbetreiber den Kunden, die einen festen Vertrag über zwei Jahre abschließen, einen entsprechenden Nachlaß bei den Telefongebühren gewähren, der unter Umständen als Rabatt wettbewerbsrechtlich zu bewerten wäre, aber nach Abschaffung des Rabattgesetzes durchaus zulässigerweise möglich.[24]

Auf der anderen Seite des Koppelungsangebots mit Verkauf des Mobiltelefons unter Einstandspreis steht der Verkäufer, der mit beiden Angeboten zusammen immer noch Gewinn macht. Der Verkäufer ist zwar nur der Vermittler des Kartenvertrages und hat insoweit keinen Einfluß auf Preis und Konditionen, doch erhält er für jeden abgeschlossenen Kartenvertrag eine Provision. Während aus der Sicht der Verbraucher ein Verkauf unter Einstandspreis vorliegt, sieht der Fall aus der Sicht des Verkäufers anders aus. Zwar betreibt der Verkäufer eine klassische Mischkalkulation, doch muß er das typische Risiko der Mischkalkulation nicht fürchten. Ein Fehlschlagen des kalkulatorischen Ausgleichs ist durch die rechtliche Koppelung der Angebote zwingend ausgeschlossen. Ein finanzielles Risiko besteht daher für den Verkäufer nicht, wenn das Angebot insgesamt noch kostendeckend ist. Liegen allerdings der Preis des Mobiltelefons und die Provision für die Vermittlung des Zweijahresvertrages unter dem Einkaufspreis des Telefons, so entsteht genau das Risiko der Mischkalkulation, das § 20 IV S2 GWB den kleinen Wettbewerbern abnehmen will. Der Händler müßte hoffen, durch zukünftige, ungewisse Geschäfte mit dem Kunden Gewinn zu machen und so die entstandenen Verluste wieder auszugleichen. Dann läge ein Verkauf unter Einstandspreis vor. Vorliegend soll jedoch davon ausgegangen werden, daß für den Händler aufgrund der Provision keine Verluste entstehen.

In den Einstandspreis ist die Provision nicht einzubeziehen. Sie wird nicht vom Hersteller der Mobilfunkgeräte gewährt und hat auch keinen Bezug zur An-

24 Ein interessanter Aspekt ist allerdings, daß die Kunden hier durch eine Vergünstigung besonders lange gebunden werden sollen und so der Wettbewerb um diese Kunden verhindert wird.

schaffung der Geräte durch den Händler, da sie ausschließlich für die Vermittlung des Kartenvertrages bezahlt wird. Der Abschlußprovision fehlt damit jeder Bezug zur Anschaffung der Mobiltelefone durch den Händler, der Voraussetzung für die Berücksichtigung der Umsatzboni, Jahresrabatte etc. bei den Einstandspreisen im Lebensmittelhandel ist[25].

Auch eine Berücksichtigung der Provision bei der Berechnung des Verkaufspreises scheidet aus, da die Provision nicht vom Erwerber für den Gerätekauf gezahlt wird, sondern unabhängig davon für den Abschluß eines Kartenvertrages vom Netzbetreiber, der mit dem Geräteverkauf nichts zu tun hat. Erst durch die vom Händler vorgenommene Koppelung der Angebote für den Verbraucher entsteht eine Verbindung der beiden Geschäfte und somit aus der Sicht des Händlers ein Zusammenhang zwischen der verdienten Provision und dem Verlust aus dem Geräteverkauf.

Auch wenn der Verkaufspreis und die Provision den Einstandspreis des Verkäufers für das Gerät abdecken, liegt noch ein typisches Element des Verkaufs unter Einstandspreis vor. Es ist nämlich möglich, daß es Händler gibt, die nur auf das billig verramschte Produkt spezialisiert sind und daher die Möglichkeit zum Ausgleich durch anderweitig verdiente Provisionen nicht haben. Dies müßte zum Beispiel für einen Händler gelten, der zwar Mobiltelefone verkauft, aber keine Mobilfunkverträge vermittelt. Dieser Händler wäre durch das Koppelungsangebot in seiner Existenz bedroht wie die kleinen Schallplattenhändler im Fall Preiskampf[26].

Fraglich ist dabei nur, ob der Zwang zur Abnahme der normal kalkulierten Leistung eine sachliche Rechtfertigung für dieses Geschäftsgebaren abgeben kann. Schließlich handelt der Kaufmann, der den Telefonverkauf aus der Provision subventioniert nicht wirtschaftlich unvernünftig. Andererseits handeln auch die Supermärkte mit ihren Sonderangeboten nicht von vornherein unvernünftig, da ihre Hoffnung auf einen kalkulatorischen Ausgleich in der Regel aufgeht. Eine Einbeziehung der Provision in die Bewertung des Telefonverkaufs ist also nicht zwingend, sondern eine Wertungsentscheidung. Dafür spricht zunächst, daß die Kunden nicht nur die billige Leistung beziehen können, sondern im Rahmen eines Gesamtangebots auch die andere, normal kalkulierte Leistung miterwerben müssen, was die wettbewerbliche Wirkung des Verkaufs unter Einstandspreis zumindest zum Teil entschärfen könnte.

---

25 Auch im Bilanzrecht mindern Zuschüsse an den Käufer, die als Entgelt für eine anderweitige Leistung gewährt werden nicht die Anschaffungskosten der Ware: Pankow/Schmidt-Wendt in Beck'scher Bilanzkommentar § 255 Rn 119

26 BGH GRUR 90, 371

Daß die Marktwirkungen in solchen Fällen dennoch ganz erheblich sein können liegt an den häufig auftretenden "Mitnahmeeffekten" bei Kunden, die die normal kalkulierte Leistung ohnehin brauchen. Auch dafür gibt es Beispiele aus der Rechtsprechung zu § 1 UWG[27]:

Die Gewerkschaft HBV hatte mit einer Rechtsschutzversicherung einen Gruppenvertrag abgeschlossen, nach dem alle Gewerkschaftsmitglieder automatisch versichert waren. Die Kosten der Versicherung waren durch den nicht unerheblichen Gewerkschaftsbeitrag abgedeckt. Wer Gewerkschaftsmitglied war oder wurde, bekam also eine Rechtsschutzversicherung "gratis" dazu, ohne natürlich gezwungen zu sein, die Versicherung tatsächlich in Anspruch zu nehmen, oder auf eine andere Versicherung zu verzichten.

Der BGH beurteilte den Abschluß dieses Gruppenvertrages durch die HBV als sittenwidrig nach § 1 UWG. Aufgrund der Bedeutung der HBV müsse ein Arbeitnehmer seine Entscheidung über einen Beitritt nach sozial- und arbeitspolitischen Erwägungen treffen. Die Rechtsschutzversicherung spiele bei der Beitrittsentscheidung in der Regel keine Rolle. Habe der Arbeitnehmer bereits eine anderweitige Rechtsschutzversicherung, so werde er diese kündigen, um eine Doppelversicherung zu vermeiden. Habe der Arbeitnehmer noch keine andere Rechtsschutzversicherung, so komme er nun als Kunde für andere Versicherungen nicht mehr in Frage. Dadurch trete auch im Wettbewerb um Neuabschlüsse eine Marktverstopfung ein, die andere Versicherungsgesellschaften nicht tolerieren müßten[28].

Auch wenn der Fall seine besondere Prägung durch die sozialpolitische Funktion der Gewerkschaft erhält, so ist er doch ein Beispiel, wie eine kostenlose Zugabe, die im Kampf um Mitglieder mit den anderen Gewerkschaften (z.B. DAG) eingesetzt wird, um die Attraktivität zu steigern, gleichzeitig schädliche Auswirkungen auf Drittmärkten hervorrufen kann. Trotz des erheblichen Mitgliedsbeitrages von 1% des Arbeitseinkommens für die eigentliche "Leistung" der Gewerkschaftszugehörigkeit, waren diese Störungen, die auf dem Markt für Versicherungen durch das kostenlose Zusatzangebot verursacht wurden, aus der Sicht des BGH bedenklich.

Die wirtschaftliche Betrachtung läßt sich, bei aller gebotenen Vorsicht, auf die Handy-Fälle übertragen. Auch hier wird im Kampf auf dem Markt für langfristige Kartenverträge eine kostenlose Zusatzleistung als Werbemittel eingesetzt. Behinderungen auf dem Markt für Mobilfunkgeräte sind dabei ohne weiteres denkbar, wenn die Kunden diese bei Abschluß eines Kartenvertrages, den sie ohnehin benötigen, kostenlos bekommen. Die Kunden, die einen neuen Kartenver-

---

27 BGH GRUR 1990, 522 HBV Familien- und Wohnungsrechtsschutz

28 BGH a.a.O. 526 f

trag abschließen, scheiden als Gerätekunden nämlich von vornherein aus. Aus diesem Grund erscheint es vertretbar und wettbewerbsrechtlich nicht unvernünftig, Händler, die extrem billige Angebote machen, die sie durch Koppelung mit anderen Geschäften refinanzieren, beim Wort zu nehmen, wenn das teurere Produkt auch ohne das billige zum gleichen Preis erhältlich ist, und zu verlangen, daß der Einzelpreis für das verkaufte Gerät zumindest die Einstandskosten deckt, wenn die Voraussetzungen des § 20 IV S2 GWB im übrigen vorliegen.

b. Die Finanzierung im Kfz-Handel

aa. Falldarstellung

Aus den Überlegungen zu den Handy-Fällen ergibt sich, daß die entscheidende Frage bei der Anwendung des § 20 IV S2 GWB ist, ob ein einheitliches Geschäft zu einem einheitlichen Preis vorliegt, oder zwei getrennte Geschäfte mit zwei gesondert zu bewertenden Preisen. Für das über die Provision refinanzierte Mobiltelefon wurde aus wettbewerblichen Überlegungen eine Einheit beider Verträge verneint. Dabei ist aber noch nicht ganz klar, ob es hier auf die Sicht der Verbraucher, oder auf die Sicht der Wettbewerber ankommt. Da unzählige Fallvarianten denkbar sind, sollen nun weitere Beispiele untersucht werden, um zu dabei die Abgrenzungskriterien zu finden.

Zur Illustration sei hier ein weiterer Fall aus der aktuelleren Rechtsprechung geschildert, in dem zwei Leistungen verschiedener Anbieter zum einen einheitlichen Angebot gekoppelt wurden[29]:

Zur Förderung des Absatzes ihrer Kfz bieten die Autohersteller über ihre Vertragshändler extrem zinsgünstige Darlehen an. Diese werden häufig von einer rechtlich selbständigen Bank gewährt, die ein Tochterunternehmen des Autokonzerns ist. Die Darlehen sind an den Erwerb eines Neuwagens gebunden und werden zu Konditionen angeboten, die auf dem freien Markt nicht erhältlich wären. Häufig sind die Kredite sogar verlustbringend und werden erst durch einen Zuschuß des Autoherstellers an die Bank ermöglicht. Es liegt also eine Viereckbeziehung vor: Der Kunde schließt mit dem Vertragshändler einen Kaufvertrag, und mit der Bank einen Kreditvertrag. Der an beiden Verträgen unbeteiligte Hersteller gewährt nun der Bank einen Zuschuß, der es ermöglicht, den Kredit weit unter den tatsächlichen Kosten anzubieten. Der Hersteller handelt dabei in der Hoffnung, seinen Absatz an die Händler steigern zu können.

---

29 dazu m. w. Nachw. Zimmer, Die Werbung mit oder Gewährung von Niedrigzinssätzen beim B-Geschäft, ZHT 1993, 400 ff

Auch hier ist der Zuschuß des Herstellers nicht Teil des Einstandspreises für den Kredit, da er nichts mit der Beschaffung der Kreditmittel zu tun hat. Dem „Verkaufspreis“ für den Kredit ist der Zuschuß ebenfalls nicht zuzurechnen, da er nicht vom Kreditnehmer kommt. Vielmehr ist sogar davon auszugehen, daß der beim Hersteller anfallende Verlust bei der Kreditvergabe der Bank zuzurechnen ist, da Hersteller und Bank im Wettbewerb eine wirtschaftliche Einheit bilden. Damit vergibt letztlich der Hersteller über sein Tochterunternehmen Konsumentenkredite zu Verlustpreisen.

Bei der wettbewerbsrechtlichen Beurteilung der Kredite spielten vor allem die Frage der Preisverschleierung und des Zugaberechts eine Rolle. Kartellrechtliche Erwägungen wurden zu den genannten Fallkonstellationen bisher soweit ersichtlich nicht angestellt.

bb. Bewertung nach § 20 IV S2 GWB

Die verbilligte Kfz-Finanzierung unterscheidet sich von den Handy-Fällen darin, daß aus der Sicht des Verbrauchers eindeutig ein einheitliches Geschäft vorliegt.[30] Für ihn geht es letztlich nur um die Modalitäten der Bezahlung des PKW. Die Anwendbarkeit der ZugabeVO ist in diesen Fällen daher stark umstritten. Wohl überwiegend wurde keine Zugabe angenommen, da aus der Sicht der Verbraucher ein einheitliches Geschäft vorliege.[31] Eine Untersagung nach der ZugabeVO kam vor allem dann in Betracht, wenn die Finanzierung als eigenständige (subventionierte) Leistung herausgestellt wurde.[32]

Rein rechtlich sind die Geschäfte getrennt. Nicht einmal die Vertragspartner sind identisch. Darüber hinaus gibt es einen eigenständigen Markt für Konsumentenkredite. Der Verbraucher könnte sich also auch am freien Markt eine Kredit verschaffen, was er angesichts des Verlustpreisangebots der Konzernbank des Autoherstellers natürlich unterlassen wird. Einerseits wird hier also aus der Sicht der Wettbewerber auf dem Kreditmarkt ein eigenständiges Produkt unter Kosten abgegeben. Andererseits erscheint es nicht denkbar, daß ein Verbraucher einfach ein Auto kauft, um an den Kredit heranzukommen, oder den Kredit "mitnimmt", obwohl er den PKW sofort zahlen könnte. Eine Marktstörung auf dem Sektor der Verbraucherkredite ist also prima facie nur insoweit zu befürchten, als es um Kredite gerade für den Autokauf geht.

---

30 BGH Zinssubvention BB 1993, 90, 92

31 z.B. Weber Günstige Finanzierungsangebote – Unzulässige Rabatte oder Zugaben? WRP 1991, 205, 209

32 siehe Tilmann Finanzierungshilfen an Letztverbraucher in wettbewerbsrechtlicher Sicht WRP 1992, 215, 221

Es ist jedoch möglich, daß ein Kunde, der mehrere große Ausgaben tätigen muß, aber nicht alle sofort finanzieren kann, sich dafür entscheidet, den Kredit beim Autokauf in Anspruch zu nehmen und so eine anderweitige Kreditaufnahme zu vermeiden. Dadurch könnten den Banken durchaus Geschäfte entgehen, ohne daß sie sich mit Mitteln des Leistungswettbewerbs dagegen wehren können. Würde der Autohersteller lediglich den Preis seiner Produkte senken und die Finanzierung kostendeckend anbieten, oder dem Markt überlassen, so wären Störungen auf dem Markt für Verbraucherkredite durch scharfen Wettbewerb auf dem Kfz-Markt ausgeschlossen.[33] Damit können aus der Sicht der Wettbewerber auf dem Kreditmarkt doch ähnliche Störungen auftreten, wie in den Handy-Fällen. Somit ist es auch hier angebracht, die Kfz-Hersteller und ihre Finanzierungsbanken beim Wort zu nehmen und das rechtlich selbständige Kreditgeschäft zu dem gesondert angegebenen Preis zu bewerten.

5. Gesamtangebote aus einer Hand

a. Unbedenkliche Fälle

Fraglich ist, ob zwei gekoppelte Geschäfte auch dann zu trennen sind, wenn ein Händler zwei Leistungen verbindet, die er beide selbst herstellt oder anbietet. Nahezu beliebige Leistungen lassen sich aus einer Hand vertreiben und zu Gesamtangeboten zusammenspannen. Dabei werden allerdings häufig Gesamtangebote entstehen, die wettbewerblich völlig unbedenklich sind. Dazu wieder ein Beispiel[34]:

In Sportgeschäften werden Ski und Skibindungen in der Regel einzeln verkauft. Um ein funktionsfähiges Paar Ski zu erhalten muß bei jedem Verkauf von Ski oder Bindungen neben einer an die Schuhgröße des Kunden angepaßten Montage der Bindung auch noch eine individuelle Einstellung der Sicherheitsbindung für den Kunden erfolgen. Diese Montage wird als eigenständige Dienstleistung in aller Regel gesondert berechnet und auch unabhängig vom Kauf eines Paar Ski oder einer Bindung durchgeführt. Viele Sportgeschäfte bieten nun spezielle Kombinationsangebote aus Ski und Bindung, zu einem "Setpreis" an, der unter Umständen bereits günstiger ist, als die Summe der Einzelpreise von Ski

33 Außerdem liegt in den billigen Krediten auch ein gewisser Rabatt für die Kunden, die ihren Neuwagen nicht sofort bezahlen können. Diese geldwerte Vergünstigung bleibt den solventen Kunden vorenthalten.

34 nach BGH GRUR 1998, 500 Skibindungsmontage

und Bindung. Dabei sind Montage und Einstellung der Bindung häufig im Setpreis inbegriffen.

Der BGH sah hier keine unzulässige Zugabe oder Wertreklame, da es sich um ein einheitliches Geschäft handele, wobei die kostenlose Montage Ausdruck eines erwünschten Leistungswettbewerbs sei[35]. Für diese Dienstleistung entstehen jedoch gesonderte variable Kosten, da hier oft stundenweise bezahlte Aushilfen tätig werden, deren Arbeitskosten an sich vermeidbar wären. Somit ist die Anwendung des § 20 IV S2 GWB grundsätzlich denkbar. Da die Einzelpreise der Sportgeräte im Geschäft oft ausgewiesen sind, kann der Kunde leicht errechnen, wieviel er durch das Gesamtangebot „spart“, bzw. welche Teilleistung er ohne Aufpreis und damit "kostenlos" erhält. Wirtschaftlich unterscheidet sich der Fall nicht von dem Fall der Kombination zweier gesondert ausgewiesener Einzelpreise. Der "Gesamtpreis" steht der Überprüfung des Geschäfts anhand des § 20 IV S2 GWB also nicht entgegen.

Einerseits braucht zwar der Kunde, der neue Ski kauft, immer eine Montage, andererseits gibt es aber für eine gesonderte Montage von anderweitig gekauften Ski keinen Markt, der hier gestört werden könnte. Ein Neukauf von Ski ist nicht aufgrund der kostenlosen Montage eine wirtschaftliche Alternative zur Neuanpassung vorhandener Ski (das ist der Unterschied zu den kostenlosen Mobiltelefonen bei Verlängerung des Netzvertrages). Der Markt für den Verkauf der Geräte wird im Sinne des § 20 IV S2 GWB erst betroffen, wenn der Einstandspreis der Sportgeräte zusammen mit den variablen Montagekosten über dem "Setpreis" liegt. Hier geht es also um eine Steigerung der Leistung auf dem Markt für neue Ski, die dem Gedanken des Leistungswettbewerbs entspricht und sich nicht negativ auf Drittmärkten auswirkt, weil es für die Montage von neuen Skibindungen keinen Markt in diesem Sinne gibt. Alle betroffenen Wettbewerber können auf das attraktive Angebot des Händlers mit einer Steigerung der eigenen Leistung reagieren. Somit ist hier kein Raum für eine Anwendung des § 20 IV S2 GWB.

Dieser Befund trifft auch für alle anderen Leistungen zu, die zwar wirtschaftlich durchaus selbständig sind, aber aus demselben Markt stammen. Werden Leistungen gekoppelt, die alle Konkurrenten ebenfalls zugleich im Sortiment haben, so können die Konkurrenten ähnliche Koppelungen anbieten. Damit werden die Gefahren, die von kostenlosen Zugaben auf Drittmärkten ausgehen jedoch entschärft. Der Bereich des Leistungswettbewerbs im Sinne von § 20 IV S2 GWB wird dabei solange nicht verlassen, wie das gekoppelte Angebot insgesamt noch nicht verlustbringend ist. Dasselbe gilt natürlich auch für Angebote, bei denen es nur darum geht, mehr vom gleichen anzubieten (" 4 zum Preis von 3" oder " Kau-

35 GRUR 1998, 500, 502

fen sie 3, erhalten sie 1 gratis" etc.). Auch hier ist aus der Sicht des Verbrauchers, wie des Wettbewerbers nur das neue Gesamtangebot relevant.

b. Verbindung wirtschaftlich selbständiger Leistungen

aa. Gefahr der Überreglementierung

Es bleiben nun die Fälle zu untersuchen, in denen ein Händler zwar alle gekoppelten Leistungen selbst erbringt, es für diese Leistungen aber eigene Märkte gibt. Ein Kfz-Händler könnte z.B. den zinsgünstigen Zahlungsaufschub auch selbst gewähren, was aus der Sicht des Verbrauchers genau dasselbe wäre, wie ein Kredit durch die "Hausbank" des Herstellers. Wäre der Händler dann aber wirklich verpflichtet, beide Teile seines Gesamtangebots kostendeckend zu kalkulieren? Schließlich ist er in diesem Fall wirtschaftlich Herr beider Verträge und kann die Angebote innerhalb seines eigenen Geschäftsbetriebes zu einem einheitlichen Angebot verbinden.

Wird eine rechtlich selbständige Bank tätig, so ist es ohne weiteres möglich, dieser die verlustbringenden Kredite zu untersagen. Verzichtet jedoch der Händler selbst auf sofortige Bezahlung, so ist es schwierig, das Kreditgeschäft im einheitlichen Kaufvertrag isoliert zu bewerten, wenn der Händler insgesamt noch Gewinn macht. Andererseits sind die Auswirkungen zumindest auf dem Markt für Verbraucherkredite genau dieselben wie bei der Einschaltung einer Konzernbank. Im Gegensatz zu den konkurrierenden Autohändlern haben die von dem Zahlungsaufschub ebenfalls betroffenen Banken auch hier keine Möglichkeit, sich im Wettbewerb zu wehren. Hier erscheint also einerseits die Anwendung des § 20 IV S2 GWB denkbar, doch ist andererseits die Gefahr einer vom Gesetzgeber nicht gewollten Überreglementierung der Wirtschaft offensichtlich.

Kann ein Händler wirklich gezwungen werden, bei jedem Gesamtangebot von Leistungen, für die es auch einen gesonderten Markt gibt, darauf zu achten, daß nicht ein Teil des Angebots aus der Sicht der Verbraucher als "Zugabe" erscheint, weil eine der Einzelleistungen gesondert gar nicht günstiger zu haben ist, als das Gesamtangebot und daher die andere Leistung aus der Sicht des Verbrauchers de facto keinen Aufpreis kostet?

Ein drastisches Beispiel wären das Werkzeug oder der Verbandskasten, die den meisten Neuwagen ohne Aufpreis beigefügt sind. Ein Autokäufer hat in der Regel nicht die Möglichkeit darauf gegen einen Abschlag vom Neuwagenpreis zu verzichten, obwohl diese Zusatzleistungen auch gesondert angeboten werden. Daher bekommt der Autokäufer das Werkzeug und den Verbandkasten aus seiner Sicht kostenlos dazu, da der Neuwagen "ohne" gar nicht zu haben ist. Dennoch kann der Autohändler nicht gezwungen werden, seine Angebote so zu gestalten, daß das Auto, das Werkzeug und der Verbandskasten auch einzeln zu haben sind und alles zusammen nur zu einem Gesamtpreis, der die jeweiligen Einstandspreise berücksichtigt. Schließlich hat der Händler an dem getrennten Verkauf in der Regel gar kein Interesse, weil ihm dadurch zusätzliche Kosten in der Logistik entstehen.

In letzter Konsequenz wäre sogar das neue Auto selbst ein Gesamtangebot, weil alle Teile auch einzeln am Markt erhältlich sind. Es ist allerdings völlig unstreitig daß das Gesamtprodukt im Handel erheblich weniger kosten darf, als die Summe der Ersatzteile. Niemand käme auf die Idee, zu behaupten, daß derjenige, der anstelle der Summe aller benötigten Ersatzteile ein fertiges Auto kauft und dabei noch spart, die Montage "gratis dazu " bekäme.

bb. Differenzierung aus der Sicht der Verbraucher

Bei Gesamtangeboten aus einer Hand ist daher bei einer Kontrolle der Preise größte Vorsicht geboten. Es erscheint allerdings vertretbar, den Händler, der den besonders günstigen Preis der Zusatzleistung gesondert bewirbt, beim Wort zu nehmen. Wer in der Werbung z.B. einen Zahlungsaufschub anbietet und dabei einen Zinssatz herausstellt, soll zeigen, daß dieser Zinssatz kein quersubventioniertes Verlustgeschäft ist. Der Autohändler, der sich durch die Werbung mit besonders günstigen Zinsen ganz bewußt in Wettbewerb mit den Banken setzt, müßte sich dann daran messen lassen.[36]

Bei Gesamtangeboten ohne Herausstellung extrem günstiger Einzelpreise erscheint ausnahmsweise eine Differenzierung aus der Sicht des Verbrauchers angebracht. Was eine sinnvolle Angebotskombination ist, sollte einheitlich kalkuliert werden dürfen, ohne daß das Gesamtangebot so teuer sein muß, wie die Summe der Einzelteile. Ein Teeservice aus Porzellan ist auch dann ein einheitliches Angebot, wenn es z.B. für Teekannen, die nicht aus dem einheitlichen Porzellanservice stammen müssen, sondern auch aus Zinn oder Silber sein können, einen gesonderten Markt gibt. Dasselbe gilt z.B. auch für das Angebot eines Computers mit Drucker und Monitor.[37] Bei Gesamtangeboten dieser Art werden zwar selbständige Leistungen verbunden, doch liegt aus der Sicht des Verbrauchers ein einheitliches Produkt vor. Die rechtlich großzügige Bewertung wird hier nicht zuletzt dadurch erleichtert, daß die Konkurrenten in aller Regel mit entsprechenden Gesamtangeboten reagieren können, solange das Gesamtangebot

36 so auch für das Zugeberecht Tilmann WRP 1991, 215, 221
37 siehe Nees/Sauberschwarz WRP 93, 369, 370

noch nicht unter Einstandspreis kalkuliert ist. Hier wäre es völlig unangebracht, die Kalkulation des Händlers künstlich aufzuspalten.

Wo es in der Sache darum geht, durch das Verschenken oder Verramschen von Zugaben die Attraktivität der eigentlichen Ware zu fördern, sollte § 20 IV S2 GWB Anwendung finden können. Dies müßte z.B. gelten, wenn ein Kaffeeröster ein Tierbuch und ein Pfund Kaffee zu einem Gesamtangebot zusammenspannt. Wenn die Differenz zwischen dem Gesamtpreis und dem Einzelpreis für den Kaffee die Einstandskosten des Tierbuchs nicht deckt, wäre dann § 20 IV S2 GWB anwendbar[38]. Dabei müssen natürlich die übrigen Voraussetzungen wie systematisches Vorgehen und die Behinderung kleiner und mittlerer Wettbewerber jeweils gesondert geprüft werden.

Zu dieser letzten Fallgruppe bleibt jedoch anzumerken, daß sie in der Praxis keine große Rolle spielen dürfte, da das Koppeln von Leistungen, zwischen denen kein sinnvoller Zusammenhang besteht, in der Regel ohnehin gegen § 1 UWG verstößt[39].

c. Bestimmung der Einzelpreise in Gesamtangeboten

Zuletzt bleibt das Problem der Berechnung der Einzelpreise innerhalb eines Gesamtangebots, das solche Preise gerade nicht gesondert ausweist. In den einfachen Fällen typischer Vorspannangebote wird nur die Hauptware auch gesondert zu einem etwas günstigeren Preis angeboten. Dann ergibt sich der Preis der Vorspannware unproblematisch aus der Differenz zwischen dem Preis der Hauptware und dem Preis des Gesamtangebots. Wenn die Waren jedoch nicht einzeln angeboten werden, sondern nur zusammen, dann ist der Preis der einzelnen Waren nicht mehr zu bestimmen. Dasselbe gilt, wenn beide Einzelprodukte gesondert zu Preisen angeboten werden, die in der Summe aber den Gesamtpreis übersteigen. Zu dieser Schlußfolgerung gelangt auch Mann, der die Abgabe von preisgebundener Verlagsware innerhalb von Gesamtangeboten untersucht hat[40]. Ein Beispiel aus der Rechtsprechung erläutert das Dilemma[41]:

Ein Elektronikmarkt in Düsseldorf bot ein Fernsehgerät für 1599 DM an und einen Videorecorder für 1099 DM . Beide Geräte zusammen kosteten 2099 DM.

---

38 In BGH GRUR 1979, 55 Tierbuch war das Angebot allerdings nicht gekoppelt und außerdem das Tierbuch kostendeckend kalkuliert.

39 B/H § 1 UWG Rn 135; BGH GRUR 1976, 637 Rustikale Brettchen; zuletzt OLG Köln GRUR 2001, 853 gegen OLG Celle GRUR 2001, 855

40 Mann WRP 97, 1139, 1142; dazu auch Heermann WRP 2001, 855, 857

41 OLG Düsseldorf nicht veröffentlicht, zitiert nach Nees/Sauberschwarz WRP 93, 369, 371

Die Vergünstigung bei Inanspruchnahme des Gesamtangebots betrug somit 599 DM.

Hier ließe sich auf den ersten Blick sagen, daß die Käufer eines Fernsehgerätes für 1599 DM einen Videorecorder für 500 DM dazubekommen. Ebensogut könnte man aber annehmen, daß die Käufer des Videorecorders für 1099 DM zum Preis von 1000 DM einen Fernseher bekommen. Im einen Fall wäre der Videorecorder besonders billig, im anderen das Fernsehgerät. Beide Lösungen erscheinen jedoch willkürlich, da sie nicht der Rechnungsweise des Händlers entsprechen, der nur darauf achtet, mit dem Gesamtangebot noch Gewinn zu machen. Daher sollte man in Fällen, in denen sich Einzelpreise nicht zweifelsfrei bestimmen lassen, von einer Anwendung des § 20 IV S2 GWB absehen. Zwar sind damit auch gewisse Umgehungsmöglichkeiten für die Anwendung des § 20 IV S2 GWB auf Kopplungsangebote gegeben, doch sollte man dies im Interesse des freien Wettbewerbs in Kauf nehmen.

6. Ergebnis

Eine Anwendung des § 20 IV S2 GWB auf gekoppelte Angebote erscheint nicht absolut ausgeschlossen. Um eine sinnlose Überregulierung zu vermeiden muß dabei sehr vorsichtig vorgegangen werden. Vor allem Angebote bei denen der Preis für eine Teilleistung als besonders günstig herausgestellt wird kommen für eine Preiskontrolle in Frage. Auch Angebote, die aus einer willkürlichen Koppelung von Hauptware und typischer Vorspannware zu einem besonders günstigen Gesamtpreis bestehen, ließen sich unter Umständen nach § 20 IV S2 GWB kontrollieren. Insgesamt dürfte die praktische Relevanz dieser Kontrolle jedoch gering sein, da in den meisten Fällen bereits § 1 UWG eingreift.

10. Kapitel: Die Gratisverteilung von Presseerzeugnissen im Lichte des § 20 IV S2 GWB

1. Einführung

Eine weitere Fallgruppe in Rechtsprechung und Literatur, in der die Frage der Abgabe von Waren unter Gestehungspreis diskutiert wurde, ist die kostenlose Verteilung von Presseerzeugnissen. Hier spielte zwar die Ermittlung der tatsächlichen Herstellungskosten nie eine Rolle, doch ist es evident, daß das kostenlose Verteilen "unter Einstandspreis" erfolgt.

Die Rechtsprechung hat sich im Bereich der Presse auf § 1 UWG konzentriert und dazu Kategorien gebildet, die den Besonderheiten des Zeitungsmarktes gerecht werden sollen. Der Bereich der Presse ist nämlich durch den nach Art. 5 GG gebotenen Schutz der Pressefreiheit stark verfassungsrechtlich geprägt[1]. Die Wertentscheidungen des Grundgesetzes sind hier mit besonderer Sorgfalt in das Wettbewerbsrecht einzubeziehen. Die Rechtsprechung unterscheidet daher in der Sache zwischen Anzeigenblättern ohne relevanten redaktionellen Teil, meinungsbildenden Zeitungen und reinen Fachzeitschriften.[2]

Ein weiteres Problem auf dem Zeitungsmarkt ist der Umstand, daß der Herausgeber einer Zeitung nicht nur auf dem Lesermarkt aktiv wird, sondern zugleich immer auch auf dem Inserentenmarkt[3]. Heutzutage wird praktisch keine Zeitung ausschließlich über den Verkaufspreis finanziert. Die Einnahmen aus dem Anzeigengeschäft spielen in den Berechnungen der Verlage immer eine große, wenn nicht sogar die überragende Rolle. Dieser Umstand ist im Rahmen der Preiskontrolle ebenfalls zu berücksichtigen[4].

2. Anzeigenblätter

Eine erste in der Rechtsprechung gebildete Kategorie sind die reinen Anzeigenblätter und die Anzeigenblätter mit begrenztem redaktionellen Teil. Dies sind Zeitungen, die ganz überwiegend, wenn nicht ausschließlich aus Inseraten beste-

---

1 Gesellenstetter, GRUR 2001 707, 708
2 Teplitzky, GRUR 1999, 108, 109; die andere Einteilung von Hefermehl in B/H § 1 Rn 859 ff führt in der Sache zu denselben Resultaten.
3 Siehe z.B. Gloy GRUR 1996, 585
4 Schmid WRP 2000, 991, 994

hen. Ihr entscheidendes Merkmal ist, daß sie aufgrund ihres beschränkten Inhalts eine "normale" Zeitung nicht ersetzen können[5]. Diese Blätter werden kostenlos verteilt und ausschließlich über Inserate finanziert.

Da insoweit keine Konkurrenz zu den nach Art. 5 GG geschützten meinungsbildenden Presseerzeugnissen besteht, ist das kostenlose Verteilen von Anzeigenblättern aus der Sicht des BGH nicht per se nach § 1 UWG unlauter[6]. Eine Störung des Pressemarktes kann gar nicht auftreten, weil die Anzeigenblätter aus der Sicht der Leser keine brauchbare Informationsquelle darstellen, da ihnen der redaktionelle Teil fehlt. Das Anzeigenblatt wird nur auf dem Inserentenmarkt aktiv. Die Leistung eines Anzeigenblattes besteht aus der Sicht des Verkehrs ausschließlich darin, Anzeigen abzudrucken und mit einer bestimmten Auflage zu verbreiten. Diese Leistung wird von den Inserenten kostendeckend bezahlt.

Zwar kann die Information aus Werbeanzeigen auch für die Leserschaft interessant sein, doch sollte die Wertung der Rechtsprechung zu § 1 UWG auch für § 20 IV S2 GWB übernommen werden. Dem Leser gegenüber wird gar keine "Leistung" im Sinne des § 20 IV S2 GWB erbracht. Solange das Anzeigenblatt keinen relevanten redaktionellen Teil enthält, ist die Verteilung die bereits bezahlte Vertragserfüllung gegenüber den Inserenten und sonst nichts.

3. Kostenlose Tageszeitungen

Besonders streng ist die Rechtsprechung bei der Beurteilung von kostenlosen Tageszeitungen mit redaktionellem Teil. Da solche Blätter der meinungsbildenden Tagespresse Konkurrenz machen, die durch Art. 5 GG besonders geschützt ist[7], hält der BGH die kostenlose Verteilung von Tageszeitungen grundsätzlich für sittenwidrig.[8] Der Bereich der Presse sei in seiner Unabhängigkeit streng zu schützen. Daher sei es nach § 1 UWG sittenwidrig, den Bestand der traditionellen Tageszeitungen durch Billigkonkurrenz zu gefährden.[9]

Eine Ausnahme besteht lediglich für das Verteilen von Tageszeitungen zu Erprobungszwecken. Hier gestattet die Rechtsprechung eine Umsonstlieferung für

5 BGH GRUR 1985, 881, 882 Bliestal-Spiegel mit Anm. Hefermehl

6 BGH GRUR 1985, 882

7 dagegen kritisch Mann WRP 1999, 740, 742

8 BGH GRUR 1996, 778, 780 Stumme Verkäufer; kritisch dazu Köhler WRP 1998, 455 ff

9 so streng faßt das Urteil zumindest Brandner GRUR 1996, 531, 532 f auf; zustimmend Ahrens WRP 1999, 123, 126; ablehnend Mann WRP 1999, 740, 743

den Zeitraum von höchstens zwei Wochen[10], um dem Leser die Möglichkeit zu geben, eine neue Zeitung kennenzulernen. Diese Rechtfertigung der Umsonstlieferung durch den Erprobungszweck setzt jedoch die grundsätzliche Unzulässigkeit der Umsonstlieferung logisch voraus. Im übrigen handelt es sich insoweit um eine gewöhnliche Werbemaßnahme auf dem Lesermarkt,[11] die nach den einschlägigen Grundsätzen zur Marktstörung und Behinderung zu bewerten ist, die bereits oben bei § 1 UWG dargestellt wurden. Da diese Fälle weiter keine grundsätzlichen Fragen aufwerfen, sind sie hier nicht von Interesse[12].

Die strenge Bewertung der kostenlosen Tageszeitungen in der Rechtsprechung hat ihren Grund wesentlich in der besonderen, verfassungsrechtlich geschützten Rolle der meinungsbildenden Presse in der Gesellschaft, die auf dem publizistischen Herausgabezweck der Verbreitung von Meinung und Information beruht[13]. Die nur durch Anzeigen finanzierten Blätter könnten die traditionelle Tagespresse nicht ersetzen, da nur die bewußte Kaufentscheidung des Lesers die Qualität und Unabhängigkeit der Presse durch Orientierung an den Interessen des Publikums sichern könne.[14] Detaillierte wirtschaftliche Erwägungen, die im Rahmen des § 20 IV S2 GWB verwertbar wären, hat die Rechtsprechung insoweit nicht angestellt.

Es ist nicht Aufgabe des Kartellrechts, die Meinungsfreiheit zu schützen, auch wenn sie bei seiner Anwendung immer beachtet werden muß[15]. Hier könnte daher nur die Möglichkeit einer Untersagung im Einzelfall nach § 20 IV S2 GWB für einen Bereich diskutiert werden, in dem ohnehin ein grundsätzliches Verbot nach § 1 UWG gilt. Dies wäre praktisch wenig relevant. Daher soll nun gleich die letzte Fallgruppe im Bereich der kostenlosen Verteilung von Presseerzeugnissen untersucht werden, bei der ohnehin dieselben wirtschaftlichen Erwägungen angestellt werden müssen, wie sie auch für die Tagespresse gelten würden.

4. Kostenlose Fachzeitschriften

Die letzte Kategorie, die die Rechtsprechung gesondert behandelt, ist der Markt für Fachzeitschriften. Hier ist die Herausgabe einer kostenlosen, ausschließlich

---

10 Wettbewerbsregeln des Bundesverbandes Deutscher Zeitungsverleger zitiert bei Ikas WRP 1997, 392

11 Ikas, WRP 1997, 392

12 siehe dazu Gesellenstetter GRUR 2001, 707, 708

13 BVerfGE 80, 124, 134 f

14 Teplitzky GRUR 1999, 111; grundsätzlich ablehnend Köhler WRP 1998, 455, 460

15 BVerfGE 7, 198 ff Lüth, dazu Pieroth/Schlink Grundrechte Rn 181 f und Bethge in Sachs Grundgesetz Art. 5 Rn 30a ff

über Anzeigen finanzierten Fachzeitschrift nicht von vornherein unzulässig, sondern im Einzelfall unter Berücksichtigung der widerstreitenden Interessen der Beteiligten zu bewerten. Zwar hatte der BGH in Feld und Wald II[16] die kostenlose Verbreitung noch mit dem unzulässigen ständigen Verschenken von Originalware gleichgesetzt, doch hat er diese Ansicht in der Entscheidung Bäckerfachzeitschrift ausdrücklich wieder aufgegeben[17]. Danach kommt es darauf an, ob im Einzelfall besondere Umstände vorliegen, die die kostenlose Verteilung der Fachzeitschrift unlauter erscheinen lassen. Ist dies nicht der Fall, so ist allgemein gegen eine kostenlose Fachzeitschrift nichts einzuwenden. Besondere unlautere Begleitumstände können dabei der gezielte Vernichtungswettbewerb sein, oder die Verstopfung des Marktes, wenn in der Branche für eine weitere Fachzeitschrift kein Platz mehr ist[18]. Diese Argumentation entspricht der Rechtsprechung zur Marktstörung durch kostenloses Verteilen von Warenproben und Originalware zur Erprobung, die vom BGH in Bäckerfachzeitschrift auch zitiert wird. Daher taucht die kostenlose Verteilung von Fachzeitschriften auch regelmäßig in Untersuchungen zur marktbezogenen Unlauterkeit und zur Vorfeldthese auf[19].

Die Bewertung nach § 20 IV S2 GWB wird im Vergleich zu den Anzeigenblättern dadurch erschwert, daß eine echte Leistung an die Leser erbracht wird. Eine Fachzeitschrift mit relevanten Brancheninformationen ist eine Leistung, für die die Leserschaft in der Regel durchaus ein Entgelt bezahlen würde. Daher wird mit der Verteilung unzweifelhaft eine kostenlose Leistung an die Leser erbracht und nicht nur eine entgeltliche Leistung an die Anzeigenkunden.

Fraglich ist allerdings, ob diese Leistung unter Einstandspreis erbracht wird. Zum Einstandspreis gehören nach der hier vertretenen Ansicht nur die eindeutig variablen Kosten. Dazu zählen die Kosten der Redaktion in aller Regel nicht. Die Druckkosten und die Kosten der Versendung werden aber ebenso gesondert und der einzelnen Auflage eindeutig zurechenbar anfallen, wie z.B. auch Honorare für Beiträge freier Mitarbeiter. Mögen diese variablen Kosten auch nur einen Bruchteil der gesamten Kosten des Herausgebers ausmachen, so werden sie doch mit der kostenlosen Verteilung eindeutig unterschritten.

Auch hier ist jedoch zu berücksichtigen, daß die Verteilung der Fachzeitschrift aufgrund der Einnahmen aus den Inseraten kein Verlustgeschäft ist. Wie bei den quersubventionierten Koppelungsgeschäften ist daher zu untersuchen, ob die Einnahmen aus den Inseraten den Einstandspreis senken oder alternativ mit demselben Effekt beim Verkaufspreis zugerechnet werden müssen. Dies wurde

16 BGH GRUR 1977, 608
17 BGHZ 81, 291, 294 Bäckerfachzeitschrift
18 BGH a.a.O. 295
19 z.B. Merz, Die Vorfeldthese S.115 ff; Leibold, Behinderungswettbewerb S.70 ff

für die angeführten Koppelungsgeschäfte abgelehnt, soweit die Verbindung der Geschäfte durch den Händler erfolgte und daher etwas willkürliches an sich hatte. Auf dem Pressemarkt ist die Situation jedoch anderes. Die doppelte Finanzierung von Zeitschriften hat eine lange Tradition und ist für alle Arten von Presseerzeugnissen geradezu typisch. Es gibt kaum Zeitungen und Zeitschriften, die nicht zumindest auch über Inserate finanziert würden. Auch die traditionelle Presse erzielt nur noch die Hälfte ihrer Einnahmen aus den Verkaufserlösen[20]. Eine Zeitung, die auf Einnahmen aus dem Lesermarkt verzichtet und sich ganz auf die Einnahmen aus Inseraten beschränkt, hat sich also nur für eine extreme Form der ohnehin üblichen Mischfinanzierung entschieden. Der Preisgestaltung haftet daher aus kaufmännischer Sicht von vornherein nichts ungewöhnliches oder gar unvernünftiges an, was die Beschränkung des Verlegers auf die Anzeigeneinnahmen wettbewerbsrechtlich bedenklich erscheinen lassen könnte[21]. Eine leistungswidrige Verschärfung des Preiswettbewerbs ist darin per se nicht zu erblikken.[22] Der Verkaufspreis eines Presseerzeugnisses ist anders als bei sonstigen Erzeugnissen nicht der dominierende Wettbewerbsparameter und die einzige Einnahmequelle. Es wäre daher nicht sachgerecht, die Besonderheiten des Pressemarktes bei der kartellrechtlichen Kontrolle nach § 20 IV GWB zu ignorieren. Somit sind die Anzeigeneinnahmen bei der Preisberechnung zu berücksichtigen, da sie einem Presseerzeugnis wesensmäßig anhaften.

Diese Wertung schließt eine Preiskontrolle dort aus, wo es darum geht, die Marktwirkungen von Presseerzeugnissen zu kontrollieren, die lediglich anders finanziert sind als die Konkurrenz, aber nicht verlustbringend. Hier erscheint eine Kontrolle nach § 1 UWG, die die Besonderheiten jedes Einzelfalls berücksichtigt, das angemessene Mittel zu sein, um den Wettbewerb zu regeln. Das spricht nicht gegen eine kartellrechtliche Kontrolle in den Fällen, in denen auch unter Berücksichtigung der Einnahmen aus Inseraten ein subventionierter Preiskampf geführt wird, um die Konkurrenz zu verdrängen[23].

---

20 siehe Köhler WRP 1998, 455, nach Schmid WRP 2000, 991, 996 stammt sogar der überwiegende Teil der Erlöse aus Anzeigen.

21 BGHZ 81, 291, 296 Bäckerfachzeitschrift; bestätigt in BGH GRUR 1985, 882

22 Köhler WRP 1998, 458, der jeglichen Handlungsunwert der Gratisverteilung ablehnt; siehe auch Gesellenstetter GRUR 2001, 707, 710

23 siehe z.B. OLG Hamburg WRP 1997, 222 TV Today und OLG Naumburg WRP 1997, 212 1,- DM für TV Today und dazu Gloy GRUR 1996, 585, 588

11. Kapitel: Probleme bei der praktischen Anwendung des § 20 IV S2 GWB

1. Die Beweislast bei Klagen nach § 20 IV S2 iVm § 33 GWB

a. Die Ausgangsituation im Prozeß

Von den zwei in der Vergangenheit vor allem diskutierten Problemen bei der praktischen Anwendung des § 20 IV S2 GWB und seiner Vorgängernormen ist eines die Ermittlung der notwendigen Tatsachen im Zivilprozeß. Während die Ermittlung im Verwaltungsverfahren vor den Kartellbehörden durch den allgemein anerkannten Amtsermittlungsgrundsatz[1] in Verbindung mit der umfassenden Auskunftspflicht der Beteiligten in § 59 I GWB eine gesetzliche Regelung erfahren hat, die in der Praxis wenig Schwierigkeiten machen dürfte[2], ist die Beweislastverteilung im Zivilprozeß nach § 33 GWB eine problematische Angelegenheit. Will sich ein Kläger nämlich auf § 20 IV S2 GWB berufen, so müßte er nach den allgemeinen Regeln des Zivilprozesses[3] alle Tatsachen, aus denen sich ein Verkauf unter Einstandspreis ergibt schlüssig vortragen und im Bestreitensfalle auch beweisen[4]. Da der Kläger in aller Regel jedoch keinen Einblick in die Einstandspreise seines Konkurrenten hat, kann er vor Gericht die insoweit erforderlichen Angaben nicht machen. Der Beklagte, dem ein Verkauf unter Einstandspreis vorgeworfen wird, könnte sich daher grundsätzlich darauf beschränken, zu bestreiten, daß sein Einstandspreis über seinem Verkaufspreis liegt, ohne dies näher belegen zu müssen. Auf diese Weise wären aber viele in der Sache berechtigte Klagen aus § 20 IV S2 GWB zum Scheitern verurteilt.

Aufgrund der zu erwartenden Beweisschwierigkeiten hat der Gesetzgeber die Einführung der Klagemöglichkeit nach § 26 IV GWB a.F. in der 5. GWB-Novelle durch eine Beweiserleichterung in § 26 V GWB a.F. ergänzt. Diese Beweislastregel wurde in der 6. GWB-Novelle unverändert in § 20 V GWB übernommen. In der Praxis mußte sich die Regelung bisher kaum bewähren, weshalb es auch keine einschlägige Rechtsprechung zu den Grenzen des § 20 V GWB gibt.

1 Markert in I/M § 20 Rn 316
2 Dazu Klaue in I/M § 59 Rn 1 ff
3 Thomas/Putzo vor § 284 Rn 23
4 Hucko, WuW 90, 618, 619

b. Inhalt und Reichweite des § 20 V GWB

Schon bei Einführung des § 26 V GWB a.F. war umstritten, ob die Regelung lediglich eine Umschreibung dessen sein sollte, was in der Rechtsprechung ohnehin praktiziert wird, oder ob damit die Beweissituation des Klägers in der Sache verbessert werden sollte[5].

Der Gesetzgebungsentwurf der Bundesregierung enthielt noch keine Beweislastregelung[6]. Diese kam erst in den Beratungen des Bundestages „in letzter Minute" in das Gesetz[7]. Dem Bericht des Ausschusses für Wirtschaft zufolge sollte damit der Rechtsprechung „ein klares Signal" gegeben werden, § 26 IV GWB a. F. in der Praxis nicht durch zu strenge Beweisanforderungen leerlaufen zu lassen[8]. Auf der anderen Seite berichtet Hucko, daß es sich bei der Formulierung des § 26 V GWB a.F. um einen Kompromiß gehandelt habe, der darauf abgezielt habe, in der Sache gar nichts zu regeln und lediglich die allgemeinen Grundsätze der Rechtsprechung zur Beweislastumkehr in Worte zu fassen. § 26 V GWB a. F. sei daher am besten so anzuwenden, als ob er gar nicht existiere[9].

Da die Gesetzgebungsgeschichte keine klaren Hinweise zur Auslegung gibt, muß sich der Anwender in erster Linie am Wortlaut des § 20 V GWB orientieren. Dieser kehrt die Beweislast um, wenn sich der Anschein einer Ausnutzung von Marktmacht nach § 20 IV GWB ergibt und dem Beklagten eine Auskunft leicht möglich und zumutbar ist. Gerade das Abstellen auf die Zumutbarkeit entspricht jedoch genau der hergebrachten Rechtsprechung zur Beweislastumkehr im Zivilprozeß und öffnet § 20 V GWB für richterliche Wertungen[10].

Zwar wurde § 20 V GWB in der 6.GWB-Novelle unverändert übernommen, doch ergibt sich eine Änderung durch die Einführung des § 20 IV S2 GWB. Der Anschein eines unbilligen Ausnutzens von Marktmacht setzte in Sinne der Hitlisten-Platten Rechtsprechung des BGH einen sehr umfassenden Klägervortrag voraus. Insbesondere die Auswirkungen eines Verkaufs unter Einstandspreis auf den gesamten Wettbewerb waren danach schlüssig darzulegen, bevor § 26 V GWB a.F. überhaupt eingreifen konnte. Da mit § 20 IV S2 GWB Verkäufe unter Einstandspreis weitgehend verboten sind unabhängig davon, ob darin im Einzelfall tatsächlich ein Machtmißbrauch liegt, muß der Kläger im Sinne des § 20 V

5 Bunte BB 1990, 1001, 1006; zur Beurteilung der Beweisprobleme ohne § 26 V GWB noch Mees, Schwerpunkte des Kartellrechts 1988/89 S. 9, 16 ff
6 BT Drucksache 11/4610, abgedruckt in WuW 89, 209 Begründung in WuW 90, 333
7 Bunte BB 1990, 1001, 1006
8 Bericht des Ausschusses für Wirtschaft BT Drucksache 11/5949 insoweit abgedruckt in WuW 1990, 360, 363 f
9 Hucko WuW 1990, 618, 620, 621
10 Hucko WuW 1990, 618, 621

GWB nur noch den Anschein eines nicht nur gelegentlichen Verkaufs unter Einstandspreis darlegen, um von der Beweislastumkehr zu profitieren.

Zusätzliche Verwirrung hat der Gesetzgeber dadurch geschaffen, daß er in § 20 IV S2 GWB durch die Formulierung „es sei denn, dies ist sachlich gerechtfertigt" die Beweislast für das Vorliegen von Rechtfertigungsgründen eindeutig umgekehrt hat[11]. Die Beweislastumkehr des § 20 V GWB kann sich daher im Zusammenhang mit § 20 IV S2 GWB nur noch auf die Einstandspreise des Beklagten und seine Normadressatenstellung beziehen. Ob eine Beweislastumkehr schon dafür, ob überhaupt etwas unter Einstandspreis verkauft wurde noch sinnvoll und mit den allgemeinen Grundsätzen der Beweislastverteilung im Wettbewerbsrecht in Einklang steht, ist aber zu bezweifeln.

c. Parallelen im Wettbewerbsrecht

aa. Rechnungslegung bei Schadensersatzansprüchen

Im allgemeinen Wettbewerbsrecht sind Umkehrungen der Beweislast in mehreren Fallgruppen anerkannt. Hier sind unter Umständen Parallelen zu finden, die für eine Beweiserleichterung nach § 20 IV S2 GWB verwertbar sind.

Zunächst kennt das Wettbewerbsrecht die Auskunft über Gewinn, Kosten und Umsätze des Beklagten bei Schadensersatzprozessen nach § 1 UWG. Wer zum Beispiel ein Konkurrenzprodukt unlauter nachgeahmt hat, muß die zur Berechnung des Schadensersatzanspruches erforderlichen Angaben über seinen Gewinn und Umsatz machen und gegebenenfalls einzeln belegen[12]. Diese Fallgruppe von Auskunftsansprüchen ist dadurch charakterisiert, daß der Kläger den Verstoß gegen § 1 UWG und das Bestehen eines Schadensersatzanspruches dem Grunde nach bereits nachgewiesen hat. Die Auskunftspflicht ergibt sich damit als Folge der Rechtsverletzung aus § 1 UWG iVm § 242 BGB[13].

Auf Klagen nach § 20 IV S2 GWB sind diese Erwägungen nicht übertragbar. Bei einer Auskunft über Einstandspreise geht es darum, eine Rechtsverletzung überhaupt erst nachzuweisen und nicht darum, die Folgen einer Rechtverletzung zu bestimmen.

---

11 Markert in I/M § 20 Rn 321

12 Teplitzky Kap 38 Rn 1 ff m. w. Nachw.

13 Teplitzky Kap. 38 Rn 6; zuletzt BGH MarkenR 2001, 57 Gemeinkostenanteil

bb. Beweislastumkehr bei bestimmten Werbebehauptungen

Eine weitere Fallgruppe, in der das UWG eine Beweislastumkehr kennt, sind die Fälle der irreführenden Werbung[14]. Vor allem im Bereich der Gesundheits- und der Alleinstellungswerbung[15] ist eine Beweislastumkehr anerkannt. Wer mit einer Werbeaussage an die Öffentlichkeit tritt, hat als anständiger Kaufmann deren Wahrheitsgehalt zuvor überprüft. Der außenstehende Kläger, der die Wahrheit einer Werbeaussage bestreitet, kann mangels der Kenntnis der Betriebsinterna des Werbenden z.B. eine Alleinstellungsbehauptung nicht überprüfen. In dieser Situation hält es die Rechtsprechung für angebracht, die Beweislast umzukehren. Wer mit einer für außenstehende unverhältnismäßig schwer nachprüfbaren Werbeaussage an die Öffentlichkeit tritt, soll darlegen, daß er diese Aussage nicht ins Blaue hinein gemacht hat.

Die Wertung, die in diesen Fällen enthalten ist, entspricht schon eher der Situation bei Klagen nach § 20 IV S2 GWB. Bei der Beweislastumkehr in Fällen irreführender Werbeaussagen geht es nämlich ebenfalls um den Nachweis der Rechtsverletzung an sich. Fraglich ist jedoch, ob die Beweggründe, die der Beweislastumkehr hier zugrunde liegen, ebenfalls übertragbar sind.

Bei der Gesundheitswerbung handelt es sich nach der Rechtsprechung um einen Ausnahmebereich, in dem die Beweislastumkehr durch den besonders hohen Wert der Volksgesundheit gerechtfertigt ist[16]. Wer in diesem Bereich Werbung betreibt, muß ganz besonders darauf achten, nicht mit ungeprüften Behauptungen an die Öffentlichkeit zu treten. Der Beweislastumkehr bei der Alleinstellungswerbung liegt der Gedanke zugrunde, daß kein Gewerbetreibender darauf angewiesen ist, sich von der Konkurrenz mit besonderen Spitzenstellungsbehauptungen abzusetzen. Wer es dennoch tut, soll das Risiko dafür tragen, daß seine „vorlaute" Behauptung auch objektiv nachprüfbar ist[17]. Auch soweit der BGH eine Beweislastumkehr bei anderen Werbebehauptungen zugelassen hat, deren Überprüfung die Kenntnis von Betriebsinterna voraussetzt, stellt er zur Begründung entscheidend auf die zuvor gemachte Werbeaussage ab, die eine Auskunftspflicht im Rahmen des zumutbaren rechtfertigen soll[18].

Wenn ein Händler jedoch z.B. einen Liter Milch zu einem bestimmten Preis anbietet, tut er damit nichts, was einen besonderen Rechtfertigungszwang vor anderen Gewerbetreibenden auslösen könnte. Dies gilt auch dann, wenn es dem Gewerbetreibenden gelingen sollte, die Milch besonders günstig zu beziehen und

---

14 BGH GRUR 1963, 270 Bärenfang
15 Teplitzky Kap. 47 Rn 31
16 BGH GRUR 1991, 848 Rheumalind II; Bähr in Pastor/Ahrens Kap.32 Rn 46
17 BGH WRP 1985, 72, 74 Größtes Teppichhaus der Welt
18 BGH GRUR 1963, 270, 271 Bärenfang

damit auch billiger weiterzuverkaufen, als die Konkurrenz. Die bei § 3 UWG für die Beweislastumkehr ausschlaggebenden Erwägungen lassen sich daher nicht auf § 20 IV S2 GWB nicht übertragen.

cc. Gegenbeispiel aus dem Lauterkeitsrecht

Das Lauterkeitsrecht kennt auch zahlreiche Fälle, in denen ein Verstoß gegen § 1 UWG durchaus naheliegend erscheint und der Kläger in Beweisschwierigkeiten ist, es aber dennoch nicht zu einer Beweislastumkehr kommt. So ist zum Beispiel ein außenstehender Verkäufer von Ware, die aus einem geschlossenen Vertriebsbindungssystem stammt nicht verpflichtet, seine Bezugsquellen preiszugeben. Zwar liegt hier der Verdacht des Verleitens zum Vertragsbruch bei der Beschaffung der Ware nahe, den der Außenseiter mit Leichtigkeit widerlegen oder bestätigen könnte, während der Vertriebsbinder in der Regel völlig im Dunkeln tappt, doch hat die Rechtsprechung eine allgemeine Beweislastumkehr für das Verleiten zum Vertragsbruch abgelehnt. Sie hat es den Vertriebsbindern vielmehr anheimgestellt, durch ein Kontrollnummernsystem die Vertragstreue der Vertriebspartner zu überprüfen und gegebenenfalls die Beweisvoraussetzungen für einen Außenseiterprozeß selbst zu schaffen[19].

Wie dieses Beispiel zeigt, kennt das Lauterkeitsrecht keineswegs eine allgemeine Beweislastumkehr in allen Fällen, in denen zum Nachweis eines Wettbewerbsverstoßes Betriebsinterna der Konkurrenz erforderlich sind[20]. Damit ist eine Beweislastumkehr bei Klagen nach § 20 IV S2 GWB nicht ohne weiteres aus Parallelen zum Wettbewerbsrecht zu begründen.

d. Argumente gegen eine Beweislastumkehr

Gewichtige wettbewerbspolitische Argumente sprechen gegen eine Beweislastumkehr bei § 20 IV S2 GWB. Keinesfalls darf ein Wettbewerber, der Waren billiger anbietet als die Konkurrenz, die Vermutung des Rechtsbruchs gegen sich haben. Ein Rechtfertigungszwang für das Unterbieten eines „üblichen Marktpreises“ [21] ist mit den Regeln des freien Marktes unvereinbar. Der Preiswettbewerb ist der Kern selbst eines besonders eng definierten Leistungswettbewerbs.

---

19 zuletzt BGH WRP 2000, 734 Außenseiteranspruch II; WRP 2001, 539 Kontrollnummernbeseitigung II; dazu Lubberger WRP 2000, 139 und Wolter/Lubberger GRUR 1999, 17 auch Bayreuther WRP 2000, 349

20 siehe auch BGH GRUR 1976, 579, 581 Tylosin

21 in diese Richtungen gehen die Überlegungen von Sack in WRP 1983, 63, 74

Auch muß der Gefahr von sogenannten Ausforschungsklagen von Anfang an begegnet werden[22]. Der Wettbewerb um besonders günstige Einkaufskonditionen ist in den meisten Branchen ein Geheimwettbewerb[23]. Auf einem großen Markt ist zwar Transparenz zur Förderung des Wettbewerbs wünschenswert, auf kleineren Märkten ist der Geheimwettbewerb jedoch zur Verhinderung von Verhaltenskoordination unerläßlich[24]. Dies zeigt sich ganz klar in den Bestrebungen von Kartellen, auf überschaubaren Märkten durch Marktinformationsverfahren den Wettbewerb zu entschärfen[25]. Daher darf es nicht dazu kommen, daß ein Kaufmann jeden anderen Kaufmann, der billiger verkauft, verklagen kann und nur seinen Einkaufspreis darlegen muß, um so den Konkurrenten zur Offenlegung seiner Einstandspreise zu zwingen.

Gegen Ausforschungsklagen gibt es im Wettbewerbsprozeß zwar das Mittel des Wirtschaftsprüfervorbehalts[26], doch erscheint bei Klagen nach § 20 IV S2 GWB auch ein Wirschaftsprüfervorbehalt nicht immer ausreichend, um den Geheimwettbewerb zu schützen. Wenn die genauen Einkaufskonditionen einem Wirtschaftsprüfer mitgeteilt werden und dieser daraus den effektiven Einstandspreis berechnet, der in den Prozeß einfließt, so hat er Kläger schon allein mit dem Ergebnis wertvolle Informationen über die Einkaufsbedingungen des Beklagten erlangt.

Zuletzt ist auch die Beweisnot des Klägers nicht so groß, wie gerne behauptet. Da der Kläger in den allermeisten Fällen weiß, woher der Beklagte die Ware bezieht, ist er in der Lage, den Lieferanten als Zeugen für die Höhe des Einstandspreises zu benennen. Dieser kann als Zeuge vor Gericht zur Aussage (notfalls nur gegenüber einem Wirtschaftsprüfer) gezwungen werden. Man muß dem Kläger dazu lediglich gestatten, eine Unterschreitung des Einstandspreises auf Verdacht vorzutragen. Der Kläger wird es zwar in der Regel scheuen, den Lieferanten in den Prozeß hineinzuziehen, da er dadurch sein eigenes Verhältnis zum Lieferanten belastet, doch warum sollte man dann dem Beklagten zumuten, es sich seinerseits durch Offenlegung seiner Einkaufskonditionen mit dem Lieferanten zu verderben? Von einem Kläger, der vor Gericht eine Verurteilung will, kann man erwarten, die notwendigen Tatsachen herbeizuschaffen, wenn ihm dies ebenso möglich ist, wie dem Beklagten. Die Beweislast für die sachliche Rechtfertigung

22 dazu im Wettbewerbsrecht Bähr in Pastor/Ahrens Kap.32 Rn 47 ff
23 Schultz in Langen/Bunte § 20 Rn 257
24 Emmerich Kartellrecht § 4 Nr. 3 und § 37 Nr. 8a m. w. Nachw.
25 Zimmer in I/M § 1 Rn 390 ff m. W. Nachw.
26 BGH GRUR 1981, 535 Wirtschaftsprüfervorbehalt; Teplitzky Kap. 38 Rn 28 m. w. Nachw.

der Verkäufe mag man dann mit Bunte auch aus grundsätzlichen Erwägungen heraus zurecht beim Beklagten sehen[27].

Wenn Ermittlungen im öffentlichen Interesse geboten erscheinen, hat der Kläger auch die bequeme Möglichkeit einer Anzeige beim BKartA, das in einem Verwaltungsverfahren nach § 59 GWB Auskünfte verlangen kann. Daher sollte einer Beweislastumkehr im Zivilprozeß für § 20 IV S2 GWB mit größter Vorsicht begegnet werden.

e. Ergebnisse für die Auslegung des § 20 V GWB

aa. Beweislast beim Einstandspreis

Da sich § 20 V GWB trotz der schwerwiegenden Argumente gegen eine Beweislastumkehr für den Einstandspreis nicht einfach ignorieren läßt, sollte bei der Anwendung größte Zurückhaltung geübt werden. Es kommt entscheidend darauf an, was verlangt werden muß, bis der Kläger den „Anschein“ eines Verkaufs unter Einstandspreis dargelegt hat[28]. Zwischen den verschiedenen Betriebsformen des Handels bestehen erhebliche Unterschiede bei den Einstandspreisen. Ein Abstellen auf einen „üblichen Einstandspreis“ für bestimmte Waren verbietet sich daher in der Regel, wenn ein Mittelständler gegen ein Großunternehmen klagt[29]. Aus dem Einstandspreis des mittelständischen Klägers oder den Listenpreisen eines Lieferanten sind keine Rückschlüsse auf die Einkaufskonditionen von einzelnen Großkunden möglich[30]. Ein Kläger, der sich auf § 20 IV S2 GWB berufen will, müßte daher zunächst vortragen und beweisen, daß der Beklagte die Einstandspreise vergleichbarer Normadressaten nicht nur unwesentlich unterschreitet, damit überhaupt ein Anschein eines Verkaufs unter Einstandspreis entsteht. Diese Anforderungen sind in der Praxis wohl nur schwer zu erfüllen. Angesichts der wettbewerbspolitischen Bedenken gegen eine Offenlegung der Einkaufskonditionen ist dies jedoch kein Schaden.

bb. Beweislast bei der Normadressatenstellung

Ein weiteres Problem für einen Kläger, der sich auf § 20 IV S2 GWB beruft, dürfte es häufig sein, die Normadressatenstellung des Beklagten darzulegen und

---

27 Bunte GRUR 1981, 397, 405 f

28 Bechtold § 20 Rn 67

29 anders Ulmer MA 1987, 326, 335

30 Schultz in Langen/Bunte § 20 Rn 257; Markert in I/M § 20 Rn 324

zu beweisen. Geht man entgegen der ganz herrschenden Ansicht davon aus, daß die Anwendung des § 20 V GWB die Normadressateneigenschaft nicht bereits zwingend voraussetzt[31] und wendet man die Vorschrift auch insoweit an, so ist große Zurückhaltung geboten, bevor man vom Beklagten verlangen kann, seine Geschäftsdaten zu offenbaren.

Die Normadressatenstellung ergibt sich aus dem starken Machtgefälle zwischen den Beteiligten[32]. Dabei darf auch der vermeintliche Behinderer nicht zu den kleinen, selbst schutzbedürftigen Unternehmen in der Branche zählen. Außerdem müssen die kleinen Unternehmen auf einem Markt eine gewisse Gesamtmarktrelevanz besitzen, damit § 20 IV GWB zum Einsatz kommen kann. Zur gerichtlichen Feststellung der Normadressateneigenschaft eines Beklagten sind deshalb nicht nur die Geschäftsdaten der Parteien erforderlich, sondern auch die Daten der wichtigsten Mitbewerber und der Marktanteile, die nur bei Kenntnis des Gesamtmarktes in einem bestimmten Raum festgestellt werden können.

Die Daten über die Struktur des Marktes insgesamt stehen dem Beklagten in der Regel genau so wenig zur Verfügung wie dem Kläger. Insoweit kann es nicht zu einer Beweislastumkehr kommen. Bevor diese Daten aber nicht dargelegt sind, ist auch mit Hilfe der internen Geschäftsdaten des Beklagten keine sichere Feststellung der Normadressateneigenschaft möglich. Erst wenn der Kläger sämtliche relevanten Marktdaten beschafft und unter Beweis gestellt hat, kann überhaupt erwogen werden, ob der Beklagte seine Zahlen (gegebenenfalls nur gegenüber einem Wirtschaftsprüfer) offenlegen muß. Den genauen Überblick über einen Gesamtmarkt dürfte jedoch abgesehen von Verbänden kaum ein Kläger besitzen, der in den Schutzbereich des § 20 IV S2 GWB fällt. Wenn die Gerichte es mit der Prüfung der Normadressateneigenschaft genau nehmen, steht es um die Erfolgsaussichten von Konkurrentenklagen nach § 20 IV S2 GWB daher trotz § 20 V GWB eher schlecht.

2. Die Formulierung einer Verfügung nach § 20 IV S2 iVm § 32 GWB

a. Problemstellung

Wenn die Kartellbehörde die rechtlichen Schwierigkeiten bei der Anwendung des § 20 IV GWB gemeistert hat und die zur Feststellung eines Verstoßes notwendigen Tatsachen ermitteln konnte, steht sie vor der Aufgabe, eine Untersagungsverfügung zu erlassen. Diese Verfügung darf nicht zu eng gefaßt sein, um die beab-

---

31 so Markert in I/M § 20 Rn 323; Schultz in Langen/Bunte § 20 Rn 254

32 dazu oben Kapitel 7 Nr.1

sichtigte Wirkung zu zeigen und nicht für Umgehungen offen zu sein. Die Verfügung muß dabei aber auch im Sinne des § 37 VwVfG hinreichend bestimmt sein. Das VwVfG ist insoweit nämlich auch auf das Verfahren vor den Kartellbehörden anwendbar[33].

Auf der einen Seite wäre eine Verfügung mit dem Inhalt denkbar: "Der Normadressatin wird der Verkauf von H-Milch (1 Liter; 3,5% Fett) zum Preis von 0,79 DM oder darunter untersagt." Eine solche Verfügung wäre inhaltlich sehr konkret, aber einerseits völlig wirkungslos, weil viel zu eng gefaßt und andererseits auch materiell rechtswidrig, weil sie künftige Entwicklungen nicht berücksichtigt. So kann der Einstandspreis für H-Milch unter 0,79 DM fallen, was die Verfügung rechtswidrig machen würde, oder es kann der Verkauf zu 0,79 DM sachlich gerechtfertigt sein. Der Verfügungsadressatin bleibt darüber hinaus die Möglichkeit, der Verfügung dadurch zu entgehen, daß sie auf andere Produkte ausweicht, oder den Preis geringfügig anhebt und auch bei einer Erhöhung des Einstandspreises nicht mehr anpaßt. Aus diesem Grunde ist eine den konkreten Verstoß im Wortlaut direkt aufgreifende Verfügung ungeeignet.

Auf der anderen Seite könnte die Verfügung lauten: " Der Verfügungsadressatin wird es untersagt, nicht nur gelegentlich Waren ohne sachlich gerechtfertigten Grund unter Einstandspreis zu verkaufen." Auf diese Weise ließen sich die oben genannten Fehler zwar vermeiden, doch wäre mit einer solchen Verfügung wenig gewonnen, da sie lediglich den Gesetzestext wiederholt, ohne im Einzelfall wirklich etwas zu regeln. Zwar könnte diese Verfügung als Grundlage zur Anordnung von Zwangsmaßnahmen dienen, doch wäre sie zu unbestimmt und daher rechtswidrig. Der Verfügungsadressat könnte aus dieser Verfügung nämlich bei zukünftig auftretenden Zweifelsfällen kaum erkennen, was er nun darf und was nicht. Dies ist von einer den Einzelfall regelnden Verfügung einer Kartellbehörde im Gegensatz zu einem abstrakt geltenden Gesetz allerdings zu verlangen.

Es stellt keine echte Konkretisierung des gesetzlichen Verbots dar, daß der Verfügungsadressat erkennen kann, daß er von der Behörde dem Kreis der Normadressaten zugerechnet wird[34]. Dies ist nämlich nicht Regelungsinhalt der Verfügung, sondern lediglich gesetzliche Voraussetzung für ihren Erlaß[35]. Auch bringt die Feststellung der Normadressateneigenschaft dem Verfügungsadressaten keine gegenüber dem gesetzlichen Verbot des § 20 IV GWB konkretisierte Handlungsanweisung.

In der Sache ist darum einen Mittelweg zu finden und eine zwar wirkungsvolle, aber doch hinreichend bestimmte Verfügung zu erlassen. Daß dies nicht

---

33 Kopp/Ramsauer VwVfG § 1 Rn 55 und § 2 Rn 67

34 in diesem Sinne aber Kirchhof ZHR 150 303, 318

35 Brinkhoff S. 17

ganz einfach ist, zeigt das bereits beschriebene Schicksal der Verfügung der Landeskartellbehörde Bayern im Kaufmarktverfahren. Diese Verfügung wurde als zu unbestimmt aufgehoben, weil sie einerseits die möglichen Rechtfertigungsgründe nur ganz pauschal berücksichtigte[36] und andererseits bei der Berechnung des Einstandspreises Rabatte ausschloß, deren Bestimmung für die Verfügungsadressatin nicht klar war[37]. Die Neuregelung des § 20 IV S2 GWB hat die Aufgabe der Kartellbehörden insoweit in keiner Weise erleichtert.

Das Problem wird dadurch noch verschärft, daß § 20 IV GWB inzwischen über § 33 GWB auch eine unmittelbar geltende Anspruchsgrundlage geworden ist. In einem Unterlassungsprozess aufgrund des § 33 GWB muß ohne behördliche Beteiligung ein vollstreckungsfähiges Urteil ergehen. Dies setzt einen hinreichend bestimmten Urteilstenor voraus, der durch den Antrag des Klägers vorgegeben wird. Hier steht der Anwalt des Klägers bei der Antragsformulierung vor denselben sachlichen Problemen wie die Kartellbehörde beim Erlaß einer Verfügung. Auch er bewegt sich auf dem schmalen Grat zwischen einem ineffektiven Klageantrag und einem zu weiten, der eine kostspielige teilweise Klageabweisung nach sich zieht. Da das Problem bisher vor allem aus verwaltungsrechtlicher Sicht diskutiert wurde, soll im folgenden aber vorrangig das Verwaltungsverfahren behandelt werden.

Nach der Aufhebung der Kaufmarktverfügung der Landeskartellbehörde Bayern durch das OLG München haben sich vor allem zwei Arbeiten mit dem Problem der Bestimmtheit der Untersagungsverfügung befaßt. Beide kommen zu dem Ergebnis, daß die Rechtsansichten des OLG München mit der herrschenden Lehre zur Bestimmtheit im Verwaltungsrecht nicht übereinstimmen. Dennoch erscheint auch nach diesen Literaturstimmen die Verfügung der LKartB Bayern im Ergebnis nicht haltbar.

b. Die Ansicht von Bruglacher

Bruglacher untersucht die Bestimmtheit von Untersagungsverfügungen nach § 37a III GWB a.F. zunächst auf der Grundlage der allgemeinen Grundsätze im Verwaltungsrecht[38]. Bei der Bewertung der Verfügung im Kaufmarktverfahren nach diesen anerkannten Grundsätzen rücken allerdings Fragen des materiellen Kartellrechts, wie die Bestimmung des Einstandspreises etc. stark in den Vorder-

36 OLG München WuW/E OLG 2942, 2944 Kaufmarkt
37 a.a.O. 2945
38 Bruglacher S. 101 ff

grund[39]. Im Ergebnis hält sie die Verfügung zwar für ausreichend bestimmt, soweit es um die Festlegung der zulässigen Preisgrenze geht, doch zu unbestimmt, als die zulässige Intensität der Verkäufe nicht festgelegt ist. Bruglacher geht die Verfügung also zu weit, da sie auch Verkäufe verbietet, die nach alter Rechtslage nicht geeignet waren, die Verhältnisse auf dem Markt wesentlich zu beeinflussen[40].

Zur Formulierung von Verfügungen in der Zukunft gibt Bruglacher keine konkreten Hinweise. Sie verweist zur Lösung vielmehr auf das Verwaltungsrechtsverhältnis. Dieses entstehe, sobald sich durch die Aufnahme von Ermittlungen gegen einzelne Unternehmen eine besonders "verdichtete" Rechtsbeziehung zur Kartellbehörde ergebe[41]. Aus diesem Verhältnis ergäben sich für die Beteiligten eine Vielzahl von Nebenpflichten, die einer vertrauensvollen Zusammenarbeit von Unternehmen und Kartellbehörden dienen sollen[42]. Wie im Zivilrecht die Vertragsverhandlungen in einen Vertragsschluß mündeten, ende auch das Kartellverfahren mit einer Verfügung, die Ergebnis einer vertrauensvollen Zusammenarbeit sei[43]. Wenn ein Unternehmen sich später auf die Unbestimmtheit einer Verfügung berufen wolle, so sei dies treuwidrig, wenn es nicht versucht habe, auftretende Streitfragen in Verhandlungen vor Erlaß der Verfügung zu klären. Auf diese Weise seien Untersagungsverfügungen als abschließendes Ergebnis eines Verhandlungsprozesses für die beteiligten Seiten verständlich[44].

Die Vorgehensweise Bruglachers erscheint aus mehreren Gründen bedenklich. Zunächst ist es eine reine Fiktion, die Verhandlungen im Rahmen eines Untersagungsverfahrens mit Vertragsverhandlungen gleichzusetzen. Vertragsparteien kommen freiwillig zusammen, um einen Güteraustausch oder eine sonstige Form der Zusammenarbeit zu erreichen, die für beide Seiten günstig erscheint. Die Untersagungsverfahren der Kartellbehörden sind dagegen hoheitliche Zwangsmaßnahmen aus dem Bereich der Eingriffsverwaltung.

Das Kartellverwaltungsverfahren ist in den §§ 54 ff GWB streng geregelt. Karsten Schmidt stellt zurecht fest, daß diese Formalisierung Ausdruck einer vorverlagerten Rechtsschutzgarantie ist[45]. Wenn das Verwaltungsrechtsverhältnis vielleicht im Bereich der Leistungsverwaltung, wie z.B. bei der Subventionsgewährung oder bei öffentlich-rechtlichen Pflichtmitgliedschaften sinnvoll

39 a.a.O. S. 146
40 a.a.O. S. 169 f
41 a.a.O. S. 235
42 a.a.O. S. 236
43 a.a.O. S. 237
44 a.a.O. S. 239
45 Karsten Schmidt in I/M vor § 54 Rn 7

erscheinen mag[46], ist diese Rechtsfigur bei Grundrechtseingriffen gegen den Willen des Betroffenen mit größter Vorsicht anzuwenden. Gesetzlich geregelte Mitwirkungspflichten, wie Auskunftspflichten oder Einsichtsrechte der Behörden begründen noch lange keine Zusammenarbeit. Die ganz herrschende Lehre im Verwaltungsrecht lehnt es daher grundsätzlich ab, aus einem Verwaltungsrechtsverhältnis Rechte und Pflichten abzuleiten, die keine gesetzliche Grundlage haben[47].

Absprachen in Kartellverfahren sind daher nicht Teil des Verwaltungsverfahrens, das zum Erlaß der Untersagungsverfügung führt und können ein ordnungsgemäßes Verfahren nicht ersetzen, geschweige denn eine gesetzmäßige Verfügung[48]. Solche informellen Absprachen sind eher mit Absprachen in Strafverfahren zu vergleichen, die die Gerichte niemals von der Pflicht entbinden können, ein auf bewiesene Tatsachen gestütztes, angemessenes Urteil zu erlassen[49]. Wenn es zwischen der Kartellbehörde und dem betroffenen Unternehmen nicht zu einer freiwilligen Vereinbarung kommt, sondern zu einer einseitigen hoheitlichen Regelung in Form einer Untersagungsverfügung, so muß diese Verfügung den gesetzlichen Anforderungen voll entsprechen.

Darüber hinaus übersieht Bruglacher auch, daß ein Interessenkonflikt zwischen Kartellbehörde und Unternehmen nicht nur bezüglich des materiellen Kartellrechts besteht, sondern gerade auch wenn es um die konkrete Fassung der Verfügung geht. Während der Behörde im Zweifel an einer besonders weiten Fassung der Untersagung gelegen ist, wird der Verfügungsadressat auf einer engen Formulierung bestehen, die sich möglichst genau an den konkreten Verstoß anlehnt. Aus diesem Grund wird die Formulierung der Verfügung in der Sache selten das Ergebnis von Verhandlungen sein, wie es bei einem Vertragsschluß der Fall ist.

Zuletzt ist die Ansicht von Bruglacher für das gerichtliche Verfahren, das mit einem Unterlassungsurteil endet, schon von der theoretischen Grundlage her nicht brauchbar[50]. Der Beklagte im Zivilprozeß muß niemals mit dem Kläger zusammenarbeiten, sondern darf sich darauf beschränken, alles zu bestreiten und auf Klageabweisung hinzuwirken. Die Formulierung eines geeigneten Antrags ist allein Sache des Klägers.

---

46 Erichsen in Erichsen (Hrsg.) Allgemeines Verwaltungsrecht § 11 Rn 3 und Rn 7

47 Ule/Laubinger, Verwaltungsverfahrensrecht, § 19 Rn 23 ff; sehr zurückhaltend auch Kopp/Ramsauer Einf Rn 61 und Erichsen a.a.O. § 11 Rn 38

48 Kopp/Ramsauer § 9 Rn 2

49 Kleinknecht/Meyer-Goßner StPO Einl. Rn 119e

50 Die Arbeit Bruglachers entstand auf der Grundlage des § 37a III GWB a. F., der nicht Gegenstand von Unterlassungsprozessen werden konnte.

c. Die Ansicht von Kirchhof

Anders als Bruglacher grenzt Kirchhof die Bestimmtheitsanforderungen an Verfügungen auf der Grundlage des § 20 IV S2 GWB nach den herkömmlichen Kriterien des Verwaltungsrechts ab[51]. Kirchhof geht dabei von der grundsätzlichen Forderung aus, daß ein Verwaltungsakt vollzugs- und befolgungsfähig sein muß. Dabei ist nach der konkreten Situation und dem Adressaten zu differenzieren. Die Bestimmtheitserfordernisse können zwischen dem einfachen Handzeichen des Polizisten und dem komplizierten Steuerbescheid mit mehrseitiger Begründung stark differieren[52]. Im Kartellrecht seien die Anforderungen aufgrund der komplexen Materie insoweit nicht zu überspannen. Auch seien die Verfügungsadressaten aufgrund ihrer Erfahrung mit steuerrechtlichen Bilanzierungspflichten sehr wohl in der Lage, z.B. den Einstandspreis, wie er vom BKartA verstanden wird, zu berechnen[53]. Auf der anderen Seite bestehe immer die Möglichkeit, eine Verfügung durch Auslegung auf einen zweifelsfreien Verbotskern zu reduzieren, der dann in jedem Fall durchsetzbar sei[54].

Kirchhof möchte darüber hinaus die Schaffung einer überschaubaren rechtlichen Risikolage für den Verfügungsadressaten tolerieren. Dies begründet er mit dem Verweis darauf, daß die Verfügung verschiedene zukünftige Verhaltensweisen erfassen muß und außerdem erst die Grundlage für die Zwangsmaßnahmen zu ihrer Durchsetzung als den eigentlichen Eingriffen schafft[55]. Unter diesen Umständen müsse eine Verfügung immer etwas generalklauselartiges haben, wenn sie überhaupt sinnvoll sein soll. Solange dabei das Ziel der Verfügung bestimmt bleibe und der Adressat erkennen könne, was von ihm grundsätzlich erwartet werde, sei eine gewisse Grauzone im Grenzbereich der Verfügung hinnehmbar[56]. Eine solche Verfügung enthalte neben einer konkreten Beanstandung wettbewerbswidrigen Verhaltens eben auch eine tendenzielle Mäßigung des Wettbewerbs.

Die Ansicht Kirchhofs klingt im Prinzip überzeugend, soweit es um die Verwendung von Rechtsbegriffen wie "Einstandspreis" etc. geht. Da eine Untersagungsverfügung immer auf die Zukunft gerichtet ist, kann hier letzte Klarheit im Verwaltungsverfahren nie erreicht werden. Kirchhof läßt aber nicht erkennen, wie mit dem Problem der Berücksichtung künftiger Entwicklungen umgegangen werden soll. Zwar spielen Veränderungen des Einstandspreises keine Rolle, wenn

---

51 Kirchhof ZHR 150 (1986), 303, 311 ff
52 a.a.O. S. 312 f
53 a.a.O. S. 313
54 a.a.O. S. 315 ff
55 a.a.O. S. 317
56 a.a.O. S. 318

die Verfügung auf diesen Bezug nehmen darf, doch bleibt das Problem der möglichen sachlichen Rechtfertigungsgründe, die eine Untersagungsverfügung, wie die im Kaufmarktverfahren ergangene, nicht berücksichtigt.

Die künftig denkbaren Rechtfertigungsgründe müssen jedoch bereits in der Verfügung aus der Untersagung ausgenommen werden, da sie bei Erlaß einer uneingeschränkten Untersagung in der Vollstreckung nicht mehr mit der nötigen Rechtssicherheit für den Verfügungsadressaten eingewandt werden können. Nach wohl überwiegender Ansicht ist zwar im Verwaltungsvollstreckungsverfahren ein schuldhafter Verstoß gegen die Verfügung erforderlich[57], doch können dabei kaum Gründe herangezogen werden, wie sie der "sachlichen Rechtfertigung" im Rahmen des § 20 IV S2 GWB dienen. Solche Gründe, die den Vorsatz einer Handlung nicht entfallen lassen, sondern nur nach Interessenabwägung zu einer Ausnahme vom Verbot des § 20 IV GWB führen, sind nicht geeignet, einen Verkauf, der gegen eine unbedingte Untersagung verstößt als "unverschuldet" erscheinen zu lassen. Zwar wäre es denkbar, im Rahmen des Ermessens, das auch die Verwaltungsvollstreckung beherrscht[58], bei späteren sachlich gerechtfertigten Verkäufen unter Einstandspreis auf Zwangsmaßnahmen zu verzichten, doch wäre dies für den Verfügungsadressaten eine unzumutbare Belastung. Dies würde auch nichts daran ändern, daß eine Untersagungsverfügung, die sachlich gerechtfertigte Verkäufe nicht ausnimmt weiter reicht, als das gesetzliche Verbot des § 20 IV S2 GWB, auf das sie sich stützt. Damit ist eine solche Verfügung, wie sie z.B. im Wal-Mart Verfahren ergangen ist (dazu sogleich), jedoch zumindest zum Teil wegen Ermessensüberschreitung rechtswidrig.

Darüber hinaus entbindet auch die Hinnahme einer gewissen Restunschärfe der Verfügung die Behörden nicht von der Pflicht, zunächst zu versuchen, die größtmögliche Klarheit zu schaffen. Eine Untersagungsverfügung darf keinesfalls so formuliert werden, daß der Adressat bei allen künftig denkbaren Sonderangeboten und Werbemaßnahmen Angst vor einem Zwangsgeld haben muß. Ansonsten wäre eine besondere Preisgestaltung für alle Zukunft immer erst nach Rücksprache mit der Vollstreckungsbehörde möglich, was nicht Ziel einer Untersagungsverfügung sein kann.

---

57 für Unterlassungsgebote Engelhardt/App § 14 VwVG Anm. 3

58 Engelhardt/App § 6 Anm. 4c

d. Bisherige Verfügungen in der Praxis

Eine Untersuchung der bisher in der Praxis ergangenen Verfügungen zeigt, daß die vorhandenen Probleme auch nach der 6. GWB-Novelle nicht bewältigt sind. In seiner Wal-Mart Verfügung hat das BKartA wie folgt formuliert[59]:

"Der Wal-Mart Germany GmbH & Co. KG, Wuppertal, wird untersagt, folgende Produkte des Lebensmittelhandels unter ihrem jeweiligen Einstandspreis zu verkaufen: Milch (H-Milch 3,5% und 1,5% Fett, jeweils 1l), Pflanzenmargarine/Pflanzenfett und Zucker (Raffinade und Würfelzucker, jeweils 1 kg)."

In Nr,2 des Tenors folgt dann noch ein Hinweis auf die Bußgeldbewehrung der Verfügung in § 81 I Nr.6 Abs.2 GWB.

Mit dieser Untersagungsverfügung ist kein großer Konkretisierungsgewinn gegenüber dem gesetzlichen Verbot des § 20 IV S2 GWB verbunden. Der Verkauf unter Einstandspreis ist mittlerweile ohnehin kraft Gesetzes verboten und außerdem ist dieses Verbot selbst ebenfalls bußgeldbewehrt. Insoweit hätte es der Verfügung nicht unbedingt bedurft. Abgesehen davon, daß es um Milch, Pflanzenfett und Zucker geht, bringt die Verfügung auch keinerlei konkrete Handlungsanweisungen, die sich nicht bereits dem Gesetz selbst entnehmen ließen. Wieso das Verbot bei Milch und Zucker auf bestimmte Packungsgrößen beschränkt ist, bei Pflanzenfett hingegen nicht, bleibt das Geheimnis des BKartA. Ob der Klammerhinweis auf die H-Milch z.B. pasteurisierte Frischmilch tatsächlich ausschließen soll ist ebenfalls fraglich, aber im Zweifel zugunsten des Adressaten anzunehmen.

Das Hauptproblem der Verfügung ist allerdings, daß sie den Verkauf von H-Milch unter Einstandpreis bedingungslos verbietet, obwohl ein solcher Verkauf durchaus sachlich gerechtfertigt sein kann, wenn die Milch z.B. wegen eines abgelaufenen Mindesthaltbarkeitsdatums zum regulären Preis nicht mehr verkäuflich ist, oder wenn der Verkauf nur gelegentlich erfolgt. Insoweit geht die Verfügung über die gesetzliche Ermächtigung in § 20 IV iVm § 32 GWB hinaus. Genau dies hatte die LKartB Bayern in der Kaufmarktverfügung durch die Formulierung vermeiden wollen: " Der Betroffenen wird untersagt, kleine und mittlere Wettbewerber dadurch zu behindern, daß sie..."[60]. Damit sollte die Untersagung für mögliche künftige Rechtfertigungsgründe offenbleiben, was das OLG München jedoch für zu unbestimmt hielt. Die unbedingte Untersagung, wie sie im Wal-Mart Verfahren ergangen ist, ist hier mit Sicherheit kein brauchbarer Aus-

59 BKartA Wal-Mart S.1; die Verfügungen in den Parallelverfahren Lidl und Aldi Nord sind entsprechend aufgebaut.

60 LKartB Bayern WuW/E LKartB 223

weg. Auch das OLG Düsseldorf hat diesen Punkt in der Begründung seines Aufhebungsbeschlusses gesehen, konnte die Frage jedoch im Ergebnis offenlassen[61].

Ein weiterer Mangel der Verfügung gegen Wal-Mart liegt darin, daß Wal-Mart bei einem Sortiment von mehreren tausend Artikeln für die nächste Sonderangebotsaktion einfach auf andere Lebensmittel ausweichen kann, ohne dadurch gegen die ergangene Verfügung zu verstoßen. Die Wiederholung einer solchen Aktion mit anderen Grundnahrungsmitteln wäre allerdings in ihrem Unrechtsgehalt mit dem bereits gerügten Verstoß identisch, soweit dieselben Wettbewerber betroffen sind. Daher sollte eine solche Wiederholung von einer Untersagungsverfügung sinnvollerweise erfaßt sein. Eine Beschränkung auf bestimmte Artikel erscheint nur dort sinnvoll, wo sich die besondere Belastung der Mitbewerber gerade aus der Artikelauswahl ergibt. Dies war z.B. in den Fällen Preiskampf und Hitlisten-Platten der Fall, wo der Schallplattenhandel unter dem Preiskrieg der großen Elektromärkte im Raum Köln zu leiden hatte.

Ganz anders war noch die Verfügung des BKartA im Coop-Verfahren formuliert. Während eine sachliche Beschränkung der Verfügung nur ganz grob nach Sortimentsbereichen erfolgte (Wasch- und Reinigungsmittel; Kaffee, Bier und Spirituosen, Milch), versuchte das BKartA in Nr.2 der Verfügung die sachlich gerechtfertigten und die nur gelegentlichen Verkäufe durch genau bezeichnete Einschränkungen des Verbots auszunehmen[62].

Diese Abgrenzung erscheint wesentlich gelungener, da sie sich deutlich enger an dem eigentlichen Unrechtsgehalt des konkreten Verstoßes orientiert und versucht, die Untersagung darauf zu beschränken. Entscheidend ist doch letztlich, durch die Verfügung das gesetzliche Verbot des § 20 IV S2 GWB dahingehend zu konkretisieren, daß nur Verkäufe erfaßt werden, die mit dem alten in ihren wettbewerblichen Wirkungen übereinstimmen. Daher ist bei Erlaß der Verfügung zunächst abzugrenzen, was den Verstoß, der untersagt wurde wirklich ausmacht und was nur unbedeutende Begleitumstände sind. Es kann aber aus der Sicht des Marktes nicht darauf ankommen, ob nun Chantre Weinbrand oder Asbach Uralt, H-Milch oder Frischmilch unter Einstandspreis verkauft werden. In diesen Fällen würde nur eine Sonderangebotsaktion mit wesentlich gleicher Wirkung wiederholt werden. Daher kommt es bei der typischen Sonderangebotsaktion im Lebensmitteleinzelhandel ausschließlich auf den relevanten Sortimentsbereich an. Eine auf konkrete Produkte beschränkte Verfügung schöpft insoweit die durch den Verstoß gegebene Untersagungsmöglichkeit nicht aus.

---

61 OLG Düsseldorf WuW/E DE-R 781, 782

62 BKartA WuW/E BKartA 2029 f

e. Parallelen zur Kerntheorie im Wettbewerbsprozeß

Bei der Diskussion um die Bestimmtheitsanforderungen, die sich aus dem Rechtsstaatsprinzip ergeben[63], gerät leicht in Vergessenheit, daß die genaue Formulierung der Verfügung noch aus einem anderen Grunde erforderlich ist. § 32 GWB erlaubt eine Untersagung nur insoweit, wie der begangene Verstoß reicht. Die Grenzen der Untersagungsverfügung ergeben sich nicht nur aus dem Inhalt des gesetzlichen Verbots und dem Bestimmtheitsgrundsatz, sondern auch aus dem begangenen Verstoß[64]. Es ist sowohl bei der Tenorierung, als auch bei der Vollstreckung der eigentliche Kern des Rechtsverstoßes zu erfassen. Auch wenn die Untersagung auf die Zukunft gerichtet ist, besteht eine Wiederholungsgefahr, die eine Untersagung rechtfertigt nur für Verstöße, die mit dem bereits begangenen übereinstimmen[65]. Von den Kartellbehörden wird verlangt, den konkreten Verstoß in der Verfügung genau zu erfassen[66]. Wenn dies gelingt, kann die Verfügung auch kaum zu unbestimmt im Sinne des § 37 VwVfG sein. Sind die bisherigen Verfügungen zu unbestimmt geraten, so kann dies auch daran liegen, daß sie die konkrete Verletzungsform nicht genau erfaßt haben.

Mit dem Erfordernis, die konkrete Verletzungsform zu bestimmen, erscheinen Parallelen zwischen der Bestimmtheit der Untersagungsverfügung und der aus dem Wettbewerbsrecht bekannten Kerntheorie naheliegend. Der Klägervertreter, der in einem wettbewerbsrechtlichen Unterlassungsprozess den Klageantrag formulieren muß und Richter, der am Ende des Prozesses entsprechend tenoriert, stehen nämlich vor denselben Problemen, wie die Kartellbehörde bei Erlaß einer Untersagungsverfügung. Einerseits muß der Titel hinreichend bestimmt sein, damit er für den Beklagten zu befolgen ist und für das Vollstreckungsgericht vollstreckbar[67], andererseits darf der Titel aber auch nicht zu eng gefaßt sein, damit er nicht zu leicht umgangen werden kann[68].

Im Wettbewerbsrecht wurde zur Lösung dieser Probleme die sogenannte Kerntheorie entwickelt, die mittlerweile allgemein anerkannt ist. Danach kommt es darauf an, mit der Untersagung das in einem Wettbewerbsverstoß verwirklichte Unrecht in seinem Kern zu erfassen. Ein Antrag ist dann bestimmt genug, wenn er diesen Unrechtskern einer Handlung genau bezeichnet. Rechtlich unwe-

---

63 Kopp/Ramsauer § 37 Rn 2

64 Hennig in Langen/Bunte 8.A. § 37a Rn 8; BGH WuW/E BGH 1345 Polyester-Grundstoffe; KG WuW/E KG 2248, 2249 Parallellieferteile

65 Emmerich in I/M § 32 Rn 20; für das Wettbewerbsrecht z.B. Baumbach/Hefermehl Einl Rn 267

66 Fischötter in GK § 37a Rn 16

67 Jestaedt in Pastor/Ahrens § 39 Rn 3; BGH WRP 1989, 572 Bioäquivalenz-Werbung

68 Teplitzky, Wettbewerbsrechtliche Ansprüche, § 51 Rn 4 ff

sentliche Begleitumstände darf der Antrag dabei offenlassen[69]. Wenn ein entsprechendes Urteil ergangen ist, umfaßt sein Verbotsbereich nach der Kerntheorie alle neuen Verstöße, die in ihrem Kern mit dem alten identisch sind[70]. Zur Auslegung des Tenors dürfen (müssen) dabei die Urteilsgründe herangezogen werden[71]. Da das Unterlassungsurteil als Grundlage für Ordnungsmittel nach § 890 ZPO dient, ist eine Auslegung des Titels über seinen eindeutigen Wortlaut hinaus nur in engen Grenzen zulässig[72].

Auf die reichhaltige Rechtsprechung und Literatur aus dem Bereich des Wettbewerbsverfahrensrechts, die hier nicht im einzelnen dargestellt werden soll, kann auch für den Erlaß von behördlichen Untersagungsverfügungen zurückgegriffen werden. Zwar ist die Kerntheorie in einem anderen Zusammenhang entstanden, doch löst sie dieselben Probleme, vor denen auch die Kartellbehörden stehen. Auch der Grundsatz der engen Auslegung des Unterlassungstitels wird der Interessenlage bei Untersagungsverfügungen der Kartellbehörden gerecht, da diese nach § 81 I Nr. 6 a GWB bußgeldbewehrt sind und daher ebenfalls nicht zu großzügigen Analogien taugen[73].

Eine besondere Beschreibung der Anforderungen an einen auf § 20 IV S2 GWB gestützten zivilrechtlichen Klageantrag nach § 33 GWB erübrigt sich bei Anwendung der wettbewerbsrechtlichen Kerntheorie, da diese ja auf die zivilrechtliche Unterlassungsklage zugeschnitten ist und den damit befaßten Gerichten gut vertraut.

f. Umsetzung der Kerntheorie auf den Verkauf unter Einstandspreis im Lebensmitteleinzelhandel

Im folgenden soll versucht werden, an zwei Beispielen exemplarisch aufzuzeigen, wie die Formulierung von Untersagungsverfügungen unter Berücksichtigung der konkreten Verletzungsform aussehen könnte.

Da der Verkauf unter Einstandspreis trotz des neuen Verbots in § 20 IV S2 GWB nach wie vor ein alltägliches Ereignis ist, wird der eigentliche Verstoß gegen § 20 IV GWB erst durch die konkreten Umstände des Einzelfalles und das Fehlen von Rechtfertigungsgründen charakterisiert. Dies muß bei Erlaß einer

---

69 Teplitzky a.a.O. § 51 Rn 13 ff

70 Teplitzky a.a.O. § 57 Rn 11 ff

71 BGH GRUR 1989, 445 Professorenbezeichnung in der Arztwerbung I; Teplitzky a.a.O. § 57 Rn 6 m. w. Nachw.

72 Jestaedt a.a.O. § 39 Rn 3; Teplitzky § 57 Rn 5; BGH WRP 1989, 572 Bioäquivalenz-Werbung

73 Emmerich in I/M § 32 Rn 20 m. w. Nachw.; Fischötter in GK § 37a Rn 14

Verbotsverfügung unter Beachtung der Kerntheorie Berücksichtigung finden. Entscheidend ist dabei vor allem die Situation, in der der Verkauf unter Einstandspreis stattfindet. Ein übertriebenes Eröffnungsangebot ist nicht dasselbe, wie ein selektives Bekämpfen einzelner Mitbewerber oder ein "vorgezogener" Sommerschlußverkauf. Diese Fragen, die sich aus der Berücksichtigung der Rechtfertigungsgründe ergeben, müssen in der konkreten Untersagungsverfügung zum Ausdruck kommen.

Die typische Sonderangebotsstrategie im Lebensmittelhandel wird z.B. dadurch gekennzeichnet, daß einzelne Artikel aus dem Bereich des Grundsortiments ständig oder in ständiger Wiederholung unter Einstandspreis verkauft werden und dies gesondert beworben wird. Eine Verfügung könnte daher lauten: "Dem Adressaten wird untersagt, laufend einzelne (auch wechselnde) vollwertige Artikel aus dem Bereich der Grundnahrungsmittel ohne besonderen Anlaß unter Einstandspreis zu verkaufen, wenn diese Angebote in der Werbung herausgestellt werden." Die Begriffe "laufend", "Grundnahrungsmittel", "in der Werbung herausstellen" und "ohne besonderen Anlaß" ließen sich dann in der Begründung der Verfügung näher konkretisieren, soweit sie für ein Unternehmen das im Lebensmitteleinzelhandel tätig ist, nicht ohnehin verständlich sind. Was in der Werbung nicht besonders herausgestellt ist, braucht dabei auch nicht untersagt werden, da es als irreführender Lockvogel ohnehin nach § 1 UWG verboten ist[74]. Mit dem Begriff "vollwertig" könnten Abverkäufe abgelaufener Lebensmittel, modisch überholter Ware etc. ausgenommen werden. Dies wäre in den Gründen näher zu erläutern.

Daß der Tenor einer Verfügung für die Einzelheiten durch die Begründung ergänzungsbedürftig sein darf, um übersichtlich und im ganzen verständlich zu bleiben, ergibt sich aus der entsprechenden Parallele zum wettbewerbsrechtlichen Unterlassungstitel. Der zulässige Rahmen ist dabei eingehalten, wenn der Tenor im Wortlaut den Verstoß umfaßt und mit Hilfe der Begründung einen eindeutigen Inhalt bekommt. Dies ist auch im Kartellrecht anerkannt[75]. Auf diese Weise wird nur eine bestimmte Art von Untereinstandspreisverkäufen untersagt und der Verfügungsadressat ist nicht bei sämtlichen sonst denkbaren Geschäftsmaßnahmen, wie Jubiläumsveranstaltungen, Verkäufen verdorbener Ware, Eröffnung neuer Filialen etc. Unwägbarkeiten ausgesetzt. Wenn er dann z.B. bei einer Neueröffnung die Grenzen des Zulässigen überschreitet, muß deswegen eine neue Verfügung gegen ihn ergehen.

---

74 s.o. Kap 1

75 Hennig in Langen/Bunte 8.A. § 37a Rn 8; BGH WuW/E BGH 1474, 1481 Architektenkammer; kritisch Fischötter in GK § 37a Rn 14

Für Eröffnungsangebote wäre nach der hier vertretenen Ansicht eine Untersagungsverfügung z.B. wie folgt zu formulieren: " Dem Adressaten wird es untersagt, anläßlich der Eröffnung eines Ladenlokals Waren unter Einstandspreis zu verkaufen, wenn sich dies über einen Zeitraum von mehr als... Wochen erstreckt oder sich auf mehr als... Artikel bezieht." Wenn eine solche Verfügung gegen ein Großunternehmen mit hunderten von Filialen ergeht, hat sie trotz der Beschränkung auf Eröffnungsverkäufe durchaus praktische Relevanz. Diese Beschränkung ist andererseits auch notwendig, da der Verstoß sich nur auf Werbemaßnahmen bei Geschäftseröffnung bezieht. Die Benennung des Zeitraums und der Artikelzahl ergibt die im Einzelfall von der Behörde zu verlangende, in einer vorgegebenen Branche aber auch zu bewältigende Bestimmung der Grenzen der sachlichen Rechtfertigung. Damit wäre eine sinnvolle Konkretisierung des gesetzlichen Verbots geleistet, die dem Adressaten eine klare Handlungsanweisung gibt und bei Verstoß dagegen eine Vollstreckung ermöglicht.

3. Ergebnis

Die bisherigen Erfahrungen haben vor allem zwei Probleme bei der praktischen Anwendung des § 20 IV S2 GWB naheliegend erscheinen lassen. Die Beweislastverteilung im Zivilprozeß und die Formulierung einer Untersagungsverfügung, sei es als Urteil im Prozeß, sei es als Verwaltungsakt der Kartellbehörden. Diese Probleme stellen keine unüberwindlichen Hindernisse dar. Bei Beweiserleichterungen vor Gericht ist aufgrund der zu befürchtenden schädlichen Wirkungen im Wettbewerb jedoch Vorsicht geboten. Die neue Vorschrift wird sich daher vor allem in der Anwendung durch die Kartellbehörden zu bewähren haben.

Zusammenfassung

Die Untersuchung des neuen § 20 IV S2 GWB unter Berücksichtigung der praktischen Umsetzung durch das Bundeskartellamt hat gezeigt, daß die neue Vorschrift durchaus praktisch anwendbar ist, so fragwürdig sie aus wettbewerbspolitischer Sicht auch sein mag.

Schon die bisherige Rechtsprechung zu § 1 UWG lieferte ausreichende Möglichkeiten, ruinöse Preiskämpfe zu unterbinden. Wenn sich der BGH standhaft geweigert hat, gegen die üblichen vereinzelten Verkäufe unter Einstandspreis im Einzelhandel vorzugehen, so liegt dies nicht zuletzt daran, daß in diesen Verkäufen keine wettbewerbsfeindliche Ausübung von wirtschaftlicher Macht zu erblikken ist. Die Gefahren, die von Verkäufen unter Einstandspreis aus der Sicht von Teilen der Literatur ausgehen sollen, lassen sich in der Praxis nicht, oder nur schwer nachweisen.

Mit dem neuen § 20 IV S2 GWB hat der Gesetzgeber den Verkauf unter Einstandspreis dennoch in einem Regelbeispiel allgemein verboten. Diese Norm läßt keinen Auslegungsspielraum, der es gestatten würde, die üblichen Verkäufe unter Einstandspreis von dem Verbot auszunehmen und damit die frühere Rechtslage fortzuschreiben. § 20 IV S2 GWB genügt insoweit verfassungsrechtlichen Anforderungen, auch wenn die Bußgeldbewehrung bedenklich erscheint.

Die Bestimmung des Einstandspreises hat ausschließlich nach wirtschaftlichen Kriterien zu erfolgen. Dabei sind viele Wertungen aus dem Bilanzrecht auf § 20 IV S2 GWB übertragbar. Der bilanzierende Kaufmann kann so mit vertretbarem Aufwand unter Anwendung der hergebrachten Grundsätze ordnungsgemäßer Buchführung erkennen, wann er den Einstandspreis unterschreitet.

Verkäufe unter Einstandspreis sind nur noch erlaubt, wenn im Einzelfall eine sachliche Rechtfertigung nachgewiesen werden kann. Diese kann sich aus dem allgemeinen Wertverfall der Ware ergeben, oder aus Gründen die den Wert der Ware nur aus der Sicht des betroffenen Händlers mindern, weil ihm eine reguläre Verwertung nicht mehr möglich ist. Darüber hinaus sollte man Marktneulingen für einen begrenzten Zeitraum Sonderangebote erlauben, um ihnen die Chance zu geben, sich auf einem Markt zu etablieren. Eine gezielte Reaktion auf die Angebote der Wettbewerber kann ein Unterschreiten des Einstandspreises nicht rechtfertigen.

Wann ein Verkauf unter Einstandspreis „nur gelegentlich“ stattfindet, läßt sich kaum abgrenzen. Eine Anwendung des § 20 IV S2 GWB auf alle bewußt durchgeführten Verkäufe unter Einstandspreis erscheint hier die praktikabelste Lösung.

Der fehlende Marktmachtbezug des neuen Verbots wirkt sich vor allem bei der Bestimmung der Normadressaten negativ aus. Eine überzeugende Abgrenzung ist aus dem Sinn des Verbots heraus nicht zu leisten. Mit der allgemein akzeptierten Definition der Markbeherrschung ergeben sich kaum Gemeinsamkeiten, da die Normadressaten des § 20 IV GWB gerade nicht unabhängig vom Wettbewerb handeln können. Dies zeigt sich auch daran, daß es abgesehen von den Verkäufen unter Einstandspreis keine überzeugende Anwendungspraxis zu § 20 IV GWB gibt. Wenn sich der Gesetzgeber nicht zu einer Streichung des § 20 IV S2 GWB durchringen kann, sollte er erwägen, das Verbot im UWG zu verankern, wo es mangels Machtbezug besser aufgehoben wäre.

Auf das produzierende Gewerbe ist § 20 IV S2 GWB prinzipiell auch anwendbar. In der Praxis werden sich jedoch kaum Anwendungsfälle finden, da die dem Einstandspreis wirtschaftlich entsprechenden variablen Kosten zu niedrig sind, um wirklich relevant zu werden.

Eine Untersagung von Verkäufen unter Einstandspreis, die mit einem normal kalkulierten Geschäft rechtlich verbunden sind, erscheint auf der Grundlage des § 20 IV S2 GWB in einzelnen Fällen möglich, auch wenn hier besonders vorsichtig vorgegangen werden muß, um eine Überregulierung zu vermeiden. Im Bereich der Presse ist § 20 IV S2 GWB nicht einsetzbar, soweit es darum geht die traditionelle Presse vor ausschließlich anzeigenfinanzierten Blättern zu schützen.

Die praktische Anwendung des § 20 IV S2 GWB wird im Zivilprozeß häufig an der fehlenden Kenntnis der Einstandspreise der Mitbewerber scheitern. Dennoch wären vorschnelle Beweiserleichterungen verfehlt, da sie den Preiswettbewerb auf den Beschaffungsmärkten gefährden könnten.

Die Formulierung von Untersagungsverfügungen sollte sich an der gängigen Kerntheorie aus dem Wettbewerbsrecht orientieren. Die bisherige Praxis genügt rechtstaatlichen Anforderungen mangels hinreichender Bestimmtheit nicht.

FSC
www.fsc.org
MIX
Papier | Fördert
gute Waldnutzung
FSC® C083411

Kolibri 360 GmbH
Ferdinand-Jühlke-Straße 7
99095 Erfurt, Deutschland
produktsicherheit@kolibri360.de

Druck:
CPI Druckdienstleistungen GmbH
im Auftrag der
Kolibri 360 GmbH
Ferdinand-Jühlke-Str. 7
99095 Erfurt